तीसरा रुख़

वाणी प्रकाशन

नयी दिल्ली-110002

तीसरा रुख़

(आलोचना और संस्कृति के बारे में)

पुरुषोत्तम अग्रवाल

ISBN 81-7055-459-4

वाणी प्रकाशन
21-ए, दरियागंज, नयी दिल्ली-110002
द्वारा प्रकाशित

प्रथम संस्करण : 1996

मूल्य : 150.00 रुपये

आवरण : अखिलेश

यूनिक कम्प्यूटर्स, दिल्ली-110009

मेहरा ऑफसेट प्रेस, दिल्ली-110032
द्वारा मुद्रित

TEESRA RUKH
by Purushottam Agrawal

स्वर्गीया माँ
कमला देवी की स्मृति में
जिसने आठ बरस के बच्चे से कहा
'तुम्हारे विचार बड़े ऊँचे हैं'

"I am not one who believes that it is any necessary virtue in the philosopher to spend his life defending a consistent position. It is surely a kind of spiritual pride to refrain from 'thinking out aloud' and to be unwilling to let a thesis appear in print untill you are prepared to champion it to the death. Philosophy, like science is a social function, for a man cannot think rightly alone, and the philosopher must publish his thought as much to learn from criticism as to contribute to the sum of wisdom. If then, I sometimes make sentements in an authoritative and dogmatic manner, it is for the sake of clarity rather than from the desire to pose as an oracle."

Alan W. Watts

In 'Supreme Identity'

1986 से 1996 के बीच लिखे गए इन निबंधों में से अधिकतर *आलोचना* और *हंस* में प्रकाशित हुए हैं। 'इतमीनान की जुगलबंदी के ख़िलाफ़' *इन्द्रप्रस्थ भारती* में, 'आलोचना के स्वधर्म के लिए' *साखी* में और 'यहाँ से कहाँ' *पूर्वग्रह* में प्रकाशित हैं।

'सुरुचि की मर्यादाएँ' ज्योतिष जोशी द्वारा संपादित *सम्यक्* में, तथा 'वर्णाश्रम और मानवाधिकार' राजकिशोर द्वारा संपादित 'मानवाधिकारों का संघर्ष' में संकलित हैं।

'माइकेल महात्म्य' जिस पत्रिका के लिए लिखा गया, वह अवतरित ही न हो सकी, हालाँकि इस का अंग्रेजी रूपांतरण *मेनस्ट्रीम* में छप चुका है। हिन्दी में यह निबंध यहाँ पहली बार प्रकाशित हो रहा है।

सभी संपादकों के प्रति आभार !

तीसरा रुख़ ?

यह किताब 1986 से 1996 के बीच लिखी गयी है।

इस बीच बहुत कुछ बदला है। दुनिया बदली है और उसे देखने परखने की निगाहें भी। मेरे अपने विचार के उपकरण और पूर्वग्रह बदले हैं, अपेक्षायें और प्रतिमान भी। पुस्तक के पहले और दूसरे खंडों की तुलना करने से यह बात और स्पष्ट हो जाएगी। इसके साथ ही, पाठक देखेंगे कि यहाँ एक धरातल पर उपकरणों और पूर्वग्रहों का बदलाव है तो दूसरे धरातल पर सरोकारों की निरंतरता। दोनों ही स्वाभाविक हैं, इसीलिए इन निबंधों को यहाँ समायोजित करते वक्त न कोई संपादन किया गया है न 'सुधार'। यहाँ तक कि 'हिन्दी प्रदेश का वैचारिक संकट ...' में स्व. श्रीकांत वर्मा की जिस काव्य पंक्ति का 'एल्यूज़न' है, उसमें सही शब्द 'कोसल' है न कि 'मगध'। इस भूल को भी दुरुस्त करना मुझे ठीक नहीं लगा, क्योंकि एक तो यह निबंध 'हंस' में इस भूल के ही साथ छप चुका है; और दूसरे विचार से कतराते जिस आलोचना समय में हम फिलहाल हैं उसमें कोसल की जगह मगध और मगध की जगह कोसल रख देने से फ़र्क भी क्या पड़ता है ?

तो, इस पुस्तक के प्रकाशन से ही क्या फ़र्क पड़ता है ? क्या इसका उपयोग इतना ही है कि मेरी प्रकाशित पुस्तकों की संख्या दो हो जाए ? 'बायोडाटा' ज़रा 'इंप्रेसिव' हो जाए ? मुझे कुछ संतोष और कुछ लाभ देने के अलावा क्या करेगी यह किताब ? ऐसे वक्त में—जबकि आलोचना के दो रुख़ काफी साफ़ दीखते हैं—ये सवाल मैं खुद से पूछूँ, यह ज़रूरी है। यदि यह किताब भी पहले से उपलब्ध दो रुख़ों में से एक का पिष्टपेषण ही हो तो क्या औचित्य है इसे प्रकाशन के लिए देने का ?

हमारे सामने एक आलोचना वह है जिसने स्वेच्छा से दोयम दर्ज़ा स्वीकार कर लिया है। वह रचना की अनुगामिनी है। न उसके अपने सरोकार हैं, न सांस्कृतिक स्थिति के बोध से उपजने वाला उसका अपना एजेंडा। ऐसी आलोचना हर्षपूर्वक अपने प्रिय रचनाकारों के लिए जनसंपर्क अभियान पर निकलती है;

निकलती ही चली जाती है। एक आलोचना वह है जिसने आलोचना के आत्मबोध का ही विशद-शास्त्र गढ़ लिया है, जो रचना और संसार से निर्लिप्त, दीनो दुनिया से बेखबर गजगामिनी सी अपनी राह चली जा रही है—चली ही जा रही है।

हमारे सामने एक आलोचना वह है, जिसके लिए किसी भी सर्जनात्मक अभिव्यक्ति का एकमात्र (या मुख्य) अर्थवत्ता यह है कि उससे किसी महत्तर प्रयोजन के बारे में क्या सूचना मिलती है। वह महत्तर प्रयोजन समाज भी हो सकता है, और कोई दर्शनिक विचार भी। एक आलोचना वह है जो भाषा की बड़ी महीन चिन्ता करती है, लेकिन यह भूल जाती है कि भाषा और लोक के बीच कुछ संबंध होता है। निस्संदेह यादृच्छिक, लेकिन अपरिहार्य भी। आलोचना के अपहरण की राजनीति निस्संदेह चिन्ताजनक है, लेकिन लोक से भाषा के अपसरण की राजनीति ? दूसरी ओर से कहें तो संस्कृति विमर्श को संदर्भच्युत कर देना निस्संदेह चिन्ताजनक है, लेकिन संदर्भ विमर्श को ही सांस्कृतिक अभिव्यक्तियों के विमर्श का बदल मान लेना ?

हमारे सामने एक संस्कृति विमर्श वह है, जिसके पूर्वग्रह और उपकरण परंपरा और संस्कृति का घनघोर अध्ययन करने के बावजूद स्वयं अप्रभावित ही बने रहते हैं। जिसे ज़रूरत नहीं महसूस होती कि बीच-बीच में ठहर कर स्वयं विचार और उसके प्रदत्त उपकरणों पर पुनर्विचार किया जाए। दूसरी ओर एक संस्कृति विमर्श वह है जो परंपरा और संस्कृति को सनातन मानता है। भौतिक परिवेश और लोक की सीमाओं से मोक्ष पा चुकी सनातन शुद्ध, बुद्ध आत्मा! ऐसा विमर्श 'अपनी' परंपरा और संस्कृति में 'अपना' घर बनाने के लिए छटपटाता है—बिना यह पूछे कि यह अपना है किसका और कैसा ? एक तरफ एप्रोप्रिएट करने को उतावला 'परिवर्तन प्रेम' है, दूसरी ओर परिवर्तन से सतत् आशंकित आत्म मुग्धता !

उपरोक्त बयान कुछ कठोर लग सकता है, और सपाट भी। कठोर वह है, लेकिन सपाट शायद नहीं। पहले और दूसरे में बाँटना सिर्फ़ एक युक्ति है, ताकि संस्कृति विमर्श और आलोचना की कुछ समस्याएँ स्पष्ट हो सकें। इन्हीं समस्याओं के संदर्भ में मुझे लगा कि 1986 से 1996 के बीच लिखी गयी इस किताब में सरोकारों की निरंतरता है, उपकरणों और पूर्वग्रहों में आए बदलावों के बावजूद।

तीसरा रुख़—यह नाम इस निरंतर छटपटाहट को व्यक्त करने की कोशिश करता एक रूपक ही है। इस तीसरे रुख़ की तराश ज़रूरी है। यह पुस्तक इस तराश की एक कोशिश है—शायद आपको दिलचस्प और महत्त्वपूर्ण लगे।

अभूतपूर्व या अद्वितीय होने का कोई दावा यह कोशिश नहीं करती।

तीसरा रुख़—संस्कृति और आलोचना के बारे में—क्योंकि आलोचना अपनी प्रकृति से ही सांस्कृतिक उपक्रम है—व्याख्या के रूप में भी, और रणनीति के रूप में भी। दूसरी ओर बिना आलोचनात्मक आयास के संस्कृति विवेक कहाँ ? हम जिस परिवेश में हैं, उसकी बुनावट के तंतुओं में संस्कृति है, उसके विभिन्न आभास हैं, द्वंद्व हैं और प्रखर संघर्ष भी। बहुत गहरे में। उन कोनों में भी जिन्हें हम नितांत अपना और अनोखा मानते हैं। संचार माध्यम के इस युग में हमारी अपनी अनुभूतियों की यह 'कंडीशनिंग' दिनों-दिन घनीभूत होती जाती है। हम सब 'टाइप' बनते जा रहे हैं। यह अहसास मुझे 1987 में पहली बार व्यवस्थित रूप से हुआ (देखें, *यहाँ से कहाँ*)। पिछले वर्ष अजीब-सी उत्तेजना हुई जब एडवर्ड सईद की किताब 'कल्चर एंड इंपीरियलिज़्म' में संचार माध्यमों द्वारा की जा रही इस 'कंडीशनिंग' का पूरा विमर्श विकसित होते देखा। इस 'कंडीशनिंग' और सर्जनात्मक उपस्थिति से इसके संबंध की समस्या *तीसरा रुख़* की अंतर्वर्ती धाराओं में से एक है। शायद कभी इस पर और सघन विचार भी किया जा सके।

'कंडीशनिंग' का एकमात्र स्त्रोत संचार माध्यम नहीं है। एक स्त्रोत परंपरा भी है। रचना इन स्त्रोतों को स्वयं में समेटे हुए भी इन से ज़िरह करती है, और यही काम करती है, अपने विशिष्ट स्वभाव के साथ, अपने विशिष्ट उपकरणों के, जरिए आलोचना। असल में तो, सार्थक आलोचना के अस्तित्व की शर्त ही है यह संवेदनशील ज़िरह। इसीलिए *तीसरे रुख़* की आलोचना किसी भी पाठ की अपनी इयत्ता के प्रति जितनी संवेदनशील होना चाहेगी—उतनी ही उसके अंतर्निहित बखानों और बयानों के प्रति सजग भी। पाठ के प्रति संवेदनशीलता और उसकी सांस्कृतिक अवस्थिति के प्रति सजगता, पाठ द्वारा प्रस्तावित आशय के प्रति संवेदनशीलता और उसकी विविध व्याख्याओं के प्रति सजगता—ये एक दूसरे को ख़ारिज करनेवाले विकल्प नहीं हैं।

रवीन्द्र त्रिपाठी ने एक महत्त्वपूर्ण (और उपेक्षित) लेख ('उपभोक्तावाद और इलेक्ट्रानिक माध्यमों के युग में लेखन कर्म—*समकालीन भारतीय साहित्य* जुलाई-सितंबर 1993) में मॅडोन्ना और उसके आसपास विकसित विमर्श के बहाने आलोचना के 'सांस्कृतिक अध्ययन' बनने की प्रक्रिया का उल्लेख किया है। सचमुच, 'सांस्कृतिक' पद का प्रयोग "सामाजिक विचारधारात्मक चिन्तन के ही एक नये नाम या विस्तार" के रूप में करने पर उसी संस्कृति विमर्श का प्रभाव है, जो सांस्कृतिक प्रक्रियाओं को बिल्कुल ओझल करते हुए खुद को केवल परिणतियों तक सीमित कर लेता है। जीवन के उच्चतर मूल्य सांस्कृतिक सत्य

हैं, और जीवन का घटियापन ? किसी संस्कृति की घोषित अपेक्षाएँ ध्यातव्य हैं और उसकी दमित कामनाएँ ? सीधे शब्दों में सांस्कृतिक प्रक्रियाओं की कोई भी गंभीर चिन्ता क्या 'मास कल्चर' का नोटिस लिए बिना रह सकती है ?

इस संदर्भ में 'माइकेल जैक्सन' ने बतौर एक सांस्कृतिक पाठ के मुझे गहरे में मथा। यहाँ प्रस्तुत 'माइकेल महात्म्य' उस मथाव की शुरूआती अभिव्यक्ति है, जो आशा है कि आगे चलकर और व्यवस्थित होगी।

बहरहाल, आगे जो होगा, सो होगा। अभी जो आपके सामने है वह यही तीसरे रुख़ को तराशने की एक कोशिश।

□ पुरुषोत्तम अग्रवाल

भारतीय भाषा केन्द्र,
जवाहरलाल नेहरू विश्वविद्यालय,
10 जनवरी 1996

क्रम

एक

दो

एक

यहाँ से कहाँ ?

'संस्कृति' में अपने समय, परम्परा और अवस्थिति का जीवन्त बोध समाविष्ट है। हमारे समय में इस बोध के सामने विकट चुनौतियाँ मौजूद हैं। स्वाधीनता संग्राम की विरासत में प्राप्त लगभग हर स्वयंसिद्ध अवधारणा जैसे संदिग्ध हो चली है। हमारे सांस्कृतिक संकट की पहचान के कई पहलू स्पष्ट हैं। राष्ट्रीय एकता की चेतना के सामने तीखे सवाल हैं। धर्मनिरपेक्ष राष्ट्रीय एकता की बात करते-करते हम ऐसी जगह आ पहुँचे हैं जहाँ साम्प्रदायिकता की स्वीकृति ही नहीं, उसका औचित्य निरूपण भी धड़ल्ले से किया जा रहा है। समाज में निर्लज्ज उपभोगवाद और तरह-तरह का संकीर्ण बिरादरीवाद सर्वव्यापी होता जा रहा है। हमारे राष्ट्रीय जीवन में इतनी विकराल और बहुविध चुनौतियाँ शायद पहले कभी नहीं आईं। क्या हर तरफ अँधेरा ही अँधेरा है ?

यहाँ मुझे जस्टिस पी. एन. भगवती के वे तीन लेख याद आते हैं जो उन्होंने सेवानिवृत्ति के कुछ पहले *टाइम्स ऑफ इंडिया* में लिखे थे। इन लेखों में जस्टिस भवगती ने समकालीन राष्ट्रीय जीवन के दो पहलुओं पर बल दिया था। एक तो यह कि जनता के सर्वाधिक दलित, शोषित तबकों में अभूतपूर्व आत्मचेतना का प्रसार हुआ है, भले ही इसकी दिशा हर मामले में बहुत उचित न भीं लगती हो। दूसरे यह कि परिवर्तन के माध्यम के रूप में पारंपरिक वामपंथी संगठनों से असंतुष्ट होकर बहुत से पविर्तनकामी लोग नए माध्यमों की तलाश कर रहे हैं। परिवर्तन की संभावना और उसे वास्तविक बनाने की यह चेतना महत्त्वपूर्ण है, क्योंकि इससे ऐतिहासिक बेचैनी की सूचना मिलती है।

मैं लगातार महसूस करता हूँ कि हमारा समय केवल क्षोभ, निराशा और पतन का नहीं है। यह एक प्रकार के राष्ट्रीय आत्मान्वेषण का समय है। हमारी चुनौती इस आत्मान्वेषण की बेचैनी को सांस्कृतिक नवजागरण में बदल देने की है। इसीलिए मुख्य समस्या ऐसे सांस्कृतिक नवजागरण का वैचारिक नाभिक खोजने या विकसित करने की है।

इस प्रसंग में, ऐसे प्रयत्न महत्त्वपूर्ण हैं जिनकी चिन्ता अपनी राष्ट्रीय अस्मिता के रेखांकन की है। अपनी पहचान की तलाश में कुछ बुद्धिजीवी यूरोप की सांस्कृतिक केन्द्रिकता को बीसवीं सदी की अपरिहार्य सचाई मानने से भारत-व्याकुल बल्कि हिन्दुत्व विह्वल तक होने की यात्रा संपन्न कर चुके हैं। धर्म की पुनर्व्याख्या के प्रयत्नों को मैं उपेक्षणीय नहीं मानता, और न ही भारतीय जीवनदृष्टि का प्रधान लक्षण सामंजस्य को माननेवाली हर चेष्टा की नीयत पर मुझे शक है। बल्कि ऐसे प्रयत्न इस मायने में निश्चय ही शुभ हैं कि वे आधुनिकता के दबावों के प्रति संवेदनशील प्रतिक्रिया का परिणाम हैं—लेकिन स्वयं इस प्रतिक्रिया के पूर्वग्रह और संभाव्य परिणतियाँ तो निश्चय ही बहस का विषय हैं।

किसी भी समाज के पारंपरिक जीवन में सामंजस्य का एक संस्कार बन जाता है, इसके विखण्डन पर क्षोभ स्वाभाविक ही है। भारतीय जीवन के इस सामंजस्य संस्कार की अपनी कुछ विशेषताएँ रही हैं, जो विभिन्न विचारधाराओं के विभेदों के बावजूद हमारे सृजनात्मक प्रयत्नों को प्रभावित करती हैं। पारंपरिक सामंजस्य का सबसे उग्र विखण्डन आधुनिक तकनीक के द्वारा होता है। मेरे हिसाब से, समस्या यह है कि हम अपनी परंपरा और संस्कृति का तकनीक के साथ क्या रिश्ता देख पाते हैं ? क्या तकनीक की चुनौती का मुकाबला 'बापस लौट जाने' के करुण नॉस्टेल्जिया में ही किया जा सकता है ? यहाँ मैं पंकजसिंह की एक कविता उद्धृत करना चाहता हूँ, जो 4 अगस्त 1985 को *जनसत्ता* में छपी थी। इस कविता को उद्धृत करने का एक कारण यह भी है कि पंकजसिंह मार्क्सवादी हैं, और मार्क्सवादी जीवनदृष्टि तकनीक के प्रति एक निश्चित रवैया अख्तियार करती है।

कविता यह है, (बल्कि कविता का अंतिम अंश)

एक दिन
पत्थर की मानिन्द उभरेगा किसी खेंत में
सिवानों के पार गाँवों को घूरता
लेकिन अगले मौसम में जब पड़ेगा किसी हल की सीध में
रूबरू
तो दो रूखड़े हाथ यानी दस गट्ठिल उँगलियाँ
उसे बाएँ दाएँ झटका देकर हिलाएँगी
पूरे दमखम से उठाएँगी और
फेंक देंगी जोर से निगाहों के पार
दूर, बहुत दूर

पारंपरिक मार्क्सवादी जीवनदृष्टि का तकनीक के प्रति रवैया अपर्याप्त हो सकता है, लेकिन उसके परे जाने का क्या यही अर्थ है कि तकनीक को (प्रसंगवश इस कविता में जो खेत में, हल की सीध में, रूबरू पड़ेगा वह कम्प्यूटर है) 'निगाहों के पार' फेंक दिया जाए ? क्या यह संभव है ? मार्क्सवादी हों या ग़ैर मार्क्सवादी, अधिकतर लोग जीवन के पारंपरिक सामंजस्य के बरक्स तकनीक के प्रति कुछ ऐसा ही रवैया अपनाते हैं। तकनीक यदि प्रकृति और मनुष्य के बीच परिकल्पित सतत द्वंद्वयुद्ध में प्रकृति को परास्त करने का मानव अस्त्र है तो सचमुच वह प्रकृति और मनुष्य के सहज संबंध के विरोध में है, लेकिन क्या हम प्रकृति और मनुष्य के संबंध संदर्भ में तकनीक को परिभाषित नहीं कर सकते ? यहाँ वाल्टर बेन्यामिन का एक वाक्य बरबस याद आता है, 'तकनीक प्रकृति पर अधिकार का नहीं, बल्कि प्रकृति और मनुष्यता के बीच संबंध पर अधिकार का नाम है।'

तकनीक के संदर्भ में या किसी भी अन्य संदर्भ में किसी आग्रह पर सहमति-असहमति का सवाल इतना महत्त्वपूर्ण नहीं है। महत्त्वपूर्ण सवाल यह है : यहाँ से कहाँ जाएँ ? **यहाँ** और **कहाँ** दोनों शब्दों की प्रश्नात्मकता इतिहास से संबंधित है। व्यथा के सारे घटाटोप में भी किसी 'वैकल्पिक अवकाश' की कल्पना की जा सकती है, तो इस बोध के साथ ही कि मेरे या आपके इच्छा चिन्तन मात्र से हमें प्राप्त यथार्थ की सचाइयाँ बदल नहीं जाएँगी। यदि हम अपने समय के संकट से अतीत में पलायन नहीं, बल्कि भविष्य में प्रयाण करना चाहते हैं तो हमें इस यथार्थ के तथ्यों के रूबरू खड़े होना पड़ेगा, और उन तथ्यों से ही लगातार टकराते हुए संभावनाओं की तलाश करनी पड़ेगी। यथार्थ का बोध चूँकि यथार्थ के सब कुछ का स्वागत और स्वीकार नहीं है, इसलिए यह किसी प्रकार का नियतिवाद भी नहीं है। हमें अपना चुनाव वास्तविकता से टकराते हुए करना है, उससे आँखें गूँद कर नहीं। इसी अर्थ में, हमारा सवाल है: यहाँ से कहाँ जाएँ।

यह सवाल संस्कृति का है। लेकिन आलोचना का है या नहीं, यह इस पर निर्भर करता है कि आप आलोचना का काम व्याख्या मात्र करना मानते हैं या मूल्यांकन परक व्याख्या करना ? यदि मूल्यांकन आलोचना का प्रकृत धर्म है (जो कि वह है) तो साहित्य की आलोचना का वास्तविक संकट पाठच्युत हो जाना नहीं है। आलोचना की पाठच्युति बृहत्तर संकट की संदर्भबद्ध परिणति भर है, वास्तविक संकट संदर्भच्युत हो जाना ही है। इस बात पर बल देना आवश्यक है कि मूल्यांकन सांस्कृतिक प्रक्रिया है, जिसमें संस्कृति का एक निश्चित बोध अंतर्निहित है।

2

सत्ता के लिए संस्कृति जीवन्त प्रक्रिया नहीं, केवल सुन्दर परिणति है। वह भी तब जबकि हम अपनी बात को जानबूझ कर सत्ता के स्वघोषित नेक इरादों तक सीमित कर लें। सत्ता संस्कृति को समय से काट कर देखना और दिखाना चाहती है, इसीलिए संस्कृति में उत्सवधर्मिता को प्रश्रय देती है। लेकिन सत्ता स्वयं ही उस अपसंस्कृति का सर्वाधिक स्थूल व संगठित रूपाकार है जो नितांत स्वार्थपरक उपभोगलिप्सा की फलश्रुति है। यह अपसंस्कृति हमारी नैतिक चेतना के सतत हनन पर ही जीवित रह सकती है। आधुनिक संचार माध्यम—अत्यन्त 'उन्नत' प्रेस से लेकर टी. वी. तक—इस अपसंस्कृति को हमारे अनजाने (बल्कि हमारी ऐसी स्वीकृति के साथ जो गोया नशा पिलाकर हासिल की गयी है) हमारे व्यक्तिगत जीवन के मर्म तक पहुचाते हैं। यहाँ तक कि, हमारे अनजाने ही, नितान्त वैयक्तिक क्षणों में भी हम अपनी अनुभूतियों के अछूते टटकेपन को जीने की बजाय माध्यम द्वारा प्रक्षिप्त 'टाइप' को जीने लगते हैं। केवल सजने-सँवरने का ढंग ही नहीं, सोचने और भावने का भी धीरे-धीरे एक 'स्टैंडर्ड' बन जाता है, जो सिर्फ इसलिए 'स्वाभाविक' मान लिया जाता है कि वह व्यापक सांस्कृतिक सत्ता के आग्रहों के अनुकूल पड़ता है।

चेतना के ऐसे अनुकूलन का प्रयास हर तरह की समाज व्यवस्था करती रही है। लेकिन अभी तक इस सांस्कृतिक अनुकूलन में पीढ़ियाँ, बल्कि सदियाँ लग जाया करती थीं, लेकिन अब यह काम कुछ बरसों में हो जाता है। अभी तक इस अनुकूलन से लाभान्वित होनेवाली सत्ता तक इसे 'मैनेज' नहीं कर पाती थी, बल्कि यह काम संस्कार निर्माण की मंथर, जटिल प्रक्रिया से होता था, इसीलिए प्रश्नाकुलता, प्रतिवाद और विद्रोह की संभावना भी अधिक बलवती रहती थी। आधुनिक संचारक्रांति ने सत्ता का काम आसान कर दिया है। सामाजिक व्यवस्था में निहित अमूर्त सत्ता का ही नहीं, बल्कि उसके संगठित रूपाकार राजसत्ता का काम अब स्पष्ट और आसान हो गया है। संचार माध्यमों के इस्तेमाल से 'सुसंस्कृत जन' का निर्माण करने के बहाने 'सुशासित जन' (और उसकी नामरूपहीन संस्कृति) का निर्माण बखूबी किया जा सकता है, किया जा रहा है। अब पहनने, ओढ़ने, खाने, प्यार करने, लड़ने, झगड़ने सभी मानवीय क्रियाओं के 'भद्र' एवं स्वीकृत आद्यरूपों को दर्शकों, श्रोताओं, पाठकों के अवचेतन तक उनके अनजाने ही इस ढंग से पहुँचाया जा सकता है कि वे स्वयं अपने वास्तविक जीवन में सत्ता द्वारा निर्धारित मान को ही अपरीक्षित ढंग से स्वाभाविक मान बैठें। यथार्थ की अपनी परख और उस पर आधारित वाद-प्रतिवाद की जगह बने बनाए 'सच

की परछाइयाँ' लेती जा रही हैं, क्योंकि विकसित कहे जानेवाले संचार माध्यम सक्रिय उत्तेजन की जगह पर निष्क्रिय उपभोग को लाते जा रहे हैं—और ऐन हमारे व्यक्तिगत समय में। हम कभी अकेले नहीं हो पाते—सोच नहीं पाते—आलोचनात्मक और सृजनात्मक नहीं हो पाते।

नामरूपहीनता की इस अपसांस्कृतिक प्रक्रिया के प्रसार में उस दृष्टिकोण की जिम्मेदारी भी कम नहीं है जो जीवन के बोध के विभिन्न अनुशासनों के बीच आवाजाही से, विशेषीकरण या अपने अनुशासन की काम्य स्वतंत्रता के नाम पर कतराता है। या फिर एक अनुशासन की पद्धति व निष्कर्ष को दूसरे पर अत्यन्त आलसी एवं निस्तेज ढंग से लाद देने के 'वनवे ट्रैफिक' को आवाजाही व अंतःक्रिया का पर्यायवाची मान बैठता है।

3

साहित्य नितांत वैयक्तिक सृजन है, जो सांस्कृतिक संदर्भ के बिना असंभव है। सृजन के क्षण में अकेला साहित्यकार एक मायने में कभी अकेला नहीं है; उसका रचना माध्यम—शब्द—प्रकृत्या ही सभी माध्यमों से अधिक सामाजिक है। शब्द सूचना के आदान-प्रदान, बोध और अनुभूति; सृजन और चिन्तन का साझा माध्यम है। साहित्य में निहित शब्द की सृजनात्मकता चाहे सामान्य से विचलन का परिणाम मानी जाए, चाहे भाषा के 'नॉन प्रैगमेटिक' प्रयोग का, उसका अर्थ सांस्कृतिक संदर्भ में ही संभव होता है। स्पष्टतः सृजनात्मक शब्द की व्याख्या करनेवाली आलोचना पर यह बात और भी सजग ढंग से लागू होती है। कवि या लेखक परंपरा से विचलन कर या शब्द के नए अर्थ का संकेत कर सृजन संभव करते हैं, आलोचना का दायित्व ऐसे विचलन का आधार खोजना, परंपरा में उसकी स्थापना करना और संस्कृति से उसके अंतस्संबंध का निरूपण करना है। दूसरे शब्दों में, आलोचना व्यापक सांस्कृतिक सत्ता के संदर्भ में ही अर्थ ग्रहण करती है। सांस्कृतिक सत्ता के यथार्थ से टकराते हुए 'वैकल्पिक अवकाश' का अनुसंधान आलोचना का धर्म है।

हमारे अपने सांस्कृतिक संदर्भ की विशषताएँ क्या हैं ? यहाँ मुझे विभिन्न लोगों की धर्मचिन्ता प्रासंगिक लगती है। हम अपने जन-जीवन में, सृजनात्मकता में धर्म की उपेक्षा नहीं कर सकते। लेकिन क्या धर्म एक सपाट, द्वंद्वहीन पद है ? क्या कुछ बुद्धिजीवियों का ऐसा मानना समुचित है कि हमारे राष्ट्रीय जीवन में वास्तविक एकता का वैध आधार धर्म ही हो सकता है क्योंकि यही हमारी जनता का एकमात्र साझा सांस्कृतिक अनुभव है ? इस वक्तव्य में कम से कम ऊपरी

तौर से एक अपरिहार्य सत्य की स्वीकृति है तो सही।

यहाँ 'लोकधर्म' की बात करें। हिन्दी आलोचना की वयस्कता का यह प्रमाण है; और सांस्कृतिक चिन्ता के प्रति उसकी सजगता का भी कि धर्म के धरातल पर उसने पारंपरिक सांस्कृतिक सत्ता के शास्त्रधर्म के सामने लोकधर्म के अर्थ को रेखांकित किया। यह केवल एक उदाहरण है, आलोचना द्वारा अपने व्याख्याकर्म के मूल्यांकन पक्ष से संबंधित सांस्कृतिक सवालों के प्रति जागरूक होने का।

सांस्कृतिक क्षरण की प्रक्रिया में साहित्य अपने स्वभाव के कारण ही बड़ा सार्थक व दूरगामी हस्तक्षेप करता है, भले ही इसके प्रभाव तत्काल न दिखें। मनुष्य को संपन्नतर बनाना साहित्य का सामाजिक प्रकार्य भर नहीं, उसकी स्वायत्तता की भी आन्तरिक प्रकृति है। आलोचना प्रदत्त पाठ की व्याख्या और संचरनात्मक विश्लेषण ही नहीं करती, उसके अंतर्निहित सांस्कृतिक अभिप्रायों का भी विवेचन करती है। इसीलिए संस्कृति के सवाल आलोचना के भी सवाल हैं; और उसे बार-बार यह पूछना ही चाहिए कि 'यहाँ से कहाँ जाएँ ?'

—1987

इतमीनान की जुगलबंदी के खिलाफ

पराभूत नायक श्रेष्ठ चिंतक बनता है।—वाल्टर बेन्यामिन

एक अधिक मानवीय, अधिक सुंदर संसार रचने के लंबे संघर्ष में ऐसे वक्त आना स्वाभाविक है जबकि संघर्ष करने वालों को कुछ मोर्चे छोड़ने पड़ें। कई बार, निर्विवाद मान लिए गए प्रस्थान बिन्दु तक संदिग्ध प्रतीत होने लगते हैं। हमारा वर्तमान एक ऐसा ही वक्त है। इस वक्त अपनी मान्यताओं, अवधारणाओं और पूर्वग्रहों पर पुनर्विचार करना तकलीफदेह तो है लेकिन बेहद जरूरी भी है। वैसे इस आत्मसंघर्ष के विकल्प भी सुलभ हैं। या तो हम आँखें बंद कर लें या और भी जोर से वही सब दोहराने लगें जो खुद हमें संदिग्ध लगने लगा है। जिनके सरोकार तात्कालिक हों, वे अमूमन ऐसे ही विकल्प चुनते भी हैं, लेकिन साहित्य की तो खूबी ही यह है कि वह ऐन संवेदना के धरातल पर, वर्तमान को अतीत और आगत का परिप्रेक्ष्य देकर और बोधगम्य बनाता है। साहित्यिक सृजन और आलोचना में 'पराभूत नायक के श्रेष्ठ चिंतक' बनने की संभावना सबसे अधिक होती है, क्योंकि साहित्य ज्ञान और संवेदना के तनावसिद्ध संतुलन का विशिष्ट क्षेत्र है। जब सामाजिक, राजनीतिक सत्तातंत्र मनुष्य की बुनियादी पहचान भाषा को असहनीय रूप से दूषित कर चुका हो, जब चीजें ऐसे दौर से गुजर रही हों कि, "सामने की मेज को/ सीधे मेज कहना/ उसे वहाँ से उठा कर/ अज्ञात अपराधियों के बीच रख देना है।" तब अपने आत्मीय चरित्र और सघन विन्यास के कारण कविता ही वह जगह रह जाती है जहाँ हम बहुस्तरीय और संवेदनाविष्ट जिज्ञासा के साथ लौट सकें। बने बनाए समाधान हासिल करने के लिए नहीं बल्कि शब्दार्थ की वह प्रामाणिकता अर्जित करने के लिए जिसके बिना न समय को देखा-परखा जा सकता है, न अपने आप को। इस देखने-परखने का प्रस्थान यही है कि, "जो है उससे बेहतर चाहिए/पूरी दुनिया साफ करने के लिए मेहतर चाहिए।" गंदगी साफ करने के जिस संकल्प और सामर्थ्य को यह शब्द—मेहतर—

व्यंजित करता है, उसे अर्जित करने की यंत्रणा और प्रक्रिया में ही "पराभूत नायक श्रेष्ठ चिंतक बनता है।" अर्थात् संवेदनशील मनुष्य अज्ञात अपराधियों को पहचानता है—सामाजिक व्यवहार से लेकर भाषा तक में। इस तरह भाषिक सर्जनात्मकता नए सिरे से सार्थक और प्रासंगिक हो उठती है।

क्या समकालीन हिंदी कविता और आलोचना का परिदृश्य कुल मिलाकर ऐसी सार्थकता और प्रासंगिकता का साक्ष्य प्रस्तुत करता है ?

इस या किसी भी प्रश्न का उत्साहवर्धक उत्तर एक सपाटे में प्राप्त कर लेना कठिन नहीं है।

आप जो कुछ भी सिद्ध करना चाहें, उसके साक्ष्य इस वक्त के जनाकीर्ण काव्य परिदृश्य में मिल ही जाएँगे—बशर्ते कि आप इतमीनान के समकालीन मुहावरे को आत्मसात कर चुके हों। इस चिंताजनक इतमीनान का सबसे ठोस प्रमाण है : कविता में विषयों के चुनाव तथा निर्वाह से लेकर आलोचनात्मक विश्लेषण तक व्याप्त पूर्वानुमेयता (प्रिडिक्टिबिलिटी)। दिक्कत तब होती है जब इतमीनान के प्रचलित मुहावरे की दरारें आपकी निगाह में हों, और आप उनसे मुठभेड़ करने के लिए प्रस्तुत हों।

यह कहना जरूरी है कि यहाँ कविता को दर्शनशास्त्र का विकल्प बनाने का प्रस्ताव नहीं किया जा रहा है। जिसकी बार-बार शिकायत की जाती है, समकालीन कविता के उस एकसेपन और आलोचना के इकहरेपन के कारणों को समझना ही लक्ष्य है। चर्चा के केंद्र में, दशकों से कविता रच रहे कवि नहीं, बल्कि वे हैं जिन्होंने नवें दशक में अपनी पहचान बनाई है या बनाने की प्रक्रिया में हैं। प्रकृति और मानवात्मा दोनों के प्रदूषण के लिए जिम्मेवार शक्तियों के खेल को पहचानने और इस तरह कविता को प्रासंगिक बनाए रखने की विकलता, अपेक्षाकृत युवा कवियों में कितनी और किस प्रकार की है ? इस विकलता के अनुभव और तज्जनित काव्य विधियों तथा रूपों, समय से साक्षात्कार की नई प्रक्रियाओं को पहचानने, उनकी सार्थकता-व्यर्थता का रेखाकंन करने का दायित्व आलोचना किस तरह पूरा कर रही है ? या नहीं कर रही है ?

इन सवालों से जूझ कर ही हिंदी कविता के भविष्य में निहित संभावनाओं और समस्याओं को समझा जा सकता है।

वरिष्ठ कवि कुंवरनारायण ने 1984 में आशंका व्यक्त की थी, 'इन दिनों कविता इतनी समीक्षा प्रेरित लिखी जा रही है कि जीवन से सीधे जुड़ाव का स्थान कहीं

कथ्य और विषय क़ा रूढ़िबद्ध पालन और भाषा का ठहराव न ले ले।' पिछले दस वर्ष की युवा कविता को देख कर लगता है कि कुंवरनारायण की यह आशंका निराधार न थी। खासकर जो कवि नए-नए आ ही रहे हैं, उनकी रचनाशीलता में तो तुरंत चर्चित हो जाने की अभीप्सा ने आलोचना के आतंक का रूप ले लिया है। विषय के चुनाव, निर्वाह और शब्द प्रयोग तक के संदर्भ में कवि सुलभ जोखिम के साहस की जगह बँधी बँधाई प्रणाली में स्वयं को स्थापित कर 'स्वीकृत' हो जाने की हड़बड़ी ने ले ली है। कविता के जिस एकसेपन की शिकायत की जाती है, वह जोखिम उठाने की बजाय एक से विषयों का थोड़े बहुत फेर बदल के साथ एक-सा निर्वाह कर देने की नैतिक कमजोरी का ही परिणाम है—और विडंबना यह है कि इस कमजोरी के विभिन्न रूपों को ही आलोचना में हिंदी कविता क़ी ताकत का प्रमाण बता दिया जाता है।

समकालीन कविता पर केंद्रित 'पहल-37' में बद्रीनारायण की छः कविताएँ छपी हैं। एक (बोध) को छोड़कर, बाकी कविताओं में न जीवन वास्तव के अनुभव का कोई नया कोण है और न किसी शब्द का कोई नया संस्कार। न कोई नया बोध पाने की छटपटाहट है न किसी विचार, अवधारणा या पूर्वग्रह के पुनर्विचार का कोई संकेत। ये कविताएँ ऐन वैसी ही हैं जैसी किसी भी अन्य समकालीन युवा कवि की हो सकती हैं। लेकिन आलोचक डॉ. नंदकिशोर नवल को इन कविताओं से "समकालीन हिंदी कविता में नया क्षितिज खुलने का आभास" होता है। (वर्तमान साहित्य, कविता विशेषांक, पृ. 327) बात इतनी ही नहीं कि ऐसे उदार प्रशस्तिपत्र न कवि को गुण करते हैं, न कविता को, ज्यादा चिंता की बात यह है कि ऐसी आलोचनात्मक सपाटबयानी में साहित्य विमर्श की क्या दशा व्यक्त हो रही है।

ऐसा नहीं है कि लघु, प्रगीतात्मक संरचनाएँ अनुभव, बोध और संवेदना के पुनर्विचार को निभा ही नहीं सकतीं। शरद बिल्लोरे की प्रसिद्ध कविता 'तय तो यही हुआ था' –प्रमाण है। इंद्र और धर्मराज द्वारा राजा शिबि की धर्मनिष्ठा और दानवीरता की परीक्षा लेने की पौराणिक कथा को कवि अपने अनुभव से एक सर्वथा नया और 'डिस्टर्बिंग' स्वर दे देता है : "आसमान से फूल नहीं बरसे/ कबूतर ने कोई दूसरा रूप नहीं लिया/ और मैंने देखा/ बाज की दाढ़ में/ आदमी का खून लग चुका है।"

जाहिर है कि प्रगीतात्मकता अपने आप में आपत्तिजनक नहीं है, इसी के साथ, वह अपने आप में कोई प्रतिमान भी नहीं है, ज़िसे 'प्रीतिकर' सरीखे विशेषणों से युक्त कर, जिस की तथाकथित वापसी पर बहुत उत्साह प्रकट किया

जाए। प्रगीतात्मकता बनाम नाटकीयता की बहस में, यह महत्वपूर्ण सवाल अक्सर उपेक्षित रह जाता है कि कविता की संरचना (वह प्रगीतात्मक हो या नाटकीय) में जटिलतर संवेदना को साधने तथा शब्दार्थ का पुनराविष्कार करने की सामर्थ्य कितनी है ? दिलचस्प बात यह है कि ऐसी चुनौतियों से टकराने वाली अनेक कविताएँ नवें दशक के आरंभ से लेकर अब तक आती रही हैं और आलोचना द्वारा सर्वथा 'अननोटिस्ड' जाती रही हैं। आलोचना की इस च्युति के कारणों पर हम अभी विचार करेंगे, लेकिन इसके परिणाम स्पष्ट हैं। जिस तरह नई कविता की दौर में कवियों के मन 'जड़ीभूत सौंदर्याभिरुचि' से जकड़ गए थे, लगभग उसी तरह इस वक्त की युवा कविता तथाकथित 'प्रीतिकर प्रगीतात्मकता' की जकड़ में फंसती दिख रही है। 'प्रीतिकर' के नाम पर सरल संवेदनों पर आधारित सूक्तिपरकता एक प्रशंसनीय विशेषता बन गई है और युवतर कवि शीघ्र स्वीकृतिं की आशा में ऐसी सूक्तियाँ चिंताजनक स्फीति के साथ गढ़ते चले जा रहे हैं। दो उदाहण देखें :-

दोनों ही उदाहरण इस वक्त की सर्वाधिक लोकप्रिय काव्यरूढ़ि-'लड़की' के बारे में हैं :

1. लाल्टू की कविता, 'छोटे शहर की लड़कियाँ' में, "फिर भी नहीं बोल पातीं/ मन की बातें/ छोटे शहर की लड़कियाँ/ भूचाल हैं/ सपनों में/ लावा गर्म बहता/ गहरी सुरंगों वाला आसमान है/ ... रोती हैं/ तो बीच कमरे खड़े-खड़े/ जाने किन कोनों में दुबक जाती हैं/ जहाँ उन्हें कोई नहीं पकड़ सकता।"

इस विडंबनापूर्ण चित्र के तुरंत बाद एकाएक ही, "एक दिन/ क्या करूँ/ आप ही बतलाइए/ क्या करूँ/ कहती-कहती उठ पड़ेंगी/ मुट्ठियाँ भींच लेंगी/ बरस पड़ेंगी कमज़ोर मर्दों पर/ कभी नहीं हटेंगी/ ... एक दिन पौ सी फटेंगी/ छोटे शहर की लड़कियाँ।"

2. दूसरी कविता है, प्रमोद कौंसवाल की, 'वह लड़की'। इसमें "वह लड़की खुलेआम बात करते डरती है/ वह लड़की काँटों से डरती है/ ... हिंदुस्तान में रह कर वह लड़की/ खिलखिला लेना चाहती है।"

आगे कविता सूचित करती है कि 'वह लड़की मुसलमान है', बिकाऊ माल नहीं है, सीधे सपाट विचार ईज़ाद कर सकती है, "और फिलहाल/ अपनी पसंदगी तय कर सकती है/ हम कदम भी हो सकती है/ वह लड़की।"

दोनों ही कविताओं की संरचना में अनुपेक्षणीय समानता है। पूरी संरचना में लड़कियों के जीवन के विडंबनापूर्ण चित्र, सहज मानवीय व्यापारों को भी उपलब्धि का दर्जा दे देने वाली बंदिशों के संकेत और ऐन अंतिम दो पंक्तियों

में सुनहले भविष्य का वायदा। स्पष्टतः ये अंतिम पंक्तियाँ ही 'वक्तव्य' हैं, बाकी, सारी संरचना इस वक्तव्य तक पहुँचने का रास्ता भर है—सो भी सबसे छोटा 'शार्टेस्ट'। इस रास्ते की मंजिलें भी जानी-पहचानी हैं—एक में 'नहीं बोल पातीं, मन की बातें'। दूसरी में 'खुले आम बात करती डरती है', एक में, 'पौ सीं फटेंगी', दूसरी में 'अपनी पसंदगी तय कर सकती है।'

क्या फर्क पड़ेगा यदि इनमें से पहली कविता प्रमोद कौंसवाल और दूसरी लाल्टू की बता दी जाए ? विषय के चुनाव और निर्वाह की यह अद्‌भुत समानता उसी 'रिव्यूकांशसनेस' की परिणति है, जिस की ओर कुंवरनारायण ने संकेत किया था। इसी के कारण पूरी संरचना वह खूंटी बना दी गई है, जिस पर आशावाद की सूक्ति टाँगनी है। सूक्ति में निहित सदिच्छा और वास्तविकता के बीच का वह तनाब जो सचमुच सूक्ति को कविता बना दे—पूरी तरह गायब है। उस की जरूरत भी क्या है जबकि 'लड़की' के प्रति जनवादी सहानुभूति की भंगिमा भर कविता और कवि दोनों को 'चर्चित' का दर्जा दिला देने के लिए पर्याप्त हो।

इन कविताओं के बरक्स रखें, चर्चित कवि असद ज़ैदी की सर्वथा अचर्चित कविता, 'उर्मिला की रूपसज्जा।' इस कविता में अव्वल तो अमूर्त "स्त्री/ लड़की" नहीं, उर्मिला नामक एक व्यक्ति है, और चूँकि वह व्यक्ति है इसलिए वह व्यवस्था की सर्वथा निष्क्रिय एवं सर्वथा दयनीय 'शिकार' भर नहीं है। किसी भी दलित या शोषित की भीषणतम त्रासदी यही तो है कि वह 'शोषण' को ही 'स्वाभाविक' मानता है और उसी के तंत्र में अपने लिए कोई जगह पा जाने को सबसे बड़ी सफलता। इस त्रासदी को वही समझ और समझा सकता है जो सहानुभूति की भंगिमा से आगे बढ़ कर, अमूर्त समूहों की नहीं, ठोस स्थितियों और चरित्रों की सर्जना कर सके। सो, तीन साल पहले उर्मिला की छोटी बहन अमर भक्त से, "एक चमत्कार की तरह/ जल पड़ी थी रसोईघर की/ हसीन और दैवी आग में।" किसी लड़की का रसोईघर में ऐसे जल जाना हमारे समाज की कितनी 'सामान्य' घटना है, सामान्यता के इस बोध में निहित दृष्टि पर 'चमत्कार', 'हसीन' 'और दैवी' शब्दों के सर्वथा अप्रत्याशित प्रयोग के जरिए कवि झकझोर देने वाला व्यंग्य करता है। इस चमत्कार के समय "एक होटल में रुकी थी मैं/ तीन दिन बाद/ मुझे खबर मिली।" विलायती मेहमान ने दुख प्रकट किया, कहा, "ये आग हालाँकि मैंने नहीं लगाई है उर्मिला/ लेकिन अगर तुम पर कभी कोई संकट पड़े/ मदद के लिए मुझे लिखना/ गुडबाई।" व्यक्ति के रूप में 'विलायती मेहमान' ठीक ही कह रहा है, लेकिन उर्मिला हो या अमर-स्त्री के साथ जिस 'पुरुषोचित' संबंध का वाचक वह है, उससे इन दोनों स्त्रियों की नियति का संबंध है, और 'रूपसज्जा' का भी

कि, "इटली के जूते, जापांनी साड़ी/ दिल्ली नगरी अब मेरी है सदा।" इन्हीं पंक्तियों में वह भीषणतम त्रासदी भी व्यंजित है कि उर्मिला ने स्वयं रूपसज्जा को 'सदा' के लिए अपना लिया है।

सारे संबंधों और व्यवहारों को बिकाऊ माल या निवेश में तबदील कर देने वाली महाजनी सभ्यता की वीभत्सता सबसे पहले और सबसे अश्लील रूप में स्त्री-पुरुष संबंध के संदर्भ में दिखती है। इस वीभत्सता को स्वाभाविक संस्कृति मान लेना यह मनुष्य की भयावह त्रासदी है और तंत्र की भीषण सफलता। इस 'मान लेने' की जटिल प्रक्रिया का ऐसे कलात्मक संयम के साथ अनुसंधान करने वाली 'उर्मिला की रूपसज्जा' का अचर्चित रह जाना सिर्फ संयोग नहीं है—खास कर तब जबकि इस के कवि असद ज़ैदी को भांति-भांति की आलोचना दृष्टियों द्वारा प्रशंसित होने का सौभाग्य प्राप्त हो।

समकालीन युवा कविता की व्याख्या और सराहना के प्रसंग में, निश्चय ही आलोचना किसी गहरी व्याधि से ग्रस्त है। इस व्याधि की परिणतियाँ सामने हैं, लेकिन इसके कारण क्या हैं, इस का स्वरूप क्या है ?

विभिन्न वैचारिक प्रस्थान बिंदुओं से आरंभ होने वाली आलोचनाओं द्वारा इन दिनों प्रयुक्त शब्दावली पर ध्यान देने से पता चलता है कि आलोचना का सरोकार सिर्फ मुहावरे की पड़ताल तक सिमट कर रह गया है। गोया कविता के प्रसंग में सिवाय 'मुहावरे' के कोई विचारणीय मुद्दा है ही नहीं, या फिर सारे सवाल स्थायी रूप से हल किए जा चुके हैं।

कविता में जीवन वास्तव से टकराने के ढंग का सवाल हो या परंपरा, विचार या संवेदना में प्रासंगिक हस्तक्षेप करने का—किसी के संदर्भ में नए प्रस्थान बिंदुओं की तलाश फिलहाल आलोचना के एजेंडा पर नहीं दिखती। विषय तय हो चुके हैं और मुद्राएँ भी। कवि इन्हें अपना ले, सूक्ति गढ़ने का अभ्यास करे और आलोचक इसी अभ्यास को कवि का 'निजी मुहावरा' बता दे ? इतमीनान की इस जुगलबंदी से कविगण संतुष्ट हैं और आलोचकवृंद प्रसन्न।

मजे की बात यह है कि आलोचकवृंद सामान्य रूप से कविता के एकसेपन की शिकायत भी करते जाते हैं और अलग-अलग कवियों की विशिष्टता का सोल्लास रेखांकन करने के साथ उनकी संभावनाओं के बारे में हमें आश्वस्त भी करते जाते हैं। दूसरे शब्दों में समग्र रूप से जो समकालीन कविता एकसेपन की व्याधि से ग्रस्त है उसकी अलग-अलग इकाइयाँ बड़ी सार्थक और उत्तेजक हैं। तो फिर यह विशिष्टता, सार्थकता और उत्तेजकता समकालीन युवा कविता को

स्वाभाविक विविधता और समृद्धि क्यों नहीं दे पा रही ? आलोचक सामान्य वक्तव्य के धरातल पर ऐसी शिकायतें करने के लिए क्यों बाध्य है कि, "अक्सर वही शब्द—वही पेड़, जंगल, मकान, चिट्ठियाँ, तारीखें, चिड़िया, स्मृतियाँ, माँ, पिता, स्वप्न, साँसें, सूर्यास्त, छायाएँ, थकान, इंतजार, यात्रा-सब कुछ इतना परिचित यथार्थ जान पड़ता है, जैसे यथार्थ भी एक सामान्य रूढ़ि हो, चुनौती वह किसी अर्थ में हो ही नहीं।"

और भी, "काव्यात्मकता का क्या कोई स्थिर ढाँचा हमारे समय की कविता की सीमा बन गया है, इस पर गंभीरता से विचार करने की जरूरत है। मामूलीपन में कविता को संभव करने की कला कभी एक नया प्रस्थान रही होगी, इन दिनों वह कमोबेश एक रूढ़ि है।"

उपरोक्त दोनों उद्धरण डॉ. परमानंद श्रीवास्तव की पुस्तक 'समकालीन कविता का यथार्थ' के पहले अध्याय से लिए गए हैं। विडंबना यही है कि सैद्धांतिक स्तर की यह वाजिब बेचैनी व्यावहारिक मूल्यांकन के धरातल पर पूरी पुस्तक में कहीं दृष्टिगोचर नहीं होती। यह उदाहरण किसी भी मायने में अनोखा न होकर एकदम टिपीकल है, इसी कारण ज्यादा चिंताजनक भी। कवि का जो प्रस्थान 'इन दिनों कमोबेश एक काव्य रूढ़ि' बन गया है, उसमें अपने अंतर्विरोधों के प्रति असावधान और नए प्रस्थानों की खोज के प्रति लापरवाह आलोचना की भूमिका कम नहीं रही है। जिन रूढ़ियों और साँचों के प्रति सिद्धांत में असंतोष प्रकट किया जाता है, ऐन उन्हीं के चतुर पालन के आधार पर नए आ रहे कवियों में 'संभावना' और 'विकलता' खोज ली जाती है। स्वभावतः जो कवि विषय, निर्वाह और सरंचना में नए प्रस्थान खोजने के प्रयत्न करते हैं, वे या तो उपेक्षित हो हाशिए पर चले जाते हैं, या फिर बँधी-बँधाई लीक पर चल, आलोचना से 'नएपन' का प्रमाण-पत्र सहज ही अर्जित कर लेते हैं।

काव्यरूढ़ियों को व्यक्तिगत मुहावरे का नाम दे कर बकायदा प्रतिमान बना देने वाली आलोचना की निपट उपेक्षा के शिकारों में से केवल एक की चर्चा करें। समीरवरण नंदी की कविताएँ सबसे पहले 'जिज्ञासा' (1982) में, फिर 'साक्षात्कार' (1983 तथा 1987) में छपीं, 'नवभारत टाइम्स' व 'जनयुग' में भी समीर की कविताएँ आईं। हड़बड़ी भरी सूक्तिपरकता से सर्वथा अलग इनमें एक छटपटाहट थी-वैयक्तिक अनुभव को बने बनाए ढाँचे से अलग जाकर व्यापक बोध की यंत्रणा से जोड़ने की। इस जुड़ाव की प्रक्रिया को कविता की संरचना में विन्यस्त करने की कलात्मक प्रविधियों का अनुसंधान करने की उत्कंठा भी इन कविताओं में थी। प्रचलित मुहावरे में ही कहें तो यहाँ वाकई एक नया मुहावरा

था, जो यथार्थ और आस्था दोनों को प्रदत्त रूढ़ि की बजाए, कविता की अपनी चुनौती मानने के साहस से परिभाषित होता था :

1. "मैं सोच रहा था/ इस में तुम्हारी आँख से टपका/ पानी/टिक नहीं सकता/ यह मेड इन यू. एस. ए. है/ (रिपोर्ट है कि इससे सस्ता कोट/ इस देश में नहीं मिलता) / मैं जानता हूँ पिता/ तुम्हारी अभावग्रस्त उम्र का/ हाड़ काँप रहा होगा/ और ऐसा ही कोट आजकल/ लोग पहन रहे हैं/ यह दिल्ली बाजार की उपलब्धि है/ इसकी जेबें बड़ी हैं/ हो सकता है पिता/ इसमें तुम्हारे खाली हाथ छिप जाएँ।"

जिस कविता का यह अंश है, वह 'ओवरकोट' 1983 में प्रकाशित हुई थी। खाली हाथों को छिपा लेने में समर्थ बड़ी जेबों वाले ओवरकोट के दिल्ली बाजार की उपलब्धि माने जाने की घटना जिन राजनीतिक-आर्थिक प्रक्रियाओं की ओर इशारा कर रही है—उनकी परिणतियाँ अब 'उदारीकरण' के नाम से हमारे सामने हैं। पिता के प्रति आत्मीयता इस कविता में आत्मदया और भावुकता के परिप्रेक्ष्य में नहीं, तकलीफदेह यथार्थबोध और विवशताबोध के परिप्रेक्ष्य में गुंथी हुई है। प्रगीतात्मकता यहाँ भी है। शायद 'प्रीतिकर' कम, विचारोत्तेजक ज्यादा।

2. "मैंने उसे पहले पहल वर्णमाला के पहले अक्षर में/ 'अ के पास भयानक अंदाज में बैठे देखा था/ कुछ को उसे खिलौना बना कर/ खेलते देखा/ उमस की रात पेड़ से फँसा कर/ कुछ जने उसे चिड़ियाघर ले आए/ साधुओं के गले पड़े-पड़े मैंने उसे भीख माँगते देखा/ ··· हर वक़्त उसका अधभरा पेट/ और वह मेरे घर में खोल बना लिया है/ बीते दिनों में उसका इतना/ सीढ़ी चढ़ आना/ मैंनें अपनी आँखों से देखा है।"

'अजगर' शीर्षक कविता के उपरोक्त अंश कवि के सूक्ष्म पर्यवेक्षण का पता तो खैर देते ही हैं, अधिक महत्वपूर्ण है 'बीते दिनों में' अजगर का इतना अधिक सीढ़ी चढ़ आना। तुरंत ही स्मृति में साँपसीढ़ी का खेल कौंध जाता है। फिर वर्णमाला से लेकर अब तक हर वक्त अधभरा अजगर का पेट और 'मेरे घर में उस का खोल बना' कर जम जाना। जाहिर है, कवि के लिए उसका 'घर' 'दुष्ट जगत' का निरीह शिकार न होकर जगत का हिस्सा है, वहाँ केवल वापस लौटने का सुरक्षाबोध नहीं, भयानक अजगर की ठंडी उपस्थिति भी है। जिन बीते दिनों में, अजगर इतनी सीढ़ियाँ चढ़ गया है, उन्हीं में, वह कवि के 'घर' में भी खोल बना कर जम गया है। गहरे यथार्थ बोध की चुनौती यही है, अजगर का अधभरा पेट—वर्णमाला से ले कर साधुओं के गले तक, चिड़ियाघर से ले कर अपने घर तक।

ऐसे संश्लिष्ट यथार्थ बोध और कलात्मक प्रविधि से युक्त कविताओं का पूरी तरह से अननोटिस्ड छूट जाना—पुनः सिर्फ संयोग या व्यक्तिगत प्रमाद का परिणाम भर नहीं है। यह समकालीन आलोचना की उसी व्याधि का एक और उदाहरण है, जिसके कारण आलोचना ने प्रगीतात्मकता को बजाते खुद प्रतिमान का दर्जा दे दिया है और एकसेपन को काव्य परिदृश्य की समृद्धि का। ऐसी उपेक्षा के कारण ही युवतर कवि सरल संवेदनों के काव्य संस्कार को तेजी से आत्मसात किए जा रहे हैं।

यह भी गौरतलब है कि आलोचना का यह संकट किसी एक विचारधारा या रुझान की आलोचना तक सीमित नहीं है। हर रुझान के अधिकांश आलोचक, विचार और टकराव के मसले हल कर कविता में केवल मुहावरा खोज रहे हैं। स्थिति यहाँ तक है कि आलोचक किसी के कवि कर्म का विश्लेषण करता है, तो कविता के साथ संवाद का रिश्ता बनाने की बजाए, कवि कर्म को किसी वैचारिक 'कंस्ट्रक्ट' का ऐसा उदाहरण भर बना देता है, जिसे कविता की 'अतिव्याख्या' (ओवरइंटरप्रेटेशन) के सिवा कुछ नहीं कहा जा सकता। मिसाल के तौर पर मदन सोनी 'दैवीय तत्वों अथवा मानवेतर सृष्टि की तर्कणामूलक व्याख्या' से पीड़ित हैं, 'भाषा चेतना में मानवीय अर्थ के गहरे उपनिवेशवाद' से दुखी हैं, उन्हें अपनी पीड़ा और दुख के लिए एक खूँटी चाहिए, जिसका काम वे अशोक वाजपेयी की कविता से लेते हैं। सवाल 'मानवतावाद' के दार्शनिक औचित्य-अनौचित्य का फिलहाल नहीं है, सवाल अशोक वाजपेयी (या किसी की भी) की कविता को मानवतावाद विरोधी 'लक्षण' का 'उदाहरण' बना देने का है-सो भी कविता के अपने तर्क की उपेक्षा कर अतिव्याख्या के सहारे। आलोचक की अपनी धारणाओं का जबरन वहन करना ही ऐसी व्याख्या में कविता का कर्त्तव्य रह जाता है। साहित्य को विचारधारा का उपनिवेश बनाने के तेजस्वी (!) प्रतिवाद की, कविता के अपने जीवन के प्रति विकट असंवेदनशील-यह परिणति 'समकालीन भारतीय साहित्य' (अप्रैल-जून, 1991) में प्रकाशित मदन सोनी के लेख में देखी जा सकती है।

यथार्थ को रूढ़ि बनाते एकसेपन के साथ शांतिपूर्ण सहअस्तित्व और कविता को किसी प्रदत्त लक्षण के उदाहरण में बदल देने की इच्छा-आलोचना की ये दोनों व्याधियाँ परस्पर संबंधित हैं। इनके स्त्रोत की तलाश को साहित्य विमर्श के अपने जगत तक सीमित रखना निष्फल हो गया, क्योंकि व्याधि का संबंध व्यापकतर सामाजिक परिवेश और सांस्कृतिक प्रक्रियाओं से है।

हम तुरंता संस्कृति में जी रहे हैं। बाहर वक्त की कमी है, भीतर धीरज की। यह कमी प्रत्यक्ष धरातल पर फास्ट फूड और इंस्टैंट कॉफी की चाह (या मजबूरी) में व्यक्त होती है, और सूक्ष्म धरातल पर वैसे ही फौरन हासिल हो जानेवाले समाधानों की इच्छा में। छायावादी कविता के सांस्कृतिक संदर्भ का विश्लेषण करते हुए विजयदेव नारायण साही ने उस युग को 'संतुलन के नाटक का युग' कहा था, हमारा वर्तमान सपाटे के समाहार का दौर है। तब जल्दी ही पक्ष-विपक्ष के बीच संतुलन पा लिया जाता था, अब ऐसा 'सिस्टम' बन चला है जो समाधान की दिशा को ही नहीं, समस्या रखने के ढंग को भी पहले से तय कर देता है। विचार, भाव और संवेदना तक मानकीकृत हो चले हैं। प्रतिवाद का भी अपना सिस्टम है, और यदि कोई उस सिस्टम के ही प्रस्थान को चुनौती देना चाहे तो संकट पैदा हो जाता है। सारा जीवनानुभव गोया पूर्व निर्धारित नियमों से बँधा एक खेल है, कवि विष्णु नागर के शब्दों में, 'उनका खेल', जिसकी नवैयत ऐसी है: "हमने कहा : हम लड़ेंगे/ उन्होंने कहा अच्छा है/ हथियार हम से ले लो/ हमने कहा : हम अहिंसक हैं/ उन्होंने कहा : तो अनुभव हमसे ले लो/ हमने कहा : हम आपसे कुछ नहीं लेंगे/ उन्होंने कहा : तो फिर हम दुनिया की 'शांति' भी/ भंग नहीं होने देंगे।"

विडंबना यह है कि 'शांति' की चिंता कविता की दुनिया को भी है। कविता और उसकी आलोचना के जिस उपक्रम को तुरंता समाहार के प्रतिवाद में द्वंद्व की प्रक्रिया को अपने अस्तित्व की परिभाषा बनाना था, स्वयं उसमें तुरंता समाहार को काम्य मूल्य मान लेने के लक्षण दिख रहे हैं। प्रक्रिया से ज्यादा ध्यान परिणति पर है, सो भी ऐसी परिणति पर, जिसे अर्जित कर लिया जाता है कविता से पहले, कविता के बाहर—कविता सिर्फ उसकी वाहिका बना दी जाती है। इसीलिए कविता की पूरी संरचना और उसमें निहित प्रक्रिया पर नहीं, बल्कि पहले से अपना ली गई भंगिमा और अंतिम पंक्तियों में चिपका दी गई सूक्ति पर ही आलोचना का ध्यान जाता है। उधर, इंस्टैंट के इस युग में, 'निरवधि कालः विपुला च पृथिवी' के भरोसे कोई कब तक कविता लिख सकता है, सो आलोचना का ध्यान आकृष्ट करने की इच्छा रूढ़िवादी निर्वाह में बदलने लगती है—और कविता अपने बुनियादी प्रकार्य से ही विचलित हो जाती है।

आलोचना में यह बोध बहुत व्यापक नहीं है कि आलोचना दोस्ती निभाने या विशुद्ध अकादेमिक लेखन से अलग किस्म का उपक्रम है: वह मूल्यांकन है, और मूल्य संस्कृति को परिभाषित करते हैं, एवं संस्कृति से परिभाषित होते हैं—इसीलिए सार्थक साहित्यिक आलोचना भी कविता की तरह 'सांस्कृतिक

प्रक्रिया' है, बल्कि अधिक आत्मसजग रूप से सांस्कृतिक प्रक्रिया है। एक भी रचना की समीक्षा व्यापक सांस्कृतिक परिघटनाओं के निश्चित विवेक से उपजती है—मुद्दा यह है कि यह विवेक कोई बनी बनाई वस्तु नहीं, बल्कि एक सतत् प्रक्रिया है—खुद से और सबसे जिरह की सतत् प्रक्रिया। दुर्भाग्य से, विवेक का यही प्रक्रियापन 'इंस्टैंट' के सांस्कृतिक मिजाज की भेंट चढ़ता जा रहा है। साहित्यिक आलोचना—जो इस इंस्टैट मोह के विरोध का सशक्त मोर्चा हो सकती है—इस की शिकार होती जा रही है। और चूँकि वह मूल्यांकन है-सो तुरंता समाधान की आशा, तज्जनित सरलता की आकांक्षा, काव्यसंस्कार में जगह बनाती जा रही है।

तो, इसमें हर्ज क्या है ? जब एकसापन और तुरंतापन हमारा युग सत्य है ही, तो काव्यसंस्कार में उस के स्थापित हो जाने से ही कौन-सा आसमान टूट पड़ेगा ?

कविता के बाहर, उपरोक्त प्रश्न का उत्तर सीधा है। एकसापन और तुरंतापन असल में औद्योगिक सभ्यता की स्वाभाविक परिणति है—लेकिन स्वयं इस 'सभ्यता' की मूलगामी समीक्षाएँ भी हमारे समय की सचाइयाँ हैं-सामाजिक व्यवहार से लेकर बौद्धिक विमर्श तक के धरातल पर। सो, बाहर के जगत से प्रेरणा का तर्क सिर्फ एकसेपन तक सीमित नहीं रहना चाहिए। वैसे भी 'युग सत्य' को जो सपाट ढंग से आत्मसात कर ले, वैसी सर्जनात्मकता का मतलब ही क्या ? जैसा सब समझ रहे हैं, वैसा ही समझने तक सीमित रहने वाली सर्जनात्मकता अपने समय की पड़ताल क्यों कर करेगी ?

'युग सत्य' और यथार्थ की वास्तविकता जैसे तर्कों के सहारे एकसेपन, तुरंता समाहार की खोज को उचित ठहराने वालों को याद दिलाने में हर्ज नहीं कि, "खोट हमारे ग्रह नक्षत्रों में नहीं, हमीं में है।" दूसरे शब्दों में, आधुनिक जीवन में बढ़ता एकसापन और इंस्टैंट समाधान की लालसा सार्थक कविता के लिए चुनौती है न कि अनुकरण का आदर्श।

चुनौती को आदर्श बना लेने से कविता के भीतर गहरा संकट पैदा हो गया है। इस संकट को समझें, सोदाहरण चर्चा से। पिछले कुछ बरसों में 'घर' और 'लड़की'/ 'स्त्री' पर असंख्य कविताएँ लिखी गई हैं। युवा कवियों में शायद ही कोई हो जिसने इन पर कविता न लिखी हो। कोई भी विषय सिर्फ इस कारण काव्यरूढ़ि नहीं बन जाता कि उस पर बहुत से लोग लिख रहे हैं, असल सवाल यह है कि यह विषय कविता में किस तरह लाया और निभाया जा रहा है। देखने

की बात यह है कि 'घर' और 'लड़की' के बारे में रची जा रही अधिकांश कविताएँ परिवेश के चित्र बहुत कम देती हैं, कवि के आत्मगत इंप्रेशंस बहुत अधिक। 'घर' जैसा नितांत ठोस, आत्मीय अनुभव इधर की कविता में तेजी से अमूर्त्त होता जा रहा है-और 'स्त्री' सिर्फ एक संदर्भ बनाती जा रही है। यह सिर्फ संयोग नहीं कि अधिकांश कविताओं में लड़कियाँ/ स्त्रियाँ बहुवचन में आती हैं। वास्तविक मनुष्य की बजाए थोक के भाव जुटा ली गई सामग्री (आर्टिफैक्ट) में बदलती जा रही हैं कविता में आने वाली लड़कियाँ।

विडंबना यह है कि स्त्री का यह वस्तुकरण उस कविता समय में हो रहा है जबकि हर कवि अपने लेख पूरी सचाई और ईमानदारी के साथ स्त्री के प्रति सहानुभूति की भंगिमा अपना रहा है। ऐसी ईमानदारी पर संदेह करने की कोई जरूरत नहीं, लेकिन यह कहना जरूरी है कि कवि मन की ईमानदारी का कविता की ईमानदारी में रूपांतरण गहरे आत्मसंघर्ष और जिरह की छलनी से गुजर कर ही होता है। स्वयं 'ईमानदार अनुभूति' की बुनावट तक को कविता की संरचना में ही जिरह का विषय बनाने की जरूरत है, क्योंकि अनुभूति नहीं, ज्ञान और संवेदना का तनाव ही कविता का असली प्रतिमान है। अनुभूति कितनी सार्थक है, कितनी व्यर्थ, कितनी आत्ममुग्ध है, कितनी प्रशस्त, कितनी स्वार्थपरक है, कितनी मुक्तिकारी, ये सब ज्ञान और संवेदना के तनाव को साधने से ही मालूम पड़ता है। इसीलिए सरल संवेदनों के खिलाफ बौद्धिक सघनता और कविता के भीतर जिरह की माँग जरूरी है।

मिसाल के तौर पर 'मैं निपट अकेला कैसे बचाऊँगा तुम्हारा प्रेमपत्र'-इस पंक्ति में निहित वेदना वास्तविक हो सकती है, लेकिन इस वेदना को शक्ल देने वाले संस्कार की पड़ताल जरूरी है। सूक्ति के रूप में इस बात को सभी मानेंगे (उपरोक्त पंक्ति के कवि बद्रीनारायण समेत) की स्त्री प्रेम का सिर्फ निष्क्रिय 'ऑब्जेक्ट' नहीं, प्रेमभाव का सक्रिय 'सबजेक्ट' भी है। लेकिन कविता, आलोचना, मूल्यांकन और जीवन मात्र में स्वीकृत संस्कार के कारण यह सर्वथा स्वाभाविक मान लिया गया है कि प्रेमपत्र बचाने का पराक्रम और न बचा पाने की आशंका, निपट अकेले कवि—स्वभावतः पुरुष-की ही चिंता हो। जिस का प्रेमपत्र है, उस की उपस्थिति इस चिंता में भी वैसी ही है जैसी कि स्वयं प्रेम में-अर्थात् निष्क्रिय। वस्तु की तरह। प्रतीक की तरह। प्रेम का यह संस्कार तत्वतः उसी तरह का है, जैसे संस्कार के चलते पद्मिनी सरीखी हजारों स्त्रियों की करुण आत्महत्या को हमारा समाज स्त्री के पवित्र प्रेम का अनुकरणीय, स्वाभाविक आदर्श मानता रहा है। असल में सर्वाधिक अस्वाभाविक है यह स्वाभाविकता—बशर्ते

कि आप की प्रेमानुभूति में 'स्त्री' सिर्फ प्रेम की 'वस्तु' या समाज/ संस्कृति धर्म आदि की पवित्रता का 'प्रतीक' भर न हो कर, एक पूर्ण व्यक्तित्व हो।

'स्त्री' के इस ईमानदार लेकिन नासमझ वस्तुकरण का सीधा संबंध 'घर' के नितांत गैर आलोचनात्मक महिमामंडन से है। आश्चर्य होता है देख कर कि इन दिनों कविता में 'घर' सिर्फ सुरक्षा और स्थिरता को व्यंजित कर रहा है, जैसे 'घर' शब्द से सूचित संस्था या जीवनानुभव में दमन, तनाव या अंतर्विरोध का कोई अस्तित्व ही न हो। और भी आश्चर्य होता है, उत्तर आधुनिकतावादी आलोचक का यह उल्लास पढ़ कर, "हुआ यह है कि इन कवियों ने अचानक स्त्री को परिवार के भीतर रख कर देखना शुरू किया है। स्त्री की पहचान के लिए परिवार लौटा है। परिवार लौटा है तो घर लौटा है, घर लौटा है तो परिवार लौटा है। कविता में घर और परिवार का यह पुनर्जन्म स्पष्ट ही समकालीन कविता के अपने हैं और यहीं से उसकी सर्वाश्लेषी विकलता शुरू होती है। घर है, परिवार है, इनके भीतर स्त्री पत्नी है, माँ है, बहन है, भाई है, बच्चे हैं, पिता हैं, दीवारें हैं, घर का सामान है और कवि का एक व्यक्ति के रूप में वह अनिवार्य संबंध है जो वह महसूस करता है।" (सुधीश पचौरी, 'कविता का अंत'-पृ. 55)

दिक्क़त यह है कि अनिवार्य संबंध' की यह अनिवार्य विडंबना इस उल्लास में ओझल हो गई है कि कविता में महसूस होने वाले इस संबंध को कवि वास्तव में जी नहीं पाता। कविता में बार-बार घर की ओर लौटने वाले, गाँव की याद करनेवाले कवियों में से अधिकांश महानगरों में ही रहते हैं या रहना चाहते हैं। कविता की कमजोरी इस विरोधाभास में नहीं, बल्कि इसकी विडंबना को कविता का विषय न बनाने में है। आधुनिक जीवन के अपरिहार्य दबावों को झेलते पारंपरिक 'घर' की इस भीषण विडंबना का अहसास कम कवियों में मिलता है कि, "हर आदमी का घर/अक्सर सिर्फ़ एक बार ही होता है जीवन में/ और जो उस का घर था/ वह चालीस बरसों और चार मौतों के पहले था।" '(विष्णु खरे की कविता, 'दिल्ली में अपना फ्लैट बनवा लेने के बाद एक आदमी सोचता है')।

जीवनानुभूति और काव्यानुभूति के बीच अनिवार्यतः मौजूद इस विरोधाभास के बोध तक का अभाव इसी बात का एक और प्रमाण है कि कविता में "भाव या विचार का वस्तुसत्य से सुसंगत होना" (मुक्तिबोध के शब्द) सरल संवेदन और कोरी ईमानदारी से कहीं ज्यादा जरूरी है। पारंपरिक 'घर' के अपने सत्तातंत्र और उस पर पड़ रहे समकालीन दबाव—इन दोनों से लगभग निर्लिप्त रहते हुए 'घर' को सिर्फ याद करना यही दिखाता है कि 'घर' एक व्यथापूर्ण काव्यविषय

से सुविधाजनक काव्यरूढ़ि में बदलता जा रहा है। यह सही है कि 'घर' एक तरह के 'नॉस्टेल्जिया' की भी व्यंजना करता है। 'नॉस्टेल्जिया' स्वाभाविक भी है, खासकर तब जबकि वर्त्तमान डरावना हो और भविष्य के और भी डरावना होने की आशंका हो। लेकिन 'नॉस्टेल्जिया' या किसी भी भावना की सिर्फ स्वाभाविकता से चिपके रहना मनुष्य के लिए स्वाभाविक नहीं है। भोलापन मुनष्य का जरूरी गुण है लेकिन जिरह भी मनुष्य की जरूरी आदत है या कि होनी चाहिए। कम से कम सृजनात्मकता में तो होनी ही चाहिए। अपने आपसे, अपनी 'स्वाभाविक' भावनाओं से जिरह यदि लगातार की जाए तो न तो घर सिर्फ सुरक्षा और नॉस्टेल्जिया का वाचक रह जाएगा और न ही प्रेमपत्र बचाने की जिम्मेवारी निपट अकेले कवि की रह जाएगी।

जिस 'प्रीतिकर' भोलेपन के जरिए युवा कविता 'घर' और 'स्त्री' जैसे जीवंत विषयों को काव्यरूढ़ि मात्र में बदल रही है, उसके खतरे सिर्फ़ 'मुहावरे' तक सीमित नहीं हैं। कविता में विषयों के अमूर्तन और गैर आलोचनात्मक महिमामंडन की प्रक्रिया अनिवार्य रूप से सामाजिक यंत्रणा के स्त्रोतों को अमूर्त बनाने और स्वयं यंत्रणा को महिमामंडिन करने की भी प्रक्रिया है। याद दिलाने की जरूरत है कि ऐसा महिमामंडन भाषा और बोध के नाजुक, दूरगामी धरातल पर यंत्रणा के उन्हीं स्त्रोतों की सहायता करता है, जिनके प्रति कवि अपनी समझ से, पूरी ईमानदारी के साथ विरोध की मुद्रा अख्तियार किए हुए है। महिमामंडन का यह कर्मकांड कविता में तो निगूढ़ रहता है, लेकिन आलोचना की भाषा में पारदर्शी हो उठता है। यहाँ स्त्री, "कविता में सर्वाधिक उत्कट आलंबन" ही नहीं, "तमाम दीन वस्तुओं की रक्षा का आश्वासन देती धरती माँ का विराट प्रतीक" भी बन जाती है। और फिर, "यह सर्वाश्लेषी प्रतीक इतना बड़ा है कि कविता से आर-पार फैला है; यह कविता इस 'माँ' की ही खोज है। वह सीता माता की खोज है। वह मदर मेरी की खोज है। वह दुर्गा की खोज है। हर तरफ से दुत्कारे गए मुनष्य की व्याकुल खोज है वह क़विता जिसमें माँ की महान् मूर्ति बैठी है।" (सुधीश पचौरी, 'कविता का अंत', पृ. 51-52)

आश्चर्य नहीं कि उपरोक्त को पढ़ कर अनायास ही 'यत्र नार्यस्तु पूज्यते' वाला श्लोक याद आ जाता है। हर तरह से वंचित और दलित स्त्री की 'पूजा' के ठेठ 'भारतीय' विधि विधान का उपरोक्त महिमामंडन से कुछ संबंध तो है। कितना सुखद है यह भुला देना कि स्त्री आलंबन, प्रतीक, मिथक और यहाँ तक कि माँ होने से भी पहले स्त्री है। सबसे पहले स्त्री। जीवन में है और समझदार ईमानदारी का तकाज़ा है कि कविता में भी हो। यदि सचमुच ऐसा हो तो कविता

में घर और स्त्री का बतौर काव्यविषयों के, असंपृक्त और समानांतर निर्वाह मुश्किल हो जाएगा। तब घर और स्त्री का संबंध विराट और सर्वाश्लेषी सरीखी मोहक लेकिन खोखली शब्दावली से मुक्त होकर सीधी, तीखी, जिरह का विषय बन जाएगा। ऐसीं जिरह का एक उदाहरण कात्यायनी की कविता 'औरत और घर' में मिलता है : "एकदम भरा पूरा था घर/ हृदय की पूरी उदारता और विशालता के साथ उसने/ अपना लिया था औरत को प्यार से/ अपना एक हिस्सा बना लिया था ... औरत क्या एक घर के बिना भी हो सकती है/ या फिर कोई और भी चौहद्दी हो सकती है/ सुखपूर्वक रहने, खाने, जीने के लिए/ घर के अलावा। जिस में रहते हुए औरत-औरत बनी रहे और/ घर-घर भी बना रहे/ यानि वह न हो घर का एक हिस्सा/ बल्कि उसकी एक बाशिंदा हो/ बस इतनी सी बात हुई थी कि/ उस का पासपोर्ट जब्त कर लिया गया/ और दुनिया के हर घर की/ नागरिकता के लिए उसे/ अयोग्य घोषित कर दिया गया/ घर से अलग हो कर/ एक लंबा सफर तय किया औरत ने/ पागलखाने तक का।"

वस्तु बन जाने या पागलखाने पहुँच जाने का विकल्प प्रस्तुत करनेवाला या संबंध क्या सिर्फ औरत की ही काव्यचिंता का विषय होना चाहिए ? वह भी तब जब कि लगभग हर कवि औरत एवं घर के बारे में कविता लिख रहा है ! इनके बारे में इतनी काव्यस्फीति के बावजूद घर और स्त्री के तनावपूर्ण संबंध के प्रति व्यापक उदासीनता से दो बातें प्रकट होती हैं। एक तो यही कि ज्वलंत सवाल और 'सच्ची' अनुभूतियाँ जब रूढ़ि का रूप ले लें तो कविता खेल बन जाती है। सो भी कवि या आलोचक का अपना नहीं, बल्कि 'उनका खेल' जिनकी नवैयत उजागर करने के लिए कवि कटिबद्ध है। दूसरी बात यह कि हमारी कविता और आलोचना की संवेदना में एक फाँक पैदा हो गई है, जिस के एक छोर पर है अतीतराग रंजित घर और दूसरे पर महिमामंडित लेकिन अमूर्त स्त्री। यह उस वक्त जब कि हम लगभग संतुष्ट हैं कि कविता में यथार्थ के बोध से कहीं आगे बढ़े गहन आविष्कार तक की क्षमता आ गई है।

नई कविता की कृत्रिम काव्यभाषा और उस के बाद के चौंकाऊ मुहावरों के आकर्षण से मुक्त हो कर समकालीन कविता निश्चय ही बोलचाल की भाषा के निकट आई है। लेकिन बोलचाल को कविता बनानेवाली सर्जनात्मकता अनुभव की कितनी परतों को भेद पाती है, अर्थ के कितने स्तरों को साध पाती है ? असली सवाल तो यह है। 'बोलचाल की भाषा' अपने आप में कोई परम पवित्र, प्रश्नातीत साध्य नहीं है। वह यथार्थ को सिर्फ प्रतिबिंबित या सूचित करनेवाला दर्पण धर्मी माध्यम भी नहीं है। बोलचाल की हो या गुह्य कर्मकांड

की, तद्भव हो या तत्सम्, भाषा मनुष्य निरपेक्ष सत्ता को मनुष्य सापेक्ष वास्तविकता में रूपांतरित करती है। भाषा के परे को भी भाषा में ले आने की अदम्य इच्छा और सतत चेष्टा के ही कारण मनुष्य मनुष्य है। वह भाषा के ही कारण जानता है कि वह मनुष्य है, जबकि मिसाल के तौर पर मछली नहीं जानती कि वह मछली है। भाषा में निहित यह आत्मचेतना, अकथ को कहने की यह हौंस कविता में और भी अधिक घनीभूत होती है। कई ऐसे अनुभव हमारी चेतना में धुंधले से उठते धुमड़ते हैं जिनका स्वयं हमें स्पष्ट बोध नहीं होता क्योंकि हमारे पास उचित शब्द और सटीक वाक्य नहीं हैं। ऐसी अकुलाहट को अभिव्यक्ति ही नहीं अर्थ भी देने का काम करता है, सर्जनात्मक शब्द—जिसका सबसे सघन रूप है कविता। तुलसीदास ने जब कहा, "उर अनुभवति कह न सक सोई। कहहि कवन विधि कवि कोई।" तो वे कविता की सबसे बड़ी चुनौती को ही रेखांकित कर रहे थे। अपने 'उर' के अनुभव को सीता चाहे न कह सकें, कवि की तो बुनियादी आकांक्षा ही उस 'विधि' को तलाशने की है, जिसके जरिए सीता के अनुभव को कहा जा सके। यह 'कहना' तभी संभव है जबकि कवि में अनुभव विशेष को व्यापकतर अनुभव के संदर्भ में रख कर उसे अर्थ देने की इच्छा भी हो, सामर्थ्य भी।

यह सामर्थ्य किसी कवि को कहीं से दी नहीं जाती। न काव्यशास्त्र से, और न पार्टी लाइन से। यह उसे स्वयं अर्जित करनी होती है। धूमिल के शब्दों में, "कविता एक स्वीकृत समूह को समर्पित होती है लेकिन मोर्चे पर भाषा के साथ कवि जूझता है—अकेले और बिलकुल अकेले। यह उसकी नियति है।"

बहुत विराट् और यातनापूर्ण है यह अकेलापन। कवि का माध्यम—शब्द एक ही साथ भावना, विचार, बोध, सूचना और संवाद का तो माध्यम है ही, वह सर्वाधिक जनसुलभ माध्यम भी है। शब्द का प्रयोग हर मुनष्य करता है—सपाट और सर्जनात्मक दोनों तरीकों से। फिर भाषा सिर्फ समकालिक कभी नहीं होती, वह अनिवार्यतः एक विराट परंपरा को हमारे निजी अनुभव का अंग बना देती है। भाषिक परंपरा में पवित्रता के शिखर उपस्थित हैं तो उपेक्षा के हाशिए भी हैं। शिखर पर कौन है और हाशिए पर कौन-यह निर्धारित होता है समाज सत्ता के शक्ति विमर्श के जरिए और 'सहज संस्कार' बन जाता है भाषा में गुंथे हुए पूर्वग्रहों के जरिए। इन पूर्वग्रहों की पहचान और पड़ताल-यही कविता का अपना मोर्चा है। यही सर्जनात्मकता की असली चुनौती है।

बात को उदाहरण से स्पष्ट करें तो यह कितना 'सहज' है कि 'मर्दाना' पराक्रम का सम्मानसूचक विशेषण हो और 'जनाना' तिरस्कार की सूचना दे। पराक्रमी

लक्ष्मीबाई 'मर्दानी' ही हो सकती थी और किसी दुर्बलकाय अथवा कोमलमन पुरुष से यही कहा जा सकता है 'परे हट, जनाना कहीं का।' असल में भाषा यथार्थ को सिर्फ बताती नहीं, हमारे लिए उसे रचती भी है, उसके प्रति हमारे नैतिक रवैए और 'एस्थेटिक पोजीशन' को तय भी करती है। इसीलिए शब्दार्थ का विघटन और विचलन कभी भी कला माध्यम विशेष तक सीमित संकट नहीं होता और इसीलिए जब ऐसा संकट दरपेश हो तो कविता ही मोर्चा संभालती है। 'कविता ही'—क्योंकि कविता भाषा के संकटग्रस्त तर्क का अतिक्रमण करते हुए नया शब्दार्थ संभव करती है—भाषा के भीतर बनी रह कर।

यही कारण है कि एक ओर कविता मनुष्य की सहज, प्राथमिक और स्वतः स्फूर्त गतिविधि है। आखिर ऐसा कौन ठूँठ होगा जिसने कभी न कभी कविता न रची हो। दूसरी ओर नैतिक रूप से सचेत व्यक्ति के लिए ('जो पचीस की उम्र के बाद भी कवि बने रहने का फैसला करे') कविता बहुत ही कठिन और गंभीर दायित्व है। ऐसे व्यक्ति की हर काव्य चेष्टा भाषा में और भाषा के जरिए बोध, व्यवस्था और परंपरा में सजग हस्तक्षेप है। जाहिर है कि तब कविता के मूल्यांकन के प्रतिमान स्वाभाविक अनुभूति, अनुभव की प्रामाणिकता तक सीमित नहीं रह सकते।

ज्ञान और संवेदना के जो स्तर हमारे अपने समाज में इस वक्त प्राप्त किए जा चुके हैं, उन की रोशनी में भाषा के पूर्वग्रहों की गहरी पड़ताल—एक तरह से भाषा की अपनी समीक्षा—असंभव नहीं रही। उल्टे आवश्यक हो गई है। विकास की समूची अवधारणा पर बहस का न्यौता देनेवाले, भारतीय (या किसी भी राष्ट्रीय) आत्मबोध में निहित द्वंद्वों, पितृसत्ता और शक्तिविमर्श पर पड़े परदों को निर्ममतापूर्वक हटानेवाले आंदोलन हमारे समय का यथार्थ हैं। 'नर्मदा बचाओ' तथा 'मेरे गाँव में मेरा राज' सरीखे आंदोलन पारंपरिक वामपंथ का विस्तार नहीं हैं। वे एक अधिक प्रामाणिक और भरी पूरी परिवर्तन दृष्टि की बेचैन खोज के ठोस सामाजिक रूपक हैं। हमारे अपने 'रेचेड ऑफ द अर्थ' आज केवल राजसत्ता को ही नहीं, समूची समाजसत्ता और उसकी सांस्कृतिक बुनावट को सवालों से बींध रहे हैं, और स्वाभाविक है कि आततायी वर्ग से नाभिनालबद्ध बौद्धिकों की एक पूरी जमात इस बींधने की पीड़ा से चिंचिया रही है।

आदर्श रूप से, यह कविता के लिए सर्वाधिक उत्तेजक समय होना चाहिए। उन तक के लिए जो सभ्यता का सनातन नाभिक खोज लेने के बाद प्रत्येक परिवर्तन की व्यर्थता बखानना चाहते हैं या सनातन 'पाठ' को केवल विनम्रतापूर्वक दोहराना चाहते हैं। उनके लिए तो निश्चय ही जो जीवन वास्तव

की सतहों को भेद कर उसके विविधवर्णी मर्म से जुड़ने को कवि और कविता का धर्म मानते हैं। लेकिन आदर्श जो भी हो, वास्तविकता यही है कि अधिकांश कवि मान रहे हैं कि, "कविता के लिए यह समय तनाव, गहरी निराशा, असमंजस और एक तरह की खीज का समय है।" (राजेश जोशी, 'वर्तमान साहित्य' कविता विशेषांक का संपादकीय)

विडंबना यह है कि आलोचक बता रहे हैं कि, "विचार और संवेदना में जो बातें परस्पर विरोधी प्रतीत होती थीं, वे अब अविरोधी हो गई हैं ... अब कवि समझ गए हैं कि कविता के लिए ज्ञान आवश्यक है लेकिन उसका असली क्षेत्र संवेदना ही है।" (डॉ. नंदकिशोर नवल, 'वर्तमान साहित्य कविता' विशेषांक-पृ. 329)

रोचक है यह स्थिति कि कवि राजेश जोशी बेचैन हैं कि "किसी अवधारणात्मक निष्कर्ष तक पहुँचना कठिन होता जा रहा है। विश्लेषण के हमारे उपकरण अपर्याप्त लग रहे हैं और नए उपकरण अर्जित नहीं किए जा रहे हैं।" (व. सा. संपादकीय) दूसरी ओर आलोचक डॉ. नवल कृपापूर्वक ज्ञान की आवश्यकता मानते हुए संवेदना को असली क्षेत्र ऐसे बता रहे हैं, जैसे कि स्वयं संवेदना की बुनावट ज्ञान से स्वायत्त होती हो! विचार और संवेदना के कविता के लिए जरूरी तनाव का 'अविरोध' में पर्यवसित हो जाना नवल जी को संतोष देता है—तो ठीक इस कारण कि 'प्रीतिकर प्रगीतात्मकता' के प्रतिमान अनिवार्यतः इंस्टैंट समाहार, तुरंता समाधान के दुनिर्वार आकर्षण पर आधारित हैं। बेशक कविता का असली क्षेत्र संवेदना है, लेकिन संवेदना स्वयं एक प्रक्रिया है। प्रक्रिया का गला रेत कर ही इंस्टैंट सूक्ति संभव होती है और समकालीन कविता के एक बड़े हिस्से से तनाव, असमंजस, विस्मय, बेचैनी—गरज कि संवेदनामात्र के प्रक्रियापन का गायब होना अशुभ लक्षण है। इसके प्रति आलोचना में व्याप्त इतमीनान और भी अशुभ लक्षण है।

मेरी माँग यह कतई नहीं है कि सामाजिक आंदोलनों के काव्यानुवाद किए जाएँ या छद्म आशा की कविता रची जाएँ। यह तो खैर हो ही रहा है। जरूरत इस बात की है कि इतमीनान की जुगलबंदी से पिंड छुड़ा कर कविता और आलोचना दोनों में भाषा की, और इस बहाने समूची सभ्यता की समीक्षा की जाए। तुरंता समाहार और खतरनाक महिमामंडन का प्रतिवाद किया जाए। एकसेपन के 'युगसत्य' को आत्मसात न किया जाए और प्रीतिकर प्रगीतात्मकता की रूढ़ियों में खेल बनती जा रही कविता को जीवन वास्तव का प्रामाणिक अनुसंधान बनाया जाए। आलोचना के लिए यह और भी जरूरी है कि वह कविता

के ही नहीं, अपने मुहावरे की भी कुछ चिंता करे ताकि नए आ रहे कवियों के सामने गलत उदाहरण रखने के विचलन से बचा जा सके।

और अंत में, यह लेख उपदेश नहीं है। सिर्फ प्रार्थना और शिकायत है। कवियों से, आलोचकों से और कवि सुदीप बैनर्जी के शब्दों के सहारे ईश्वर से :

हे ईश्वर तुमने बनाए इतने
सुखनवर
कुछ और बात होती गर
दी होती उन्हें थोड़ी बहुत नज़र
कुछ कम ही दिए होते शब्द
स्याम को स्याम कहते
गौर को गौर
वह ही तो होता
अंदाज़े बयाँ और
अभी तो इतनी मनमानी है
गिरा अनयन नयन बिनु बानी है।

—1993

आलोचना के स्वधर्म के लिए ...

हिन्दी में आलोचकों, समीक्षकों की कोई कमी नहीं है। शायद कभी नहीं रही। लेकिन जब भी कोई कहता है, रचना है, आलोचक हैं, लेकिन आलोचना कहाँ है ? तो बात को यूँ ही उड़ा देने की इच्छा चाहे जितनी हो, हिम्मत नहीं होती। इस स्थिति का एक कारण यह है कि हमने यह सवाल तो बार-बार पूछा है कि कविता क्या है ? लेकिन यह सवाल कम ही पूछा गया है कि 'आलोचना क्या है' ? आशय लक्षण निरूपण या शास्त्र निर्माण से नहीं, बल्कि यह है आलोचना में अपने अस्तित्व की सार्थकता और काम को लेकर आत्मतुष्टि नहीं, बल्कि जिज्ञासा हो, एक तरह की आत्मचेतनता हो।

1989 में प्रकाशित 'वाद विवाद संवाद' जिज्ञासु आत्मचेतनता और आत्मसंघर्ष का ही साक्ष्य है। 1964 से 1988 के बीच लिखे गए (और बोले गए) में कुछ को यहाँ संकलित करने के पीछे एक निश्चित योजना है। इस योजना में अंतर्निहित है आलोचना के स्वधर्म की चिन्ता। इस दृष्टि से यह कोरा संयोग नहीं लगता कि नामवरजी ने इस संकलन में पहला स्थान विवेचना में पढ़े गये निबंध को दिया है, जिसमें उन्होंने 'एक साहित्यिक की डायरी' पर विचार किया था। मुक्तिबोध के आत्मसंघर्ष से अपने आलोचनात्मक आत्मसंघर्ष को जोड़ने का यह प्रयत्न सर्वथा स्वाभाविक है और सार्थक भी। सपाट प्रतिबद्धता से लेकर भव्य संस्कृतिवाद तक के अतिरेकों से संघर्ष करते हुए परंपरा, प्रगतिशीलता और प्रासंगिकता सरीखे सवालों पर नामवरजी की आलोचना में जो आत्मसंघर्ष चलता रहा है वह आलोचना के स्वधर्म को समझने के प्रयत्नों की ही सूचना देता है।

क्या है आलोचना का स्वधर्म ? 'वादविवाद संवाद' में संकलित लेखों, भाषणों में नामवरजी ने इस सवाल पर विभिन्न कोणों से विचार किया है। इस विचारक्रम में वे 'बहुलवाद' जैसी मोहक शब्दावली की विडंबनाएँ भी उजागर करते हैं और 'मार्क्सवादी सौन्दर्यशास्त्र' गढ़ने के प्रयत्नों की दयनीयता भी। ऐसा इसी कारण

क्योंकि वे स्पष्ट हैं कि कविता ही नहीं, 'आलोचना भी सांस्कृतिक प्रक्रिया है। आलोचना की भाषा सांस्कृतिक स्तरों से छनकर आती है' (पृ. 36) और 'समालोचना जब तक इस समग्र (सांस्कृतिक) प्रक्रिया के संदर्भ में साहित्य सृजन की व्याख्या नहीं करती किसी संस्कृति के केंद्र में स्थान नहीं पा सकती'। (पृ. 40)

नामवरजी की चिन्तनपद्धति की सबसे बड़ी विशेषता यह है कि वे "निर्विवाद" तथा प्रदत्त अवधारणाओं पर गहन पुनर्विचार की उत्तेजना प्रदान करते हैं। दूसरी ओर वे मोहक शब्दावली के अंतर्निहित आशयों को ऐन दुखती रग पर अंगुली रख देनेवाली निर्ममता के साथ उजागर कर देते हैं। पिछले दशक में बार-बार उछाले गए शब्द "बहुलतावाद" के प्रति आकर्षण या धक्कामार आलोचना की प्रतिक्रियाएँ तो बार-बार देखी गयी हैं, लेकिन इस शब्द की ऐसी मूलगामी आलोचना अन्यत्र दुर्लभ है, "बहुलतावाद सिर्फ अमेरिकी जनतंत्र की विशेषता नहीं है, यह भारत की महान परंपरा है। ठेठ देशी और हजारों साल पुरानी। अनेकांतवाद केवल जैनदृष्टि नहीं है। अब यह हिन्दूधर्म की सर्वमान्य आचार संहिता है। ... बहुलतावाद संभवतः प्रत्येक घाघ संस्थान की अमोध रणनीति है और हिन्दी विभाग ने इसे हिन्दू समाज से विरासत में हासिल किया है और आज के भारतीय जनतंत्र से इस बहुलतावाद को समर्थन भी प्राप्त है। इसलिए असली संघर्ष किसी नए अनुसंधान या नए सिद्धांत के प्रवेश से ज्यादा इस बहुलतावाद के खिलाफ होना है। इस बहुलतावाद के चलते कोई परिवर्तन असंभव है।" (पृ. 138)

अपने सांस्कृतिक अनुभव के सबक यदि हम पूरी तरह न भूल जाएँ तो देखना कठिन नहीं है कि भारतीय समाज की तथाकथित सहिष्णुता और समरसता इसी आधार पर टिकी है कि हर समुदाय (और विचार) प्रदत्त व्यवस्था की अपरिहार्यता को पहले स्वीकार कर ले, फिर अपनी औकात के मुताबिक जगह पर बैठकर शोर चाहे जितना मचाता रहे। विचार में परम स्वतंत्रता और आचार में सतत् आपात्काल का यह अंतर्विरोध चलता इसी तरह है कि पहले आप 'घाघ संस्थान' का प्रभुत्व मान लें। नियम वही बनाएगा और उन नियमों के अंतर्गत थोड़ी बहुत गुंजाइश हरेक को मिल जाएगी—मसलन घास को उगने की और घोड़े को खाने की। बस, इन नियमों में व्यक्त होने वाले सत्तातंत्र और उसकी संस्कृति पर सवालिया निशान लगाने की जुर्रत कोई न करे।

नामवरसिंह के अनुसार यह जुर्रत ही आलोचना का स्वधर्म है। मनुष्यद्रोही संस्थाओं से लेकर निसंग आस्वाद के उपदेशों तक से विवाद कर उनके आवरणों को भेदना। 'समरसता', 'सहिष्णुता', 'बहुलतावाद' संदर्भच्युत हो कर बड़े

लुभावने शब्द बन जाते हैं, शक्ति और दमन के संदर्भ में इन शब्दों का लीपापोती करने वाला 'फंक्शन' छुपा रहता है। इस 'फंक्शन' को रेखांकित करना आलोचना का काम है—साहित्यिक आलोचना का, बशर्ते कि वह अपने सांस्कृतिक परिवेश के प्रति सजग हो। स्वाभाविक ही है कि 'दूसरी परंपरा की खोज' में नामवरजी ने जाति व्यवस्था को मध्यकालीन ही नही, आधुनिक भारत की भी सबसे बड़ी सामाजिक सांस्कृतिक चुनौती बताया था। अपनी सुविधा से चीजों को समायोजित कर चुकने के बाद उत्पन्न सहिष्णुता के पाखण्ड का सामाजिक रूप जाति प्रथा है, इसी पाखण्ड की सांस्कृतिक अभिव्यक्ति बहुलतावाद है, इस सहसंबंध को समझे बिना न तो सामाजिक समता का संघर्ष संभव है और न सांस्कृतिक पुनर्परिभाषा का।

यह संघर्ष विभिन्न धरातलों पर होना है। हो ही रहा है। साहित्य के अनोखे समग्र सरोकारों के कारण साहित्यिक आलोचना में यह संभावना मौजूद है कि वह इस व्यापक संघर्ष में केन्द्रीय स्थिति प्राप्त कर ले ऐसा हो भी चुका है। लीविस के महत्त्व को याद करते हुए नामवर जी पेरी एंडरसन को उद्धृत करते हैं, "संस्कृति के केन्द्र में शून्यता व्याप्त थी और 'समग्रता' हर संभव जगह से बेदखल होकर शरण लेने उस जगह आई जहाँ आशा सबसे कम थी। जब दर्शन एकदम साधारण भाषा के तकनीकी विश्लेषण तक सिमट गया तो साहित्यिक आलोचना ने नैतिकता का दायित्व संभाला। अपने जमाने के तमाम चिन्तकों में अकेले लीविस को ही यह तीव्र अहसास था कि ब्रिटिश संस्कृति में कहीं कुछ भारी गड़बड़ है।" (पृ. 39)

भारतीय संस्कृति और परंपरा में भी कहीं कुछ भारी गड़बड़ है। गड़बड़ उन प्रयत्नों में भी है जो परंपरा की प्रगतिशील व्याख्या करने के उत्साह में किए जाते हैं। नामरवजी गड़बड के इन दोनों रूपों के प्रति अपनी व्यावहारिक आलोचना में भी सजग रहते हैं और यहाँ संकलित सैद्धांतिक चिन्तन में भी। 'प्रासंगिकता का प्रमाद' शीर्षक निबंध शुरू ही होता है इस दो टूक सवाल से "प्रासंगिक क्या वही है जो हमारे विचारों का अनुमोदन करता है और आज के अनुकूल है ?" जो आज से भिन्न है और हमें चुनौती देता है वह प्रासंगिक क्यों नहीं ? परंपरा और इतिहास बोध के संदर्भ में यह यक्ष प्रश्न है जो जन्मशताब्दियों के ही दौरान नहीं, व्यापकतर संदर्भ में भी बार-बार पूछा जाना चाहिए। परंपरा को हथियाने के उत्साह में जब प्रगतिशील परंपरा की एक अटूट अविछिन्न धारा बना ली जाए तो, "...फौरी तौर पर यह प्रगतिवादी रणनीति भले ही कारगर प्रतीत हो, किंतु अंततः यह आश्चर्यजनक एकरूपता ही उसे संदिग्ध बना देती है" (पृ. 60) इसी

संदिग्धता के निवारणार्थ नामवरजी परंपरा बोध की पद्धति के तौर पर 'तादात्म्य' के स्थान पर 'पार्थक्य बोध' का प्रस्ताव करते हैं। जिसे बेन्यामिन इतिहास में निहित 'अब' कहते हैं, उसके अहसास पर आधारित यह पार्थक्य बोध तादात्म्यजनित एकरूपता का सुख आराम भले न दे, परंपरा के शुभाशुभ में से चयन का साहस अवश्य देता है।

परंपरा के अर्जन और मिथक की संरचना के बारे में नामवरजी की जो विश्वसनीय धारणाएँ हैं, इनके संदर्भ में यह सवाल अवश्यंभावी हो जाता है कि घनघोर तादात्म्य पर आधारित "अपने-अपने राम" (भगवानसिंह का ताजा उपन्यास) भूरि-भूरि प्रशंसा का पात्र क्यों कर है ? यदि मिथ की शक्ति उसकी अंतर्वस्तु पर निर्भर है—यथार्थ या तथ्य की उस गुठली पर जो बीज रूप में अंतर्निहित होता है, (पृ. 56) तो सर्जनात्मक चुनौती मिथक से गुजरते हुए, समग्र सांस्कृतिक प्रक्रिया से टकराते हुए उस यथार्थ या सत्य के अनुसंधान की ही हो सकती है। जहाँ अपने मनमाने अर्थ को रेशनलाइज़ करने के लिए रावण को बुर्दाफरोश और भरत को मनोदुर्बल, शराबी और विकट षड्यंत्रकारी बना दिया जाए, वहाँ मामला सिर्फ मिथकबोध के इकहरेपन का नहीं रचनादृष्टि की दयनीयता का है। 'प्रासंगिकता का प्रमाद' और 'आलोचना तथा संस्थान' जैसे निबंधों के बाद 'अपने-अपने राम' की नामवरजी कृत समीक्षा 'रामकथा की उधेड़बुन' (*हंस* अगस्त 92) पढ़ना अविश्वसनीय और बेचैन करने वाला अनुभव है।

इसलिए और भी कि मुक्तिबोध के बाद नामवरजी हमारे सबसे समर्थ आलोचक हैं। उनके पास सरोकार की वह सघनता और सामर्थ्य है जो साहित्य आलोचना को एक परजीवी गतिविधि के दर्जे से उठाकर संस्कृति विमर्श के केन्द्र में ला सकती है। 'दूसरी परंपरा की खोज' इसी अर्थ में सिर्फ साहित्य की नहीं व्यापक सांस्कृतिक आलोचना की पुस्तक थी, और 'वाद विवाद संवाद' के निबंधों में सांस्कृतिक आलोचना की यह आत्म सजगता और भी प्रखर रूप में दिखाई पड़ती है। यहाँ हम तथाकथित रचनात्मक आलोचना पर यह बेबाक टिप्पणी पाते हैं, "शुद्ध रचनात्मक आलोचना। रचना के अनुकरण पर एक दूसरी रचना। स्वधर्म छोड़ उसने परधर्म स्वीकार कर लिया। और स्वधर्मे निधनंश्रेयो परधर्मो भयावह" (पृ. 46) स्वधर्म छोड़ रचना बनने की चेष्टाओं में निहित हीनताग्रंथि के इस प्रखर प्रतिवाद की स्वाभाविक परिणति स्वधर्म की इस परिभाषा में होती है, "आइडियालॉजी" अर्थात् आत्मविभ्रम, आत्मप्रवंचना क्या हिन्दी का अध्यापक-आलोचक भी आज इस आत्मप्रवंचना का शिकार नहीं है ? ... क्या

पलटकर भिड़ने का यह मौका नहीं है ? किसी और तरह नहीं, स्वयं अपने आलोचना कर्म में, आलोचना कर्म के ज़रिए।" (पृ. 136)

पलटकर भिड़ने के तीन मोर्चे इस संकलन में स्पष्ट है। बहुलतावादी संस्कृतिवाद, हिन्दी विभागों (और विभाग ही क्यों हिन्दी जगत) में सर्वमान्य "मुख्यधारा" की अवधारणा तथा स्वयं मार्क्सवादियों में व्याप्त प्रासंगिकता का प्रमाद और शास्त्रनिर्माण का मोह। इनमें से ज्यादा ध्यान बहुलतावाद और शास्त्रनिर्माण पर दिया गया है। मुख्यधारा की अवधारणा का उल्लेख भर है, जबकि प्रासंगिकता का प्रमाद उत्पन्न ही मुख्यधारा के आतंक और किसी तरह बिरादरी में स्वीकृत हो जाने के मोह से ही होता है। इस तथाकथित मुख्यधारा के सवाल का उचित उपचार करने की गहरी ज़रूरत है।

इस ज़रूरत को नामवरजी से बेहतर कौन समझेगा ? उन के मन में यह बात एकदम स्पष्ट है कि आलोचना का स्वधर्म है आत्मप्रवंचना के विरुद्ध संघर्ष, जबकि सौंदर्य शास्त्र निर्माण का नतीजा है फार्मूलों का प्रणयन। ज़रूरत है प्रचलित परिभाषाओं से टक्कर लेने की, न कि उन्हीं के आधार पर शास्त्र गढ़ देने की। ध्यान देने की बात यह है कि प्रचलित सौन्दर्यबोध और परिभाषाओं का सीधा संबंध है—मुख्यधारा की अवधारणा से। अर्थात् मुख्यधारा पर विचार सिर्फ़ व्यापक सांस्कृतिक संदर्भ की ही नहीं, साहित्य आलोचना के ऐन अपने स्वायत्त क्षेत्र की भी प्राथमिक चुनौती है। इस चुनौती का केवल उल्लेख करके छोड़ देना खटकता है, खासकर तब जबकि सौन्दर्य शास्त्र निर्माण की व्यर्थता को नामवरजी इन स्पष्ट शब्दों में रेखांकित करें ... "असल सवाल उस सौन्दर्यशास्त्र का है जो हमारे सौन्दर्यबोध को बदलने में कारगर अस्त्र हो। मेरी जानकारी में इस बीच इस दिशा में एक ही कोने से संगठित स्वर उठा। मराठी के दलित लेखकों ने एक अलग वैकल्पिक सौन्दर्यशास्त्र बनाने का नारा दिया है। अभी तक वह शास्त्र बना भले ही न हो, लेकिन सौन्दर्यबोध का एक विकल्प तो सामने आया ही, इसमें कोई संदेह नहीं। मार्क्सवादी सौन्दर्यशास्त्र अभी तक उसकी उपेक्षा ही करता आया है। दुविधा शायद वर्ग-वर्ण के द्वैत अथवा द्वंद्व को लेकर है। किन्तु इसमें कोई शक नहीं कि अंततः इस चुनौती को स्वीकार करना ही पड़ेगा। प्रश्न प्रभुत्व का है, सत्ता का है और यह ऐसा प्रश्न है जिसकी उपेक्षा सौंदर्यशास्त्र भी नहीं कर सकता—मार्क्सवादी सौंदर्यशास्त्र तो और भी नहीं।" (पृ. 78)

यह बात 1983 में कही गयी थी। इन नौ बरसों में वोल्गा से गंगा तक में बहुत सा पानी बह गया है और खून भी। वर्ग वर्ण के द्वैत अथवा द्वंद्व को लेकर दुविधा तो बनी ही हुई है, प्रासंगिकता का प्रमाद तो बढ़ा ही है, सामाजिक

अस्मिताओं के सवाल के संदर्भ में भी मार्क्सवादी चिन्तन की विडंबनाएँ दुःखद रूप से उजागर हुई हैं। सवाल सचमुच प्रभुत्व का है; और इसीलिए वैकल्पिक सौन्दर्यशास्त्र का संघर्ष या सामाजिक सत्तातंत्र के रूपांतरण का संघर्ष बुनियादी संघर्ष है जो (मिसाल के तौर पर) चेहरे के गोरेपन और तिल के कालेपन के अनुपात के रूपकों में नहीं बाँधा जा सकता। आज जब वैकल्पिक सौन्दर्यशास्त्र की दलित संभावना भी गोविन्द पुरुषोत्तम देशपांडे के शब्दों में, 'थामलेपन' (स्टैग्नेशन) के दौर से गुजर रही हो, तब समय दुचित्तेपन या दुविधा का नहीं अंततः चुनौती को स्वीकार करने का ही है। यही आज आलोचना का स्वधर्म है।

—1992

सुरुचि की मर्यादाएँ

किसी राष्ट्रीय संकट की घड़ी में देश के सर्जनात्मक लेखन में उस संकट का प्रतिबिंबन (विचार और अनुभूति दोनों ही के धरातलों पर) स्वाभाविक है। सवाल यह है कि ऐसी सर्जनात्मकता में व्यक्त होनेवाले मानस की विशेषताएँ क्या हैं ? लगभग दो दशक पहले, आपात्काल समाप्त होते ही, ऐसी रचनाओं की बाढ़ सी आ गयीं थी, जो 'इमरजेन्सी के स्याह दिनों' में लिखी गयीं, प्रकाशित की गयी इसकी समाप्ति के बाद ही। यह भी स्वाभाविक ही था, लेकिन 'स्याह दिनों' के ऐसे अभूतपूर्व अनुभव से उपजी उन रचनाओं में से अधिकांश आज कहाँ हैं ? कितनी रचनाएँ ऐसी हैं जो उस भीषण अनुभव से टकराने वाली प्रामाणिक सर्जनात्मक कृति के रूप में, ऐतिहासिक स्थिति विशेष के संदर्भ में नैतिक वेदना को ढालने वाली रचना के रूप में आज भी हमें याद आएँ ?

इस प्रश्न का उत्तर हम सभी जानते हैं। और इसीलिएं यह ज़्यादा दूरगामी सवाल हमारे सामने है कि चाहे चीन या पाकिस्तान के साथ युद्ध का अनुभव हो, चाहे आंतरिक आपात्काल का—हमारी अधिकांश सर्जनात्मक प्रक्रिया इतनी बुलबुलाधर्मी क्यों होती है ? और इस बुलबुलाधर्म में व्यक्त होनेवाले सर्जनात्मक संस्कार पर आलोचना क्या रवैया अपनाती है ? किसी भी भाव-प्रवाह के साथ बहने की इस कलाकारी को आलोचना किस तरह देखती-समझती है ? आखिरकार, व्यक्ति हो या समाज, रचना हो या आलोचना, उसकी सीमा और सामर्थ्य का सही अंदाज तो संकट के सामने ही लगता है।

जून, 1963 की 'कल्पना' में नेमिजी का एक लेख प्रकाशित हुआ था 'राष्ट्र संकट और साहित्यकार' यह लेख बदलते परिप्रेक्ष्य (1968) में संकलित है। यह लेख भारत चीन युद्ध के संदर्भ में आई 'सर्जनात्मकता' की उस बाढ़ पर तल्ख और विचारोत्तेजक टिप्पणी करता है जिसके चलते "अकेले हिन्दी में ही 'देश भक्ति' की कोई पच्चीस हजार से अधिक रचनाएँ लिख डाली गयी थी।" इस लेख में नेमिजी ने हिन्दी लेखकों के एक वर्ग के पाखण्ड पर चोट करने के साथ

ऐसे 'देशभक्तिपूर्ण' लेखन की तुलना महायुद्ध के दौरान के यूरोपीय लेखन से की, "दूसरे महायुद्ध के समय इंग्लैंड, फ्रांस, अमरीका आदि देशों के साहित्य में युद्ध का प्रभाव इतने उफ़ान के साथ नहीं बल्कि अनुभव की गहराई और वास्तविकता के साथ सघनतर हुआ था। वह थोड़े में ही क्रोध से भभक उठनेवाले जोशीले किशोर की प्रतिक्रिया नहीं, एक परिपक्व, प्रौढ़ चिन्तनशील, अनुभवी व्यक्ति अथवा समाज की पीड़ा की, दुख की, रोष और ग्लानि की, आत्म-मंथन और दृढ़ता तथा शक्ति की अभिव्यक्ति थी।" (बदलते परिप्रेक्ष्य, पृ. 71) इसके विपरीत सन् 62-63 में हमारे यहाँ जो लिखा जा रहा था, उसमें से अधिकांश रचनाओं में राष्ट्रमानस के अविकसित, कच्चे, किशोर अंश की ही अभिव्यक्ति है, तीव्र आघात पाकर आत्ममंथन में लगे, अपनी मौलिक मान्यताओं और विश्वासों की जाँच करने के लिए सन्नद्ध सजग और नैतिक चेतना से उद्बुद्ध मानस की नहीं।" (वही, पृ. 70)।

तो एक ओर है वह साहित्य, जो आत्ममंथन में लगे, अपनी मौलिक मान्यताओं और विश्वासों की जाँच के लिए सन्नद्ध समाज चित्त को अभिव्यक्त करता है, और दूसरी ओर वह साहित्य, जो देशभक्ति या विचारधारा के नाम पर किशोर सुलभ जोशीलेपन को अभिव्यक्त करता है। ऐसा किशोर मिज़ाज़ केवल जोश में ही नहीं कुछ अन्य रूपों में भी व्यक्त होता है—मसलन भाषा के प्रति इकहरी संवेदना में या यथार्थ के प्रति दर्पणवादी सुख में या फिर 'सब चोर हैं' मार्का सिनिसिज़्म में। और नेमिजी के आलोचनाकर्म के सतत सरोकारों में से सबसे बुनियादी यही है कि अविकसित, कच्चे, किशोर मन की इकहरी, सरलीकृत अभिव्यक्तियों के स्थान पर 'नैतिक चेतना से उद्बुद्ध, परिपक्व मानस की आत्ममंथनकारी अभिव्यक्ति के रूप में साहित्य को देखा जाए। 1963 की वह टिप्पणी केवल स्थिति विशेष पर एक विक्षुब्ध प्रतिक्रिया भर नहीं थी। उससे कहीं ज़्यादा वह एक आत्मसजग आलोचक द्वारा अपने प्रस्थान बिन्दु की घोषणा थी—स्पष्ट और निर्भ्रान्त। ऐसे आलोचक की घोषणा जो अपने समाज के द्वंद्वों के प्रति संवेदनशील है, जिसकी पक्षधरता स्पष्ट है लेकिन जो इस पक्षधरता के नाम पर बौद्धिक कर्म की अपनी ईमानदारी पर कोई समझौता करने को तैयार नहीं है।

2

यह प्रवाद साहित्य जगत् में बहुत लोकप्रिय है कि आलोचना केवल रचना विशेष या प्रवृत्ति विशेष की व्याख्या भर है। इसी लोकप्रिय मान्यता का स्थूल रूप वह

है जिसमें आलोचना की सार्थकता (या निरर्थकता) किसी रचना या प्रवृत्ति को उठाने या गिराने तक सीमित मानी जाती है। आखिरकार यदि रचना जीवन की आलोचना है और आलोचना उस आलोचना की आलोचना अथवा व्याख्या, तो यह मानना ठीक ही कहा जाएगा कि रचना प्राथमिक है, आलोचना आनुषंगिक। रचना की अपनी हैसियत है और आलोचना की नियति ही है पिछलग्गूपन।

यह सही है कि आलोचना के सरोकार और प्रतिमान रचना के ही संदर्भ में मूर्त्त रूप से व्यक्त होते हैं; लेकिन क्या यह भी सही है कि आलोचक यों ही किसी रचना को आलोचना के लिए चुन लेता है ? अखबारी पुस्तक समीक्षाओं को छोड़ दें तो वास्तविकता यह है कि आलोचक कुछ-कुछ उसी तरह रचनाओं को चुनता है, जैसे रचनाकार जीवनानुभवों को। रचनाकार की ही तरह आलोचक का अपना एक कथ्य होता है। जीवनानुभवों और सांस्कृतिक कशमकश के बीच अर्जित जीवनदृष्टि और अंतर्दृष्टि होती है। इस सबकी जद्दोजहद को, संभवतः इसकी परिणति को भी व्यक्त करने के लिए रचनाकार जीवन प्रसंगों में से कुछ को चुनकर एक तरह का पैटर्न बनाता है। जीवन प्रसंग रचनाकार के लिए अपने अभिप्रेत कथ्य को 'आर्टिकुलेट' और अभिव्यक्त करने के साधन हैं। कच्चा माल है। ऐन इसी प्रकार, आलोचक अपने अभिप्रेत कथ्य को आर्टिकुलेट और अभिव्यक्त करने के लिए उपलब्ध रचनाओं में से कुछ को चुनकर एक पैटर्न गढ़ता है। किसी भी सार्थक आलोचक के लिए रचना की अर्थवत्ता दोहरे स्तर पर है। एक तो स्वयं रचना के अर्थ और महत्त्व का उद्घाटन करने के लिए, दूसरे स्वयं आलोचक के अभिप्रेत कथ्य और तर्क को मूर्त्त करनेवाले उदाहरण के रूप में।

यह बिल्कुल सही है कि हर आलोचक के पास कहने के लिए कुछ उत्तेजक हो, यह ज़रूरी नहीं। यह भी ज़रूरी नहीं कि हर आलोचक के पास जीवन से मुठभेड़ का ऐसा तर्क हो, जिसे मूर्त्त करने के लिए रचना को उदाहरण बनाया जा सके। लेकिन जरूरी तो यह भी नहीं कि हर रचनाकार के पास जीवन प्रसंगों को नया अर्थ देनेवाला बोध हो, या हमारे अनुभव में सचमुच कुछ नया जोड़नेवाला कथ्य हो। कमजोर उदाहरणों के आधार पर न तो जीवन में रचनाकर्म की जगह समझी जा सकती है और न ही आलोचना की। यह सावधानी ज़रूरी है ताकि हम रचना और आलोचना दोनों से वाजिब अपेक्षाएँ कर सकें, उनके मूल्यांकन के लिए प्रामाणिक प्रतिमानों का विकास कर सकें। रचना और आलोचना दोनों को एक सी प्राथमिकता से संपन्न सांस्कृतिक कार्यवाही के रूप

में देख सकें।

यदि आलोचना सास्कृतिक कार्यवाही है तो किसी आलोचक के मूल्यांकन की पहली कसौटी यह है कि उसे अपने समाज के सांस्कृतिक शक्ति संघर्ष का कितना और कैसा बोध है ? दूसरी कसौटी यह है कि इस बोध के साथ ही आलोचक सर्जनात्मकता की अपनी समस्याओं के प्रति कितना संवेदनशील है। शक्ति संघर्ष के बोध और सर्जनात्मकता के प्रति संवेदनशीलता की परस्पर आवाजाही में ही आलोचक का नैतिक विवेक प्रतिफलित होता है। और इस प्रतिफलन का प्रमाण अमूर्त्त-सिद्धांत निरूपण या प्रतिमान निर्माण में नहीं, बल्कि व्यावहारिक आलोचना में ही उपलब्ध होता है।

3

अंग्रेजी आलोचना के इतिहास में एफ. आर. लीविस के महत्व को पेरी एंडरसन ने इस तरह रेखांकित किया है कि, 'अपने जमाने के तमाम चिन्तकों में अकेले लीविस को ही यह तीव्र अहसास था कि ब्रिटिश संस्कृति में कहीं कुछ भारी गड़बड़ है।' इस कसौटी पर देखें तो भारतीय साहित्यिक आलोचना का परिदृश्य बड़ा उत्तेजक दीखता है कि 'संस्कृति में कहीं कुछ भारी गड़बड़' का अहसास यहाँ 'एक' आलोचक तक सीमित नहीं है। आलोचना का यह सौभाग्य विडंबनापूर्ण ढंग से देश के दुर्भाग्य से उपजा है। उपनिवेश निर्माता समाज होने के कारण ब्रिटिश समाज को उस आत्मसंदेह और प्रश्नाकुलता से गुजरने का अवसर नहीं मिला जो उपनिवेशीकृत समाज होने के नाते भारतीय समाज की अपरिहार्य नियति थी। हम, बतौर समाज के वैसे निश्चिन्त नहीं हो सकते थे, न हो सकते हैं, जैसे महायुद्ध के ऐन पहले तक का ब्रिटिश समाज हो सकता था। यही कारण है कि हमारा आधुनिक सांस्कृतिक विमर्श आरंभ ही होता है 'स्वत्व' को खोजने की बेचैनी से। यही कारण है कि हमारे गंभीर साहित्य आलोचक किसी न किसी रूप में स्वत्व की इस खोज और इससे संबंधित समस्याओं की उपेक्षा कर ही नहीं सकते।

लेकिन हमारे यहाँ लापरवाही की व्याधि के अन्य रूप संभव हैं। इनमें सर्वाधिक सुलभ है : सांस्कृतिक संकट के बोध से लेकर रचना विशेष के मूल्यांकन तक को अपनी पसंदीदा विचारधारा के जड़ फार्मूले में बदल डालना। हिन्दी आलोचना में से अधिकांश की उबाऊ जड़ता का उत्स यही फार्मूला प्रेम है। ऐसे संदर्भ में, आलोचक का प्रामाणिक नैतिक विवेक, सांस्कृतिक शक्ति संघर्ष, रचनाशीलता की परंपरा, सर्जनात्मक स्वभाव और रचनाविशेष की स्वयातत्ता

के प्रति अत्यंत प्रखर संवेदनशीलता से ही परिभाषित हो सकता है।

ऐसे नैतिक विवेक से संपन्न आलोचक इने गिने ही हैं—और नेमिजी ऐसे ही आलोचकों में से एक हैं। नाटक, उपन्यास और कविता—इन तीन विधाओं के संदर्भ में नेमिजी ने अपने सरोकार विकसित किए हैं—और इन तीनों के संदर्भ में उनकी आलोचना प्रामाणिक और विश्वसनीय है क्योंकि वे सांस्कृतिक शक्ति संघर्ष और रचनाशीलता के अपने विशिष्ट सवाल—दोनों के प्रति संवेदनशील हैं। उनकी यह संवेदनशीलता व्यावहारिक आलोचना में, सर्जनात्मक भाषा के प्रति उनके सजग रुख़ में सबसे साफ तौर से दीखती है। 'साहित्यिक' हिन्दी की इस विकट विडंबना को वे बार-बार रेखांकित करते हैं कि, "आज हमारे जीने की भाषा का, प्यार करने की, उत्तेजित होने की भाषा, विरक्त होने की भाषा का, हमारे चिन्तन की भाषा के साथ, हमारी साहित्यिक अभिव्यक्ति की भाषा के साथ, बहुत कम संबंध है। जब तक यह विभाजन दूर नहीं होता, तब तक नाटक रचना का काम बहुत आगे नहीं बढ़ सकता।" (रंगदर्शन, 1993, पृ. 44) बात केवल नाटक की भाषा तक सीमित नहीं है। नाटक और कथा साहित्य के साथ ही, "हमारी कविता की भाषा बोलचाल की भाषा से बहुत दूर रही है। उसमें पीढ़ियों से प्रयोग से अर्जित संस्कार, व्यापकता और संप्रेषणीयता नहीं है, वह अत्यधिक कृत्रिम और 'साहित्यिक' है, और दैनंदिन मानवीय कार्यकलाप से विच्छिन्न होने के कारण उसमें लचीलापन नहीं है, वह संकुचित अर्थ में व्यक्तिगत है, किसी प्रतिभा की विशिष्टता द्वारा गढ़ी गयी, कवित्वपूर्ण नहीं है।" (वही पृ. 43) साहित्यिक हिन्दी की यह बुनियादी समस्या केवल भाषा का आंतरिक मामला नहीं है। नेमिजी जानते हैं कि इसका संबंध हिन्दी के विकास की पृष्ठभूमि से है, "आज की हिन्दी विशेष ऐतिहासिक-सामाजिक परिस्थितियों के कारण उर्दू के विरोध में बढ़ी और विकसित हुई।" (जनांतिक, 1981, पृ. 134)

उर्दू विरोध से हिन्दी परिभाषित हुई और हिन्दी विरोध से उर्दू। दूसरे के विरोध में होनेवाली इस आत्मपरिभाषा की विडंबनाओं से हमारा समाज आज तक टकरा रहा है। 'जीने की भाषा' और 'चिन्तन की भाषा' के बीच जिस विभाजन, बल्कि संवेदना विच्छेद को नेमिजी रेखांकित करते हैं, वह असल में हमारे सामाजिक सांस्कृतिक जीवन की दुर्लंध्य खाइयों का ही प्रतिबिंबन है। दुनिया भर के साहित्यों में रोमैंटिक आंदोलन 'साहित्यिक भाषा' को जन और जीवन की भाषा के निकट लाए हैं, जबकि हिन्दी के छायावाद की स्थिति इससे एकदम उलट है। रीतिवादी संस्कारों का मुकाबला तो छायावाद ने बेशक किया, लेकिन 'जीने की भाषा' और 'चिन्तन (या सर्जना) की भाषा' के बीच अपरिहार्य

दूरी को साहित्यिक संस्कार का दर्जा भी छायावाद के दौर में ही मिला। लेकिन इस संस्कार के निर्माण की ऐतिहासिक प्रक्रिया तो उन्नीसवीं सदी में ही आरंभ हो गयी थी। नेमिजी इसी प्रक्रिया का नोटिस लेते हैं। अजीब़ यह लगता है कि इस प्रक्रिया के परिवेश की बृहत्तर समस्याओं में नेमिजी कोई दिलचस्पी नहीं लेते दीखते। वस्तुतः नेमिजी की आलोचनात्मक सुरुचि की सर्वाधिक दुःखद मर्यादा यही है कि वे बुनियादी समस्याओं पर एकदम सटीक ढंग से उँगली तो रखते हैं लेकिन समस्या को किसी समग्र-व्याख्यात्मक ढाँचे में रखने का व्यवस्थित प्रयत्न नहीं करते। यह दुखद मर्यादा केवल भाषा के ही नहीं, अन्य संदर्भों में भी बार-बार व्यक्त होती है।

बहरहाल, यह सीमा अपनी जगह। लेकिन भाषा की समस्या और सर्जनात्मक भाषा के सही 'फंक्शन' के प्रति नेमिजी की संवेदना अचूक है। इस अचूकपन का सबसे व्यंजक प्रमाण है : 'रागदरबारी' और 'जुगलबन्दी' जैसे बहुप्रशंसित लोकप्रिय उपन्यासों की मूलभूत कमजोरी का एकदम सटीक रेखांकन। इन उपन्यासों का जो मूल्यांकन नेमिजी ने किया है, उससे यह भी स्पष्ट हो जाता है कि भाषा के प्रति संवेदनशीलता और जीवनवास्तव के प्रति नैतिक सरोकार कितनी गहराई से परस्पर संबद्ध हैं। 'रागदरबारी' के प्रसंग में नेमिजी की मुख्य चिन्ता यह है कि 'भाषा का व्यंग्य स्थिति के व्यंग्य को उजागर कर अपना स्वतंत्र अस्तित्व न गढ़ ले।' (जनांतिक, पृ. 53) व्यंग्य को भाषा तक सीमित कर देने के कारण 'रागदरबारी' का व्यंग्य न केवल सतही 'मनोरंजन' बनकर रह गया है, बल्कि वह एक तरह के मध्यवर्गीय 'सिनिसिज़्म' भर को उपन्यास का मूल रचनात्मक तर्क भी बना देता है। उपन्यास का नामकरण भी 'सिनिकल' ही है, और इस पर टिप्पणी किए बिना सुरुचि संपन्न आलोचक रह नहीं सकता, "इस उपन्यास का यह नाम एक सुंदर, गंभीर और अत्यंत अभिव्यंजनापूर्ण संगीत रूप को अकारण ही भ्रष्ट संदर्भ देता है। यह नामकरण चाहे चतुराई के कारण हो चाहे अज्ञानवश, एक अक्षम्य संवेदनशीलता का सूचक अवश्य है।" (वही, पृ. 55)। ऐसी संवेदनशीलता को अक्षम्य मानना आलोचनात्मक सुरुचि की अत्यंत आवश्यक और रक्षणीय मर्यादा की ही सूचना देता है।

'जुगलबंदी' का मूल्यांकन एक बार फिर से अपने समाज के शक्ति संघर्ष के प्रति आलोचक की सावधानी को व्यंजित करता है। यह सावधानी ऐतिहासिक प्रक्रिया के प्रति सतही, भावुक रवैये का प्रतिवाद करने में व्यक्त होती है। बतौर उपन्यास के 'जुगलबंदी' अपर्याप्त ऐतिहासिक बोध, भ्रांत दृष्टि और सशक्त कला का विचित्र मिश्रण प्रस्तुत करता है। विभिन्न पात्रों और स्थितियों के अनुकूल

बोलियों का उपयोग महत्वपूर्ण है। 'साहित्यिक' भाषा को बोलचान की भाषा से जोड़ने के लिहाज से भी ऐसे प्रयत्न उल्लेखनीय हैं, लेकिन दृष्टि के अभाव में ऐसे प्रयत्न भाषागत चमत्कार भर बनकर रह जाते हैं। यह अभाव 'जुगलबन्दी' में राष्ट्रीय आन्दोलन के प्रति तिरस्कार और सामंती मूल्यों के प्रति नॉस्टेल्जिक लगाव में व्यक्त होता है। कला के धरातल पर इसी अभाव की परिणति भाषा की व्यंजकता की बजाय भाषिक यथार्थवाद के चमत्कारों पर बल देने में होती है। नेमिजी के अनुसार, "इस तरह का भाषाई यथार्थवाद चमत्कारिक अधिक होता है और वह मानवीय आचरण की बाहरी विशेषताओं को रेखांकित करके भाषा को गहरी आंतरिक व्यंजना करने से रोकता है। इस तरह की विविधता से अक्सर सतही और विवरणात्मक यथार्थवादिता पैदा होती है, किसी गहरे सत्य से साक्षात्कार नहीं।" (जनांतिक, पृ. 69)

'आधुनिक हिन्दी उपन्यास अपनी समस्त विविधता, क्षमता और उपलब्धि के बावजूद जीवन का अंततः अधूरा और अपर्याप्त साक्षात्कार ही कर पाता है।' नेमिजी की यह शिकायत सुपरिचित है। अनेक उपन्यासों के विश्लेषण के बाद नेमिजी इस निष्कर्ष पर पहुँचे हैं कि, "अभी तक हिन्दी उपन्यासकार समग्र रूप में जीवन के पुराने परम्परागत रूपों को ही समझ पाता है, आधुनिक रूपों को नहीं, जिसका सबसे बड़ा कारण अनुभव की संकीर्णता और क्षीणता के अतिरिक्त बौद्धिक संयन्त्र की अक्षमता और अप्रखरता ही है। (अधूरे साक्षात्कार, 1989, पृ. 170) 'बौद्धिक संयंत्र की अक्षमता और अप्रखरता' के अलावा अधूरे साक्षात्कार का दूसरा कारण, नेमिजी की दृष्टि में यह है कि 'आवेगमूलक तीव्रता, जो कई बार विचारों में धार उत्पन्न करती है, वह आज नहीं दिखायी पड़ती।' (वही पृ. 173) जबकि आजादी के पहले, समाज में और लेखकीय मानस में पक्षधरता बड़ी तीव्र थी, आज के लेखक का संकट 'संबद्धता, संपृक्ति या लिप्तता का अभाव' ही है। इसी अभाव ने हिन्दी उपन्यास में जीवन की 'वास्तविक उलझनों और स्थितियों से पलायन करनेवालों की सेना' ही खड़ी कर दी है।

यह आकलन बेहद तल्ख़ है, और अत्यंत प्रमाण पुष्ट। असल में पलायन के अपने कई धरातल हैं! एक तो यही कि उपन्यास विधा आम पाठकों के बीच जितनी लोकप्रिय है, आलोचकों के बीच उतनी ही उपेक्षित। समीक्षात्मक टिप्पणियों और स्थान निर्धारण की बात यदि छोड़ दें तो अपने आलोचनात्मक कथ्य का उपजीव्य उपन्यास को बनाने का प्रयत्न हिन्दी में एक-दो आलोचकों तक ही सीमित है। इस अभाव को ध्यान में रखें तो उपन्यासों के बारे में नेमिजी के आलोचनात्मक अध्ययन का ऐतिहासिक महत्व स्पष्ट होता है। लेकिन यह

बेचैन शिकायत बाकी रह जाती है कि इस सवाल से व्यवस्थित मुठभेड़ क्यों नहीं की गयी, 'आधुनिक उपन्यास जीवन का अधूरा साक्षात्कार' ही क्यों बनकर रह गया है ?' जो कारण नेमिजी ने बताए हैं ('बौद्धिक संयंत्र की अक्षमता अप्रखरता और आवेग मूलक तीव्रता का अभाव)' वे कुल मिलाकर उपन्यासकारों की व्यक्तिगत सीमाओं का आभास देते हैं, जबकि उपन्यास के अधूरेपन की समस्या इससे कहीं अधिक विशद् पड़ताल की माँग करती है। बेशक 'बौद्धिक संयंत्र की अप्रखरता' के प्रति असंतोष 1963 में लिखे गए उस लेख में विन्यस्त चिन्ता का ही विस्तार है जिसमें नेमिजी ने 'राष्ट्रमानस के कच्चे अंश' की साहित्यिक अभिव्यक्ति के खतरों को रेखांकित किया था। लेकिन स्वयं इस कच्चेपन या अप्रखरता के कारण क्या हैं और क्या उसकी पड़ताल के लिए साहित्य की सुपरिभाषित परिधि से बाहर जाना जरूरी नहीं है ?

उपन्यास अपने रूपगठन में ही सर्वाधिक समाजनिष्ठ माध्यम है। औपन्यासिक कल्पना मूर्त्त चरित्रों और स्थितियों के गुंफन में ही उपन्यासकार के भाव सत्य को अभिव्यक्त करती है। इसीलिए उपन्यास का अपने समाज से सर्वाधिक प्रत्यक्ष संबंध होता है। अपने समय और समाज की दृष्ट-अदृष्ट वास्तविकताओं से टकराते हुए ही उपन्यासकार मानवीय स्थिति के गहरे नैतिक आयामों की पड़ताल करता है। इस बात को यदि भारतीय संदर्भ में मूर्त करें तो भारतीय सांस्कृतिक अनुभव को परिभाषित करनेवाली यथार्थ स्थिति और उसका मूलभूत तर्क क्या है ? क्या कोई भी भारतीय उपन्यास वर्णाश्रम (जाति व्यवस्था और पितृसत्ता दोनों के अंतर्निहित तर्क के अर्थ में ही इस शब्द का उपयोग यहाँ किया जा रहा है) और उसकी विविध फलश्रुतियों से टकराए बिना प्रामाणिक और सार्थक हो सकता है ? भारतीय समाज के किसी भी घनीभूत सामाजिक अनुभव की व्याख्या और उसका सर्जनात्मक विश्लेषण क्या संस्थाओं, मान्यताओं और मर्यादाओं की उस 'मैट्रिक्स' से टकराए बिना किया जा सकता है—वर्णाश्रम जिसका सर्वाधिक पूंजीभूत और लौकिक रूप है ?

यह फिलहाल सिर्फ एक आरंभिक जिज्ञासा है। ऐसी जिज्ञासा जो संभवतः कुछ गहरे प्रश्नों को जन्म दे सके। लेकिन उपन्यास यदि अधूरा साक्षात्कार है तो इस अधूरेपन के बने रहने में आलोचना का क्या योगदान है ? जिस अप्रखरता की चर्चा नेमिजी करते हैं, उसी का एक रूप यह भी तो है कि हमारे समूचे बौद्धिक समाज ने अपने व्यापकतर सामाजिक अनुभव और वेदना के प्रति या तो विरक्ति का रवैया अपनाया है या फिर सतही, कृपापूर्ण 'संपृक्ति' का। फलस्वरूप या तो सांस्कृतिक शक्ति संघर्ष की चर्चा होती ही नहीं है, और होती है तो निहायत

अमूर्त, लगभग नखदन्त विहीन 'कैटेगरीज' के जरिए—जबकि वास्तविक जीवन में वह शक्ति संघर्ष व्यक्त होता है—जातिपरक और लिंगपरक उत्पीड़न और उसके प्रतिकार के रूप में। चूँकि आलोचना स्वयं सांस्कृतिक उपक्रम है, इसलिए शक्तिसंघर्ष के मूर्त्त रूपों के प्रति उसे अधिक संवेदनशील तथा प्रखर भी होना चाहिए। इन रूपों की व्याख्या का ढाँचा गढ़ने के सैद्धांतिक उपक्रम् में भी और रचना का मूल्यांकन करने के व्यावहारिक धरातल पर भी। इस तरह शायद परस्पर संवाद का ऐसा रिश्ता बने जो अधूरे साक्षात्कार की नियति से हमारी रचना और आलोचना दोनें को मुक्त करें।

उपन्यास के अपने संदर्भ में ऐसा रिश्ता बनाने के लिए नेमिजी सर्वाधिक विश्वसनीय आलोचक हैं। लेकिन उनके आलोचनात्मक मिजाज की सबसे बड़ी विडंबना यही है कि उन्होंने अपनी अत्यंत महत्वपूर्ण चिन्ताओं को, और गहरे नैतिक सरोकारों को भी किसी समग्र व्याख्यापरक उपक्रम में ढालने का प्रयत्न नहीं कियाहै। इसका अर्थ यह नहीं कि नेमिजी के सरोकार टुकड़ा-टुकड़ा हैं। उल्टे उनके उत्सुक पाठक की शिकायत यही होती है कि जो संश्लिष्ट बोध उनके लेखन में कौंधता है—उसे व्यवस्थित रूप में अभिव्यक्त क्यों नहीं किया गया।

4

नाटक और रंगमंच से नेमिजी का रिश्ता बहुत गहरा है। इस क्षेत्र में उन्होंने अपनी चिन्ताओं और मान्यताओं को अधिक व्यवस्थित रूप में व्यक्त किया है। उनके नाटक संबंधी सारे विश्लेषण की मूल प्रतिज्ञा है—सघन कलानुभव के तौर पर नाटक की विशिष्टता की रक्षा करते हुए उधार की बौद्धिकता और आधुनिकता के माया जाल से मुक्ति पाना ताकि 'हम सस्ती युक्तियाँ अपनाए बिना भी अपने देश के जनसुमदाय के प्रत्येक स्तर को छू सकें।' (रंगदर्शन, पृ. 91)

सस्ती युक्तियों के कई रूपों में से एक यह भी है कि संस्कृत नाटकों के सांस्कृतिक-मानसिक परिवेश को गहराई से समझे बिना उन पर आधुनिक समस्याओं, मुहावरों और दृष्टियों को आरोपित करना। जब सभी कुछ 'हमारे यहाँ' मौजूद है तो फिर आधुनिक और समकालीन समस्याएँ क्यों न मिथकों, पुराणों या प्राचीन नाटकों में खोज ली जाएँ ? बौद्धिक प्रखरता के अभात्र का एक रूप यह भी है जो सांस्कृतिक स्मृति का उपयोग सुविधावादी पलायन के लिए करता है। इन दिनों ऐसा अतीत प्रेम 'अपने-अपने राम' सरीखे उपन्यासों से लेकर 'चन्द्रकांता' सरीखे टी वी सीरियलों तक में धड़ल्ले से व्यक्त हो रहा है। परंपरा के ऐसे 'पुनरुद्धार' के प्रति नेमिजी ने अपनी आशंका कई बार व्यक्त की है। उनकी

दो टूक माँग है कि परंपरा में प्राप्त कृतियों के सांस्कृतिक-मानसिक परिवेश को गहराई के साथ समझकर ही उन्हें समकालीन नाट्यानुभव का अंग बनाया जाना चाहिए।

इस वाजिब माँग के संदर्भ में याद आती है, रेमंड विलियम्स की दिलचस्प किताब : 'ड्रामा इन परफारमेंस' (पेंग्विन-1972)। इस किताब में रेमंड विलियस ने उपलब्ध साक्ष्यों के आधार पर 'ऐंटीगनी' और 'एंटनी ऐंड क्लियोपेट्रा' जैसे नाटकों के मूल प्रदर्शन, परिवेश की पुनर्रचना और उसका सांस्कृतिक विश्लेषण करने का प्रयत्न किया है। नाटक के 'सांस्कृतिक-मानसिक परिवेश' को समझने की यह दिलचस्प विधि हिन्दी में किसी ने अपनाई या नहीं, पता नहीं। लेकिन इसकी संभावनाएँ टटोली जानी चाहिए। हमारे संदर्भ में, यह शायद ज्यादा चुनौतीपूर्ण भी है क्योंकि परंपरा में एक ओर तो उपलब्ध है सूक्ष्म, उत्कृष्ट सैद्धांतिक विवेचन और दूसरी ओर उच्च कोटि की सर्जनात्मकता। लेकिन सिद्धांत और रचना को परस्पर समृद्ध करनेवाली व्यावहारिक आलोचना का सर्वथा अभाव है। कालजयी रचनाओं के सांस्कृतिक मानसिक परिवेश को समझने के मार्ग में एक बड़ी बाधा यह भी है। इस अभाव के कारणों की सांस्कृतिक समीक्षा अपने आप में एक जरूरी काम है।

बहरहाल, भारतीय नाट्य परंपरा के संदर्भ में नेमिजी ने एक बड़ी ही मार्के की बात कही है, "संस्कृत नाटक और रंगमंच के उत्कर्ष के दौर में यानी दसवीं शताब्दी के पहले तक, धर्म या धार्मिक अनुष्ठान तथा आचरण, व्यक्ति और समाज के जीवन का महत्वपूर्ण अंग तो था पर वह न तो जीवन का एक मात्र या सबसे महत्वपूर्ण क्रियाकलाप था, न उसके ऊपर व्यक्ति या समाज के अस्तित्व की सार्थक पहचान या अस्मिता निर्भर करती थी। किन्तु **मध्य युग में धार्मिक स्तर पर आत्मप्रतिष्ठा ने अस्मिता के ही संघर्ष का रूप ले लिया।** देश पर पूर्ववर्ती आक्रमणकारियों से भिन्न मुस्लिम विजेताओं और शासकों के साथ संघर्ष और विरोध का मूलाधार धर्म ही बन गया था और **देशवासियों का उनके साथ सहअस्तित्व भी धार्मिक स्तर पर एक स्वतंत्र, स्पष्ट पहचान बनाकर ही** हो सकता था। इसलिए उस युग के विभिन्न धार्मिक आन्दोलनों के माध्यम से ही नयी विचारधाराओं, सामाजिक आदर्शों एवं मान्यताओं के बीच आदान-प्रदान और परस्पर सामजस्य, समावेश और समन्वय हुआ। ऐसी सिथति में स्वाभाविक था कि धर्म भारतीय जीवन की धुरी बन गया और इस बात की अभिव्यक्ति नाट्रूपों में अनिवार्य हो गयी।" (भारतीय नाट्य परंपरा, पृ. 20-21)।

स्पष्ट है कि नेमिजी भारतीय जीवन की 'धर्मप्राणता' को किसी इतिहासातीत

प्रदत्त के रूप में नहीं देखते। अपने अच्छे और बुरे दोनों रूपों में, हमारे समाज में धर्म की आत्यंतिक महत्ता ऐतिहासिक स्थिति विशेष का परिणाम है। नाटक के अपने संदर्भ में, इस विशेष ऐतिहासिक स्थिति का नतीजा यह है कि "संस्कृत नाटक कुछेक अनुष्ठानमूलक तत्वों के बावजूद अपनी दृष्टि, भाववस्तु और उसके प्रस्तुतीकरण में लौकिक है।" जबकि "इसके विपरीत मध्यकालीन रंगमंच या तो लगभग प्रारंभ से ही धार्मिक रहा, या बाद में वह किसी न किसी धार्मिक अनुष्ठान से, समारोह से, संस्थान से जुड़ गया।" (वही, पृ. 12)

मध्यकालीन भारतीय समाज में धार्मिक संघर्ष अस्मिता का, बल्कि वर्चस्व के संघर्ष का एक रूप था—यह बिल्कुल सही बात है। समकालीन राष्ट्रीय एकता की जरूरत को एक इच्छा चिन्तन के रूप में मध्यकालीन भारतीय समाज पर, पृष्ठ प्रक्षेपित करके धार्मिक अस्मिताओं के वर्चस्व संघर्ष से मुँह चुराना असल में अपने समाज के शक्ति संघर्ष के एक पहलू से कतराना ही है। और कोई भी समाज अपनी वास्तविकताओं से कहाँ तक कतरा सकता है ? लेकिन उपरोक्त उद्धरण के रेखांकित अंशों पर (रेखांकन मेरा है) ध्यान दें तो समस्या की विकट उलझन प्रकट होती है। 'आक्रमणकारियों' की पहचान बनी बनाई थी, स्पष्ट थी। 'देशवासियों' को अब अपनी "स्वतंत्र, स्पष्ट पहचान" बनानी पड़ी। इसका अर्थ यह हुआ कि जिसे आज हम 'हिन्दू' के नाम से जानते हैं, उस जन समुदाय की स्पष्ट, स्वतंत्र पहचान अपने-आप में परंपरा का स्वाभाविक विस्तार न होकर "आक्रमण" के प्रतिकार और अंततः उसके साथ सामंजस्य की बाध्यता का परिणाम है। अर्थात् 'हिन्दू' शब्द एक गहरी असहजता और तज्जनित ग्रंथियों को भी जाने-अनजाने व्यंजित करता है। एक आत्मसंतुष्ट, अंतर्मुखी समाज द्वारा 'अन्य' के संदर्भ में स्वयं को अपरिहार्य रूप से परिभाषित करने की स्थिति सचमुच यातनापूर्ण है, और ऐसी यातना उस समाज को बहुत दूर तक मथती है।

यह दीगर सवाल है कि अपने कथन की उपरोक्त निष्पत्तियों के प्रति नेमिजी सजग हैं या नहीं, फिलहाल ध्यान देने की बात यह है कि नेमिजी नाट्य परंपरा के लौकिक बनाम धार्मिक रुझान की चर्चा समूचे समाज के ऐतिहासिक अनुभव के संदर्भ में कर रहे हैं। इसलिए यह देखकर और भी ताज्जुब होता है कि समकालीन रंगमंच के संदर्भ में नेमिजी इस बात का बार-बार उल्लेख तो करते हैं कि 'सातवें दशक के अंत में हिन्दी क्षेत्र में गंभीर नाटक की सर्जनात्मक लहर आ गयी', लेकिन इस लहर के कारणों की परिवेशपरक पड़ताल में गहरी दिलचस्पी का आभास नहीं देते। सतही यथार्थवाद, आडंबर और भावाभास द्वारा उपस्थित बाधाओं से संघर्ष करते हुए गंभीर रंगचेतना ने जो प्रतिष्ठा अर्जित की,

उसके लिए संघर्ष करनेवालों में नेमिजी का महत्वपूर्ण स्थान है। उन्हीं जैसे लोगों के प्रयत्नों से वह लहर उत्पन्न हुई थी। मैं अपने अनुभव से कह सकता हूँ कि गंभीर रंगचेतना के प्रसार और प्रतिष्ठा में *नटरंग* का योगदान अप्रतिम है। जब हम कुछ नौजवान आठवें दशक के आरंभ में ग्वालियर में गंभीर रंगकार्य के लिए प्रतिबद्ध ग्रुप 'नाट्यायन' का गठन कर रहे थे तो *नटरंग* हमारा प्रतिमान भी था और अनिवार्य संदर्भ भी। लेकिन यह सवाल अपनी जगह है कि उस समय समूचे हिन्दी जगत के परिवेश में ऐसा क्या था जो ऐसे अनेक नौजवानों की स्वतः स्फूर्त ऊर्जा को गंभीर रंगचेतना की खोज के लिए, परिप्रेक्ष्य की तलाश के लिए बाध्य कर रहा था। दूसरी ओर, ऐसी खोजें स्वीकृति भी पा रही थीं। उस स्फूर्ति को संभव करनेवाले व्यक्तियों में से एक होने के नाते नेमिजी के लिए यह सहज भी है और नैतिक अर्थ में स्वाभाविक भी कि वे 'गंभीर रंगकार्य की लहर' के सामाजिक परिवेश का आकलन करने का दायित्व स्वीकार करें।

5

रोम विश्वविद्यालय में आयोजित एक अंतर्राष्ट्रीय संगोष्ठी की रपट लिखते हुए नेमिजी ने इस तथा ऐसी अन्य संगोष्ठियों में भारतीय रंगमंच की उपेक्षा को नोट किया है। जापान के प्रति यूरोपीय रवैये से इस उपेक्षा की तुलना करते हुए वे कहते हैं, "जापान के रंगमंच में इतनी रूचि का एक कारण तो यह है ही कि वह एक स्वतंत्र और शक्तिशाली देश है जिससे हर स्तर पर पश्चिम की टक्कर है। भारत के प्रति रवैया कुल मिलाकर आज भी उपनिवेशवादी ही है—उपेक्षा, हिकारत का या कृपा-भाव का।" (दृश्य-अदृश्य 1993, पृ. 211-12) भारत के प्रति उपनिवेशवादी रवैये के अन्य रूपों को भी नेमिजी ने नोट किया है। स्पष्ट है कि नेमिजी के लिए न तो सर्जनात्मक अनुभव और कर्म शक्तिसंघर्ष से असंपृक्त है और न ही उसका मूल्यांकन। औपनिवेशीकरण का अनुभव हमारे अनुभूत शक्तिसंघर्ष का अपरिहार्य अंग है, और इसीलिए नामवर जी के शब्दों में, 'प्रति उपनिवेशीकरण बीसवीं सदी के भारतीय साहित्य के मूल्यांकन का अनिवार्य परिप्रेक्ष्य' है। विडंबना यह है कि हमारा सांस्कृतिक चिन्तन और साहित्यिक आलोचना कर्म उपनिवेशीकरण के प्रति तो किसी हद तक सजग और संवेदनशील है, लेकिन वर्णाश्रम के वर्चस्व में व्यक्त होनेवाले आंतरिक उपनिवेशीकरण के बारे में उसने कोई रुख़ विकसित करने तक का प्रयत्न नहीं किया है। और यह समस्या, दुर्भाग्य से, एक या दो आलोचकों तक सीमित नहीं है।

निस्संदेह हमारे समाज की मुख्य सांस्कृतिक समस्या परंपरा और

आधुनिकता के द्वंद्व सें गुजरते हुए अपनी आधुनिकता को परंपरा के सहज विकास का रूप देने की है। ऐन इसी वजह से आंतरिक उपनिवेशीकरण के प्रति सन्नद्ध सजगता अनिवार्य है, वरना समस्या खतरनाक ढंग से इकहरी बना दी जाती है। इस हद तक कि कुछ दृष्टाओं को 'भारतीय (उर्फ़ हिन्दू) संस्कृति' में 'पावर (शक्ति)' की कोई अवधारणा ही नजर नहीं आती—फिर शक्ति संघर्ष, उत्पीड़न और दमन का तो भला सवाल ही कहाँ उठता है। ऐसी इकहरी दृष्टि मनमाने ढंग से गढ़ लिए गए सामाजिक सांस्कृतिक 'आत्म' की सारी समस्याओं की जिम्मेदारी किसी न किसी 'अन्य' के मत्थे मढ़ देती है। परंपरा का ऐसा महिमा मंडन करती है जो अपने असंवेदनशील सपाटपन के कारण खिझाता है और अपनी सामाजिक परिणतियों में उत्पीड़न के उत्साही, मुखर समर्थक की भूमिका निभाता है। ऐसे परंपराप्रेमी इकहरेपन का विलोम भी इतना ही खतरनाक है क्योंकि वह भी उल्टी दिशा से ऐन इसी पद्धति का प्रयोग करते हुए परंपरा को एक जड़ वस्तु मानता है। ऐसी वस्तु जिससे संपृक्ति अनावश्यक है जिसे या तो फेंक देना है, या फिर मजबूरी में जिसका रणनीतिक उपयोग कर लेना है।

ज़रूरत तीसरे रुख़ की है। हमारी समकालीन सांस्कृतिक बेचैनी असल में इसी तीसरे रुख़ की तलाश का सामाजिक रूपक है। नाटक के अपने विशिष्ट रूप और स्वभाव के कारण परंपरा और आधुनिकता की समस्या नाटक के संदर्भ में बुनियादी और एकदम ठोस समस्या है। और इस प्रसंग में नेमिजी का यह कथन केवल रंगकर्मियों के लिए ही नहीं, संस्कृति चिन्तकों के लिए भी परम गुणकारी है "हमें परंपरा का दास नहीं बनना है। पर साथ ही हमें उसके साथ मनमानी करने का भी कोई अधिकार नहीं। आधुनिक कला रचना में परंपरा के सृजनात्मक समावेश के लिए उसके प्रति अधिक गंभीर और संस्कारपरक दृष्टिकोण की आवश्यकता है। प्रत्येक परंपरागत पद्धति, रीति अथवा दृष्टिकोण में कुछ अंश ऐसा होता है जिसकी सार्थकता समाप्त हो चुकी है और जिसे जिलाने या फिर से लादने का चाहे जितना प्रयत्न किया जाए वह सफल नहीं होता, केवल अवांछनीय पुनरुत्थानवादी विकृति को प्रश्रय दे सकता है। कुछ अंश ऐसा भी होता है जो काल-प्रवाह में क्रमशः संचित विकृतियों से, जनजीवन की निम्नस्तरीय धारणाओं और प्रवृत्तियों से उपजता है। बहुत बार अपने अहंकारवश लोक कला या किसी भी परंपरागत तत्त्व का उद्धार करने की होड़ में हम इन विकृतियों को, कुरूपताओं को, कुसंस्कारों को जाने-अनजाने उभार देते हैं। स्पष्ट ही, अपनी तात्कालिक सफलता के बावजूद यह बड़ा अहितकर सिद्ध होता है, जो परंपरा को भी भ्रष्ट करता है और आधुनिक कला-प्रयोग और

कला-बोध को भी। वास्तव में पुनरुद्धार और नव-संस्कार उस स्वस्थ और सजीव अंश का करना आवश्यक हैं जो प्रायः सहज ही नहीं सूझता, पर जो सृजनशीलता और मानवमूल्यों के बुनियादी सिद्धांतों से अभिन्न रूप में जुड़ा होता है। सूक्ष्म अंतर्दृष्टि और संस्कार द्वारा उसे पहचानकर ही हम न केवल उस परम्परा को आगे बढ़ा सकते हैं, बल्कि अपने युग के सृजनकार्य को भी एक महत्वपूर्ण आयाम और गहराई दे सकते हैं।" (रंगदर्शन, पृ. 117)।

परंपरा से अथवा आधुनिकता से गहरे, सर्जनात्मक संबंध का आशय है: संग्रहत्याग का विवेक विकसित करना। सांस्कृतिक सत्ता के अपने मोर्चे पर यह विवेक गहरी, परिष्कृत सुरुचि के साथ ही प्रामाणिक बन सकता है। नेमिजी का आलोचनात्मक संघर्ष विवेकसंपन्न सुरुचि की मर्यादाओं को बनाए रखने का ही संघर्ष है, इस संघर्ष में दृढ़तापूर्वक जमे रहने के कारण उन्हें बारी-बारी से आधुनिकतावादी और प्रगतिवादी संकीर्णताओं का शिकार भी होना पड़ा है। लेकिन अपनी गहरी निष्ठा और बौद्धिक प्रखरता के कारण नेमिजी उस बौद्धिक मोर्चे पर डटे रहे हैं, जिसके प्रति संकीर्णतावादी रुख़ अख़्तियार करना फ्रैंक लैंत्रीशिया के शब्दों में, "पारंपरिक सांस्कृतिक सत्ता को उन लोगों के रहमोकरम पर छोड़ देना है, जो बुद्धिजीवियों को यह विश्वास दिलाना चाहते हैं कि अपने विशिष्ट बौद्धिक कर्म के धरातल पर वे सिर्फ़ बेअसर फरिश्ते हैं।"

नेमिजी का आलोचनाकर्म इस बात का प्रमाण है कि बृहत्तर सामाजिक सांस्कृतिक समस्या के प्रति संवेदनशील, सर्जनात्मक वैशिष्ट्य के प्रति आग्रहशील बुद्धिजीवी 'बेअसर फरिश्ते' की तरह नहीं, प्रखर, जिज्ञासु मनुष्य की तरह अपनी शख़्सियत की मौजूदगी रेखांकित करता है।

—1995

वर्णाश्रम और मानवाधिकार

मानवाधिकार का विचार ऐतिहासिक और दार्शनिक दोनों अर्थों में ठेठ आधुनिक विचार है। किसी चुने हुए (ईश्वर द्वारा या इतिहास द्वारा) समुदाय, राष्ट्र, जाति, लिंगपरक अस्मिता से जुड़ाव के कारण कुछ लोगों को 'अधिकार' प्राप्त हैं—यह एक धारणा है। इस तरह के जुड़ाव पर निर्भर किये बगैर हर मनुष्य के कुछ न्यूनतम अधिकार हैं या होने चाहिए—यह मानवाधिकारवादी धारणा है। मानवाधिकार के समकालीन विमर्श में असहमति और अभिव्यक्ति के अधिकार पर जो विशेष बल दिया जाता है—उसका कारण है। वस्तुतः मानवाधिकार की समकालीन धारणा व्यक्तित्व के दार्शनिक विमर्श पर आधारित है। इसका अर्थ समाज की अवहेलना नहीं, बल्कि यह है कि किसी सामाजिक या राजनीतिक पहचान से परिभाषित होने के पहले हर मनुष्य 'व्यक्ति' है और इस व्यक्तित्व की असहमति या अभिव्यक्ति के अंधाधुंध दमन का अधिकार किसी भी पहचान के राजनीतिक या सामाजिक सत्ता तंत्र को नहीं होना चाहिए। इसी की एक परिणति यह है कि सत्ता तंत्र चाहे समतामूलक हो चाहे विषमतामूलक, लोकतंत्र हो या राजतंत्र, राजनीतिक असहमति और सांस्कृतिक विशिष्टता के दमन का अधिकार उसे नहीं दिया जा सकता। यह भी गौरतलब है कि मानवाधिकार की धारणा और उसके उत्स—व्यक्तित्व विमर्श—का मूल तर्क इहलौकिक ही हो—यह जरूरी नहीं है, हालाँकि आम तौर से ऐसा होता है।

बहरहाल, व्यक्तित्व की आधुनिक अवधारणा का संदर्भ औद्योगिक समाज के विकास और पारंपरिक समाज के विघटन से जुड़ता है। पारंपरिक समाज के संस्कार व्यक्ति की संभावित और वास्तविक विशिष्टता पर कम, सामाजिक संरचना की समग्रता पर अधिक बल देते हैं। जाहिर है कि 'समग्रता' पर बल बड़ी सहूलियत से असहमति और विशिष्टता की उपेक्षा या दमन की ओर भी जा सकता है। इस बल का प्रकट राजनीतिक रूप साम्यवादी और दीगर एक-पार्टी राज्यों की विशेषता ही बन गया है। ऐसे शासन तंत्र व्यापक सामाजिक हित, राष्ट्र

की सुरक्षा, राष्ट्रीय अस्मिता की सुरक्षा आदि के नाम पर मानवाधिकारों का उल्लंघन करते रहे हैं।

लोकतांत्रिक विवेक और विशुद्ध तर्क की दृष्टि से देखें तो व्यक्तित्व की विशिष्टता और संरचना की समग्रता के बीच कोई शत्रुतापूर्ण अंतर्विरोध होना नहीं चाहिए। लेकिन एक ओर 'विशिष्टता' की स्थापना अबाध पूंजीवाद के विचारबोध के संदर्भ में हो गयी है, दूसरी ओर 'समग्रता' पारंपरिक सत्ता तंत्र की यथास्थिति से जुड़ गयी है। पारंपरिक समाजों में दार्शनिक धरातल पर व्यक्ति की प्रतिष्ठा नहीं हो पायी है और आधुनिक समाजों में व्यक्तित्व समाज-स्वयात्त, परंपरा-निरपेक्ष मान लिया गया है। स्वाभाविक ही है कि उपर्युक्त दोनों तरह के समाजों का परस्पर अपरिचय इस संदर्भ में कुछ ज्यादा ही गहरा हो उठता है। पारंपरिक समाज आधुनिकता मात्र को संदिग्ध मानने लगता है और आधुनिक औद्योगिक समाज परंपरा को जड़ता का पर्याय मान लेता है। इस अपरिचय का लाभ उठा कर दोनों प्रकार के समाजों के सत्ताधारी मानवाधिकार के सवाल का अत्यंत स्थूल और तात्कालिक राजनीतिकरण कर डालते हैं। अमेरिका और अन्य पश्चिमी देशों के लिए मानवाधिकार का मुद्दा अंतर्राष्ट्रीय दादागीरी दिखाने का बहाना बन जाता है और भारत या चीन की सरकारें मानवाधिकार के सवालों को राष्ट्रद्रोह का रूपक घोषित कर देती हैं। कुल मिला कर समकालीन विमर्श में मानवाधिकार की चर्चा का संदर्भ राजसत्ता ही है। राजसत्ताओं के परस्पर संबंध और राजसत्ता के अपने देश के जनसमूहों के साथ संब्रंध ही के संदर्भ में मानवाधिकार की चर्चा होती है। चर्चा संदर्भ के इस तरह सीमित हो जाने का ही परिणाम है कि मानवाधिकार की चर्चा एक तरफ तो हिंसा की व्यापक चिन्ता के कट जाती है, दूसरी तरफ समाज सत्ता के व्यापकतर संदर्भ की व्यवहार में उपेक्षा होने लगती है। दूसरे शब्दों में, मानवाधिकार समर्थक संगठनों और समाजकर्मियों के लिए आतंकवादी हिंसा रणनीति चुप्पी का विषय बन जाती है। दूसरी ओर हमारे जैसे पारंपरिक समाजों में भी मानवाधिकार की चर्चा में इस बात की उपेक्षा कर दी जाती है कि मानवाधिकार विषयक चेतना समूची सामाजिक संरचना की आलोचना किये बिना विकसित नहीं की जा सकती।

मानवाधिकार संबंधी विमर्श का मूल स्त्रोत है : व्यक्तित्व की स्वीकृति और प्रतिष्ठा और हमारी सामाजिक संरचना में यही स्त्रोत अत्यंत क्षीण है। महानगरीय आधुनिकता के समानांतर हमारे देश में ऐसी भी दुनिया है, जहाँ गाँव की इज्जत, जात-बिरादरी की मर्यादा और परिवार की नाक के नाम पर बाकायदा सामूहिक रूप से फैसला ले कर प्रेमियों को फाँसी पर लटका दिया जाता

है, परिवारहीन विधवाओं को डाइन कह कर जिन्दा जला दिया जाता है, स्त्रियों से अपेक्षा की जाती है कि जिन्दा जलने से ले कर पाँव की जूती बनने तक की नियति को खुशी-खुशी स्वीकार करें। मानवाधिकारों का यह संरचनागत उल्लंघन एक धरातल पर निस्संदेह परंपरा और आधुनिकता के गलत ढंग से हो रहे मुखामुखम का नतीजा है। लेकिन उससे कहीं ज्यादा यह हमारी पारंपरिक सामाजिक संरचना, उसके सांस्कृतिक तर्क और उससे उत्पन्न होनेवाले संस्कार का स्वाभाविक परिणाम है। यह एक वास्तविकता है (दुःखद या सुखद, यह आपके सोच पर निर्भर करता है) कि भारतीय समाज और पारंपरिक सांस्कृतिक सोच की मूल इकाई 'व्यक्ति' नहीं, बल्कि सामाजिक संबंधों की मर्यादा से परिभाषित होनेवाली उसकी 'स्थिति' है आज भी गाँव-देहात में किसी अपरिचित से पूछा जानेवाला पहला (या दूसरा) सवाल उसकी जाति और गाँव के बारे में होता है। बल्कि कहना चाहिए कि कुछ समय पहले यह सवाल सहज, स्वाभाविक रूप से पूछा जाता था, 'कौन ठाकुर' या 'कौन निवास' और आजकल के संक्रमण काल में घुमा-फिरा कर पूछा जाता है या अंदाजा लगाया जाता है। बहरहाल, प्राथमिक महत्व व्यक्ति (नाम) का नहीं, बल्कि सामाजिक संरचना में उसकी स्थिति (जाति) का है और हम जानते ही हैं कि जाति में व्यक्त होनेवाली 'स्थिति' का व्यक्ति के गुण-अवगुण, श्रेष्ठता-नीचता से कुछ खास लेना-देना नहीं है। हमारी संस्कृति की वर्चस्वशाली धारा में एक जाति में जन्मा व्यक्ति गुणज्ञानविहीन होने पर भी पूज्य ही है और एक अन्य जाति में जन्मा व्यक्ति सकल गुण प्रवीण होने पर भी अपूज्य ही है। व्यक्ति की दार्शनिक अवधारणा के विकास में जाति व्यवस्था केवल सामाजिक संरचना के ही रूप में नहीं, बल्कि संस्कार और विचार के रूप में भी बाधक है—इस रूप में कुछ ज्यादा ही।

जाति व्यवस्था का दार्शनिक औचित्य निरूपण—वर्णाश्रम का विचार-हिन्दू धर्म की अपनी विशेषता है, लेकिन व्यक्ति की अवहेलना करनेवाले ऊँच-नीच के ढाँचे के रूप में जाति व्यवस्था भारतीय समाज मात्र की विशेषता है। इसका व्यक्तित्व विरोध (और इस कारण मानवाधिकार की अवधारणा से इसका विरोध) कुटुम्ब और गाँव की मर्यादा की धारणा से मिल कर और भी प्रबल हो जाता है। सिद्धांत और व्यवहार दोनों में 'अधिकार' की कल्पना विमर्श का विषय तक नहीं बन पाती। अधिकार परिवार से ले कर देश तक का हो सकता है—मनुष्य (व्यक्ति) के खाते में कर्तव्य ही आते हैं। कुछ लोग कह सकते हैं कि अधिकार चेतना का यह अभाव भारतीय समाज के समन्वयवाद का सुखद प्रमाण है और इसी के कारण हमारे समाज में अप्रिय संघर्ष नहीं हैं, अथवा कम हैं। वास्तविकता

यह है कि भारतीय समाज (विशेषकर हिन्दू समाज) में सामाजिक पदानुक्रम से ले कर आध्यात्मिक साधना तक के क्षेत्र में 'अधिकार भेद' की बड़ी महिमा है—फर्क इतना है कि यह अधिकार 'व्यक्ति' के संदर्भ में कम, उसकी सामाजिक 'स्थिति' के संदर्भ में अधिक परिभाषित होता है।

सबसे बड़ी विडंबना यह है कि व्यक्तित्व-विमर्श के अभाव में, इस सामाजिक संरचना के विरुद्ध उठनेवाली आवाजें भी अंततः इसी में अंतर्भुक्त होंने के लिए विवश हुई। निर्गुणपंथी संतों की बाणी में कौंधनेवाला 'मनुष्य सत्य' सामाजिक धरातल तक आते-आते एक और जाति के रूप में बदलने को बाध्य हुआ। यह विडंबना और भी खटकती है जब हम पारंपरिक हिन्दू धर्म और उसके अनुकूल विकसित होनेवाली सगुण भक्ति की वर्णाश्रमबद्ध नैतिकता के साथ निर्गुण संतों द्वारा प्रस्तावित नैतिकता की तुलना करते हैं। वर्णाश्रम और सगुण भक्तों (सूरदास जैसे अपवादों को छोड़ कर) की विचार प्रणाली में नैतिकता का संदर्भ व्यक्ति इकाई नहीं, वर्णाश्रम सम्मत 'स्वधर्म' का पालन है। इस स्वधर्म के पालन में मरण भी श्रेयस्कर है, परधर्म के पालन से प्राप्त होनेवाला निःश्रेयस भी भयावह है। गीता के इस प्रसिद्ध श्लोक में स्वधर्म-परधर्म का प्रयोग वर्णाश्रम के ही संदर्भ में किया गया है। वर्णाश्रम-सम्मत स्वधर्म के पालन के ही प्रसंग में धर्मबुद्धि बनाये रखने के उद्देश्य से ही तीर्थव्रतादि का विधान है और जाने-अनजाने विचलन हो जाने की स्थिति में प्रायश्चित भी सुलभ है। इस बात को ध्यान में रखें, तो निर्गुण संतों की बाह्याचार विषयक आलोचना का गहरा नैतिक और दार्शनिक अर्थ समझ में आता है। वर्णाश्रम की 'स्थिति' (जन्म से निर्धारित स्थिति) परक, 'स्वधर्म' परक नैतिकता के विपरीत निर्गुण संत सार्वभौम नैतिकता का प्रतिपादन करते हैं। इसमें वास्तविक सामाजिक संबंधों, अनुशासन और उनकी स्वाभाविक मर्यादा का कोई उल्लंघन नहीं है—जैसा कि आचार्य लोग आरोप लगाते रहे हैं। संत जिसे 'रहनी' कहते हैं, वह मनुष्य मात्र की न्यूनतम नैतिकता है, जिसका पालन करते ही आप गहरे दार्शनिक अर्थ में वर्णाश्रम के खिलाफ खुद को पाते हैं। वर्णाश्रम जन्म से ही सम्मान की पात्रता-अपात्रता निर्धारित करता है, निर्गुण रहनी कर्म और व्यवहार से इस पात्रता का निर्धारण करती है। वर्णाश्रम में 'स्वधर्म' (जो आपके अपने विवेक से स्वयात्त है) से विचलन को पाप माना जाता है, निर्गुण रहनी (जो पारखपद की परिणति है) में ऐसी न्यूनतम नैतिकता से विचलन पाप है, जिसका पालन सभी को करना चाहिए। ऐसी न्यूनतम नैतिकता को बनाये रखने में उपयोगिता तीर्थ, व्रत और प्रायश्चित की नहीं, बल्कि प्रेम और विवेक पर आधारित भक्ति की निरंतरता बनाये रखने की है। इस तरह देखने पर मालूम पड़ता है कि निर्गुण भक्ति

का कितना जबर्दस्त दार्शनिक महत्व है। यहाँ हम भारतीय चिन्तन के इतिहास में पहली बार 'व्यक्ति' के विकास की संभावनाओं को व्यवस्थित रूप लेने के लिए छटपटाता देखते हैं। स्वधर्म, कर्मकाण्ड, तज्जनित पापमुक्ति के विचारों पर आधारित मर्यादापरक धर्म के विपरीत भक्ति की निर्गुणपरक संवेदना नैतिक दायित्व बोध पर आधारित है और ऐसे दायित्व बोध का व्यक्तित्व की धारणा के साथ अन्योन्याश्रित संबंध है। यही कारण है कि हम समूची निर्गुण संवेदना में—खासकर उसके सर्वाधिक प्रखर प्रवक्ता कबीर की चेतना में—कर्तव्य बोध के साथ-साथ अधिकार चेतना भी पाते हैं।

सो ऐसा नहीं है कि हमारे पारंपरिक समाज की संरचना में व्यक्तित्व एवं तज्जनित अधिकार चेतना का कोई पूर्वाभास है ही नहीं लेकिन यह पूर्वाभास एक तो अभिजन सुलभ दार्शनिक व्यवस्था से उतना संपन्न नहीं है; दूसरे, इसका संदर्भ राजसत्ता नहीं, समाजसत्ता है। यही कारण है कि मानवाधिकार के समकालीन विमर्श को इस पूर्वाभास के साथ सर्जनात्मक संवाद कायम करने की जरूरत ही नहीं महसूस होती। जब विचार का संदर्भ राजसत्ता तक सीमित हो और 'दर्शन' का अर्थ सूक्ष्मता और व्यवस्था तक, तो ऐसा होना स्वाभाविक ही है। असल में जरूरत इस सवाल से टकराने की है कि व्यक्ति इकाई के दार्शनिक धरातल पर प्रतिष्ठित होने की यह संभावना वैचारिक और सामाजिक इतिहास की एक वास्तविकता क्योंकर न बन सकी ? आखिरकार आज 'आधुनिक' कहे जानेवाले समाजों में भी वैचारिक और सामाजिक इतिहास का संबंध एक-दूसरे को प्रभावित करने का रहा है। फिर हमारे यहाँ निर्गुण भक्ति में व्यक्त विचार 'भौतिक शक्ति' का रूप क्यों न ले सके ?

इस प्रश्न का उत्तर, असल में, वर्णाश्रमवादी विचार और जाति व्यवस्था की जीनियस का सबसे बड़ा प्रमाण है। एक तो ऐसा ढाँचा, जिसमें सर्वग्राही 'समग्रता' है, फिर ठेठ लौकिक सत्ता को परम अलौकिक ईश्वरेच्छा का रूप ही नहीं, बल्कि उसकी निरंतरता मनवा लेने में इस ढाँचे की सफलता। स्वयं इस व्यवस्था का विरोध कर रहे लोगों के संस्कार जगत में इस व्यवस्था के तर्क की मौजदूगी। 'पूरब जन्म हम ब्राह्मण होते'—यह पंक्ति कबीर ने रची हो या न रची हो, लेकिन उनके अनुयायियों के बीच इसकी स्वीकृति प्रमाणित करती है कि उनकी चेतना में जन्मगत ऊँच-नीच का मूल तर्क जन्मांतरव्यापी कर्मफल-संस्कार का रूप धारण किये बैठा है। इस संस्कार का विकट सामाजिक रूप छत्तीसगढ़ के सतनाम पंथ में दीखता है। इस पंथ में धोबी, कसिया, मेहतर का प्रवेश वर्जित है-बल्कि अपने परवर्ती रूप में यह पंथ आत्मसजग रूप से 'रैदास के वंशजों' तक अपने आपको

सीमित किये बैठा है। अन्य पंथों में ऐसी घोषित जातिपरक आत्मसजगता शायद नहीं है, लेकिन व्यवहारतः निर्गुणपंथी संतों के नाम पर चले पंथों के जातिपरक आधारों को अलग-अलग पहचानना मुश्किल नहीं है। इस विडम्बना का कारण संत कवियों का 'पंथनिर्माण' का शौक नहीं, बल्कि यह सामाजिक सत्य है कि कठोरतम आलोचना और विचित्रतम ज्ञान मीमांसा के बावजूद आप जाति व्यवस्था के किसी न किसी खाने में फिट हो जाने के लिए अभिशप्त हैं—यदि आप इसके मूल तर्क का समग्र विकल्प न प्रस्तुत कर सकें। फिर जाति समूह का पंथ में बदल जाना कम से कम प्रतीकात्मक धरातल पर सामूहिक अवचेतना को आत्मसम्मान का कुछ आधार तो देता ही है। इसी कारण कविता का मनुष्य सत्य और अनुभव सत्य सामाजिक धरातल तक आते-आते तथाकथित नीच जातियों में से किसी एक (या अनेक) की सामाजिक अस्मिता का रूपक बन जाता है। यह वर्चस्वशील विचारधारा और सत्ता तंत्र की दुर्दान्त जीनियस है और यही प्रतिरोध की करुण सीमा भी।

व्यक्ति की अवहेलना करनेवाली, मनुष्य विरोधी 'मर्यादा' को लोकोत्तर धर्म का दरजा देनेवाली सामाजिक संरचना के खिलाफ अधूरी रह गयी इस जिरह की सीमा इसका महत्व घटा नहीं देती। उलटे, यदि मानवाधिकार चेतना को सीमित अर्थ में राजनीतिक न रख कर सामाजिक संस्कार का हिस्सा बनाना चाहें, तो इस जिरह की दार्शनिक भूमिका—व्यक्तित्व की प्रतिष्ठा—आज तक हमारे लिए महत्वपूर्ण है। मानवाधिकार चेतना सामाजिक संस्कार का हिस्सा तभी बन सकती है, जब समाज और व्यक्ति का परस्पर संबंध घुटन का नहीं, प्रशस्तता का हो। जिस सामाजिक संरचना में दर्शन के मूलभूत धरातल पर व्यक्ति की अवधारणा ही न हो, वहाँ मानवाधिकार की चेतना हाशिये पर ही रह सकती है। जाति विशेष में जन्म लेना पाप या पुण्य का परिणाम और प्रमाण नहीं है, न्यायपूर्ण सामाजिक संरचना व्यक्ति और समाज की न्यूनतम सार्वजनीन नैतिकता पर भी आधारित हो सकती है—यह मानवाधिकार चेतना का प्रस्थान बिन्दु है। निर्गुण भक्ति संवेदना इस प्रस्थान बिन्दु से ही आरम्भ होती है। इसकी सीमाओं को समझते हुए समकालीन संवेदना से इसका सार्थक संवाद कायम करना उनका प्राथमिक कर्तव्य है जो भारतीय सामाजिक संरचना को मानवाधिकारों के प्रति संवेदनशील बनाना चाहते हैं।

—1995

हाय इतिहास ! वाह दर्शन !

डॉ. रामविलास शर्मा की नयी पुस्तक 'इतिहास दर्शन' (वाणी प्रकाशन, 1995) में, "भारत और यूनान के प्राचीन इतिहास से संबंधित कुछ समस्याओं का विवेचन है। इनमें पहली समस्या ऋग्वेद के सूक्त रचने वाले आर्यों की है।" (भूमिका)।

इस पहली समस्या के संदर्भ में रामविलास जी की मुख्य स्थापनाएँ हैं: भारत में आर्य बाहर से नहीं आए थे, ऋग्वेद की रचना 3000 ई. पू. में हुई थी, (पृ. 19), आर्यों तथा अन्य जन समूहों के बीच संघर्ष की बातें निराधार कपोल कल्पनाएँ हैं, "अन्न की प्राप्ति में, मनुष्य के सामाजिक कर्म में, जल और प्रकाश को रोकनेवाली जो प्राकृतिक बाधाए हैं, वे ही दास और दस्यु हैं।" (पृ. 45) जहाँ तक संघर्षों और युद्धों का सवाल है, "यूरोप की हमलावर जातियों ने उत्तरी, मध्य और दक्षिणी अमरीका की विकसित संस्कृतियों का नाश किया, मूल निवासियों का सामुदायिक संहार करके उनकी भूमि छीन ली, उस पर स्वयं बस गये, बचे हुए आदिवासियों को जंगलों और पहाड़ों में खदेड़ दिया। अपने कारनामों का यह नक्शा उन्होंने प्राचीन भारत के इतिहास पर चिपका दिया।" (पृ. 13)।

यह सही है कि उन्नीसवीं सदी के प्राच्यवादियों का विचार जगत् साम्राज्यवादी पूर्वग्रहों से रचा बसा था, कुछ-कुछ उसी तरह जैसे बहुत से मार्क्सवादियों का विचार जगत् और भावबोध वर्णाश्रमवादी और आर्यसमाजी पूर्वग्रहों से रचा बसा है। रामविलास जी कहते हैं, "यूनान में दास प्रथा का चलन था, इसलिए वहाँ का समाज प्रगतिशील था, भारत में वर्णव्यवस्था थी, इसलिए यहाँ का समाज प्रतिक्रियावादी था—यह बहुत बड़ी भ्रांति है।" (भूमिका) इस भ्रांति का निराकरण रामविलास जी की दूसरी बड़ी चिन्ता है। वे यूनानी समाज के अंतर्विरोधों एवं तज्जनित हिंसा, आक्रामकता, नैतिक पतन आदि का विस्तृत ब्यौरा देते हैं। दूसरी ओर ऋग्वैदिक आर्यों के प्राकृतिक परिवेश और सामाजिक

जीवन की ऐसी भली भव्य छवि प्रस्तुत करते हैं कि उस जीवन में किसी तरह के संघर्ष या रक्तपात की कल्पना तक करनेवाला पाठक की चेतना में साम्राज्यवादी इतिहासबोध के पाप का भागीदार बन जाता है। साथ ही वे 'वर्णव्यवस्था की प्रगतिशील भूमिका' (पृ. 331) का सविस्तार विवेचन करते हैं।

पूरी पुस्तक पर इतिहास विवेचन की रामविलास जी की अपनी विलक्षण शैली की छाप एकदम स्पष्ट है। इस शैली की विशेषता यह है कि इतिहासकार के निष्कर्ष पहले से तैयार हैं, तर्क बाद में जुटाए गए हैं। जो तथ्य और जो व्याख्याएँ इन निष्कर्षों के अनुकूल आसानी से बरती जा सकती है। उनको खूब उछाला गया है, और जो तथ्य प्रतिकूल पड़ते हैं, उनसें नजरें चुरा ली गयी हैं, स्वाभाविक ही है कि 'इतिहास दर्शन' नामक पुस्तक केवल ऋग्वेद की ही नहीं, समूचे भारतीय सांस्कृतिक अनुभव की ऐसी भीषण दुर्व्याख्या प्रस्तुत करती है, जिसके दूरगामी सांस्कृतिक-राजनीतिक निहितार्थ हैं। इसीलिए इस पर टिप्पणी की जरूरत है। समस्या यह है कि रामविलास जी के विलक्षण इतिहास बोध और उससे भी अधिक विलक्षण उनकी शोध पद्धति के कारण हर पृष्ठ पर कम से कम एक मनोरंजक स्थापना या वक्तव्य मौजूद है। इन सबके विवेचन के लिए तो पूरी किताब की ज़रूरत पड़ेगी, इन लेख को हम सिर्फ़ ऋग्वैदिक आर्यों के परिवेश और वर्णव्यवस्था की समस्या तक ही सीमित रखेंगे।

"वर्णव्यवस्था की प्रगतिशील भूमिका" यह थी कि रक्तसंबंधों पर आधारित गणसमाजों के टूटने, श्रम के विशेषीकरण और व्यक्तिगत संपत्ति के चलन के फलस्वरूप, "रक्त संबंध पर आधारित पुरानी व्यवस्था टूटी, समाज वर्णो के रूप में पुनर्गठित हुआ।" (पृ. 331) साथ ही, "जिस समाज में श्रम विभाजन के कारण रक्तसंबंध टूट रहे हैं, व्यक्तिगत संपत्ति का विकास हो रहा है, उसे हम जन (लघुजाति, नेशनेलिटी) कह सकते हैं। ऋग्वेद में भरत जन हैं गण नहीं है। भरतों की एक विशेषता है, उनका इतिहासबोध।" (भूमिका) स्वाभाविक प्रश्न है : भरत नेशनेलिटी में श्रमविभाजन का ढाँचा क्या है ? वर्ण व्यवस्था की प्रगतिशील भूमिका क्या ऋग्वेद से ही आरंभ हो जाती हैं ? भरतों की इतिहास परंपरा और उनके प्राकृतिक परिवेश के विवेचन से भरपूर पहले अध्याय में इस प्रश्न का कोई उत्तर नहीं है। बहरहाल जो नहीं है, वह नहीं है। उसका गम क्या ? चर्चा उसी की करें जो है।

असल में रामविलास जी दो समस्याओं का घालमेल कर देते हैं। एक समस्या है : आर्यों के भारत के ही मूल निवासी होने या न होने की समस्या, दूसरी है आर्यों के अन्य जनसमूहों, तथा स्वयं आर्यों के परस्पर (रामविलास जी के मुहावरे में

विभिन्न नेशनेलिटीज) संघर्ष की समस्या। इनमें से पहली समस्या के संदर्भ में रामविलास जी के तर्क कुछ भी नया नहीं जोड़ते। वास्तविकता तो यह है कि इस समस्या की विवादास्पदता ही अध्येताओं के बीच निर्विवाद है। जहाँ तक आर्यों तथा अन्य जनमसमूहों के संघर्ष की समस्या का सवाल है, उसके प्रसंग में रामविलास जी का प्रबल आग्रह है कि दासों, दस्युओं से इंद्र के संघर्ष तथा वृत्र के संहार से संबंधित सूक्तों को सिर्फ़ और सिर्फ़ रूपक की तरह पढ़ना चाहिए। अनेक मंत्रों की अपने ढंग से व्याख्या कर उन्होंने सिद्ध किया है कि 'दास, दस्यु वृत्र, नमुचि आदि असल में पर्वतों, अवरोधों आदि के रूपक है। इन अवरोधों को हटाकर प्राप्त होनेवाला जल और प्रकाश रूपक की भाषा में गायों और पत्नियों से प्रकट किया गया है, 'त्वमयो अजयो दासपत्नी' (ऋ.। 8/96/18) के प्रसंग में, "यहाँ स्पष्ट ही दास जल प्रवाह के अवरोध हैं, जल उनकी पत्नियाँ हैं।" (पृ. 45-6)

ऋग्वेद के इस रूपकवादी पाठ में सर्वाधिक ध्यान वृत्र पर दिया गया है। (पृ. 36-56) स्थापना है, "वृत क्रियामूल का एक अर्थ है घेरना, दूसरा अर्थ है रोकना। हिन्दी शब्द बाड़ा में दोनों अर्थ निहित है। बाड़े में जैसे पशु बंद कर दिये जाते हैं, वैसे ही वृत्र के द्वारा जल अवरुद्ध हो जाते हैं।" (पृ. 36-7) सवाल यह है कि वृत्र कोई व्यक्ति है या नहीं ? मेकडानल की टिप्पणी की सहायता से निष्कर्ष है, "वह कोई व्यक्ति नहीं है। नदी के प्रवाह को रोकने वाली बाधा है।" (पृ. 37)

लेकिन वृत्र के अर्थ की समस्या मेकडानल से सदियों पुरानी है। यह शब्द वेद के दुर्बोध शब्दों की सूची (निघण्टु) में सम्मिलित किया गया था, और इस पर निरुक्तकार यास्क (500 ई. पू.) की टिप्पणी गौरतलब है : "तस्मादिन्द्र शत्रुः "तत्कोवृत्र। मेघ इति नैरूक्ताऽ। त्वाष्ट्रोःसुर इत्यैतिहासिकाः। अपां च ज्योतिश्च मिश्री भावकर्मणो वर्ष कर्म जायते। तत्रोपमार्थेन युद्धवर्णा भवन्ति।" (निरुक्त 2/16)-'इन्द्र का शत्रु यह वृत्र कौन है ? नैरुक्तों (निरुक्तकारों, शब्दविज्ञानियों) के अनुसार वृत्र मेघ का वाचक है। इतिहासकारों के अनुसार वह त्वष्ट्र नामक असुर का पुत्र है। जलों और ज्योति के संयोग से वर्षा होती है, इसी की उपमा देने के लिए युद्ध के वर्णन किए जाते हैं।' कैसी दिलचस्प बात है कि ठेठ वैदिक परंपरा के निरुक्तकार के यहाँ वृत्र के ऐतिहासिक अर्थ की समान गुंजाइश है, लेकिन मार्क्सवादी इतिहासकार के इतिहास दर्शन में 'ऐतिहासिक' के लिए कोई जगह नहीं है। क्या वृत्र, क्या नमुचि, क्या दास, क्या दस्यु क्या पत्नियाँ—सब सिर्फ़ रूपक हैं-रूपक के सिवाय कुछ नहीं हैं। यूरोप के साम्राज्यवाद ने तो जातियों का सफाया कर दिया, जो ऐसे सफाए और संघर्ष की ऐतिहासिक स्मृतियों तक का सफाया करने पर तुला हो, उसे कौन सा 'वाद' कहना चाहिए ?

यह बात भी कम मानीखेज नहीं कि इंद्र-वृत्र संघर्ष के हर उल्लेख को जलप्राप्ति के उद्यम के रूपक की तरह पढ़नेवाले रामविलास जी अपनी इस पद्धति के मूल स्त्रोत यास्क के प्रति कोई कृतज्ञता ज्ञापित नहीं करते। संभवतः इसीलिए कि निरुक्त के प्रति स्पष्ट झुकाव के बावजूद यास्क का पाठ इतिहास को पूर्णतया खारिज नहीं करता। और इधर, 'इतिहास दर्शन' के लिए इतिहास ही सबसे ज्यादा असुविधाजनक है।

यह ध्यान रखना चाहिए कि वृत्र का वही अर्थ लेते हुए भी जो डॉ. शर्मा लेते हैं, संबंधित प्रसंगों की यह व्याख्या भी तर्कसंगत ढंग से की जा सकती है कि वृत्र जलस्त्रोंतों के रक्षकों (काबिज़ों) का नाम था, जिन्हें इन्द्र के स्तुतिकार ऋषि अपना शत्रु मानते थे। 'पर्वते' का अर्थ पर्वताकार ही नहीं, पर्वत पर रहनेवाला भी हो सकता है। सारे संबंधित मंत्र इस आशय में पढ़े जा सकते हैं कि इंद्र ने जल के रक्षकों का वध कर 'उनके' जलस्त्रोतों पर 'अपने' आर्यजनों के लिए अधिकार कर लिया।

बहरहाल, हम यही मान लें कि वृत्र मात्र एक रूपक है। लेकिन तब इस मंत्र में 'आर्य' किसका रूपक है : 'त्वं तां इन्द्रोमयां अमित्रान दासा वृत्राण्यार्याम् च शूर' (ऋ।6/33/3) 'हमारे' सभी अमित्रों-दासों, वृत्रों और आर्यों—को परास्त करनेवाले इंद्र की इस स्तुति में दास और वृत्र तो जलावरोध के रूपक हुए, आर्य संभवतः उच्चकोटि के जलावरोध थे! फिर इंद्र और अग्नि की साथ-साथ स्तुति देखें: 'हतो वृत्रोण्यार्याम हतो दासानि सत्पती' (ऋ। 6/60/6) 'वृत्र' के बहुवचन रूप के नपुंसकलिंग में प्रयोग के आधार पर ही डॉ. शर्मा मेकडानल की टिप्पणी की 'सहायता' से यह नतीजा निकालते हैं कि 'वह कोई व्यक्ति नहीं है, नदी के प्रवाह को रोकनेवाली बाधा है।' इस प्रसंग में विल्सन ने सायण के भाष्य की ओर ध्यान खींचा है। सायण के अनुसार वृत्र शब्द यहाँ मंत्रकार के विरोधी आर्यों और दासों द्वारा रचे जानेवाले उपद्रवों का वाचक है-'वृत्राण्युपद्रव जातानि' जाहिर है कि वृत्र शब्द में अर्थ के अनेक स्तर हैं : मेघ, प्राकृतिक या कृत्रिम अवरोध, अवरोधकर्ता (मनुष्य) और विरोधियों द्वारा 'भरत जन' (या किसी अन्य आर्यजन) के विरुद्ध रचे गए उपद्रव।

यह भी जाहिर है कि बहुलार्थकता की अपनी समस्याएँ हैं। दूसरी ओर यदि आप वेद को पढ़ते समय रूपक की संभावनाओं को एकदम नकार दें तो समस्याएँ हल हो जाएँगी—प्राच्यवादी ढंग से। सिर्फ़ और सिर्फ़ रूपक की तरह सारा ऋग्वेद पढ़ जाएँ समस्याएँ तब भी हल हो। जाएँगी-आर्यसमाजी या 'सांस्कृतिक राष्ट्रवादी' ढंग से। लेकिन यदि बहुलार्थकता के प्रति संवेदनशील इतिहास बोध

के साथ ऋग्वेद को पढ़ें तो मालूम पड़ेगा कि वहाँ संचित स्मृतियाँ दोनों प्रकार के संघर्ष की है। प्रकृति से संघर्ष और अन्य जनसमूहों से संघर्ष। इन स्मृतियों का धीरे-धीरे मिथकीय चेतना में रूपांतरण हो जाता है। देवकथाएँ इसी रूपांतरण का मूर्त्त विधान हैं। यह सही है कि ऋग्वेद में देवों का मानवीकरण सायास मिटाया जा रहा है, "ऋग्वेद के कवियों ने मानो प्रण किया है कि देवों के पृथक अस्तित्व को प्रकट होने ही न देंगे।" (पृ. 56) लेकिन यह भी सही है कि ऋग्वेद में उन देवकथाओं के ताने-बाने में धर्म (डॉ. शर्मा की शब्दावली में 'दार्शनिक चिन्तन') विकसित होता दीख रहा है, जिन देवकथाओं में वास्तविक सामाजिक संघर्ष की स्मृतियाँ सुरक्षित हैं। अग्नि ने पुराकाल में दिवोदास की सहायता की थी, यह याद करते हुए मंत्रकार भरद्वाज अपने लिए कपा की याचना करते है। (ऋ।6/1/5) इसी सूक्त के उन्नीसवें मंत्रा पर सायण का भाष्य है : दिवोदासत्यैतित्संज्ञस्य राज्ञो वृत्रहा वृत्राणां शत्रूणां हंता—आशय स्पष्ट है: दिवोदास नामक राजा के शत्रुओं द्वारा रचे गए उपद्रवों का शमन करनेवाले।

असल में, ऋग्वैदिक कवियों की चेतना में ऐतिहासिक संघर्ष की स्मृति और प्रकृतिपरक रूपक घुले-मिले हैं। इस सूक्त में अग्नि दिवोदास का सहायक है और ऋषि का देवता। उसका देवता होना सूक्तकार की स्मृति में संचित, दिवोदास को अग्नि से प्राप्त सहायता पर ही निर्भर है। फिर अग्नि प्रत्यक्ष-प्राकृतिक प्रपंच भी है। स्मृति और प्रत्यक्ष अनुभव दोनों के आधार पर अग्नि पूजनीय है। जिस अग्नि ने दिवोदास की सहायता की, वह संभवतः इसी प्राकृतिक प्रपंच का मूर्त्त रूप था, अथवा यह प्राकृतिक प्रपंच उस अग्निदेव का विस्तार है। सूक्त के चौथे मंत्रा में कहा गया है, 'द्विता भरतो वाजिभि शुनं'। 'द्विता' पर सायण का भाष्य है: द्विविधमिष्टप्राप्यनिष्टपरिहार रूपेण—'इष्ट की प्राप्ति और अनिष्ट के परिहार, दोनों उद्देश्यों से।' हम चाहें तो इस 'द्विता' को ऐसे भी पढ़ सकते हैं कि इतिहास और निरुक्त दोनों से संबंधित अर्थ एक साथ खुलें। दिवोदास का सहायक वीर अग्नि, और प्राकृतिक प्रपंच का वाचक अग्नि। एक की भी पूर्ण उपेक्षा घातक सपाटीकरण है। इतिहास की जो उपेक्षा डॉ. शर्मा करते है, वह इस सूक्त में कोई अर्थ बाकी नहीं छोड़ेगी। निरुक्त की उपेक्षा उस जटिल प्रक्रिया को ओझल कर देगी जिसके अंतर्गत ऐतिहासिक स्मृति और प्राकृतिक निरीक्षण धार्मिक आस्था और दार्शनिक चिन्तन के ताने-बाने में गुंथे रहे हैं। डॉ. शर्मा के इतिहास दर्शन की सबसे विकराल फलश्रुति यही है कि वह ऋग्वेद को 'शाश्वत' दार्शनिक काव्य में बदल डालता है—इतिहास की परछाई तक के कुप्रभावों से सर्वथा विशुद्ध।

मनचाहे साक्ष्य को सामने लाना, अनचाहे साक्ष्य को गोल कर जाना—यह

इस इतिहास दर्शन की पद्धतिगत विशेषता है। डॉ. शर्मा के अनुसार, "कवियों की कल्पना में जल और प्रकाश परस्पर संबद्ध हैं।" (पृ. 47) वृत्र, शंबर, दास, दासी आदि अवरोधों के रूपक मात्र हैं। मंत्र (ऋ 2/11/4) का अनुवाद है, "हे इंद्र, अपने शुभ्र तेज को बढ़ाते हुए, हाथों में शुभ्र वज्र लेकर, शुभ्ररूप निरंतर बढ़ते हुए, सूर्य के द्वारा हमारे लिए दासीजन का नाश करो-दासीर्विशः सूर्येण सह्याः" आगे टिप्पणी है, "तीन बार शुभ्र का प्रयोग, उसके बाद दासीजन के नाश के लिए उपकरण के रूप में सूर्य का उल्लेख, स्पष्ट हो जाता है, इंद्र जिनका नाश करता है, वे किस तरह के दास और दासियाँ हैं।" (पृ. 46) एकदम स्पष्ट हो जाता है कि दास और दासियाँ अंधकार हैं और उनके विनाशक इंद्र और सूर्य उज्जवल प्रकाश! लेकिन समस्या सिर्फ इतनी सी है कि ऋग्वेद में और भी दासीविश हैं, जिन्हें इंद्र नष्ट करता है : 'अभि स्पृधो मिथतीररिषण्यननमि-त्रस्य व्यथया मन्युमिंद्रा। आभिर्विश्वा अभियुजो विषूची रार्याय विशोऽव तारीर्दासी।' (ऋ. 6/25/2) यहाँ तो सूर्य नहीं है, शुभ्र नहीं है-सायण की बात मानें तो हवाला सब तरफ फैले यज्ञविरोधी जनों का है। उन्हीं के विनाश की कामना की जा रही है। लेकिन नहीं, यह भी रूपक ही है ! वैसे, 'विराट् अद्धैत' के रूप में इंद्र की व्याप्ति सूचित करनेवाले, देवतंत्र को दार्शनिक चिन्तन में बदलनेवाले और सबसे बड़ी बात तो यह कि 'मनुष्य के कृषिकर्म से जुड़े तत्त्वबोध' को ऋग्वैदिक काव्य का रूप देनेवाले तत्त्ववेत्ता न जाने क्यों बारंबार अपने विरोधियों-दासों, दस्युओं, आर्यों-को अयज्ञ, अव्रत, अश्राद्ध, शिश्नदेवा आदि कहते थे। प्राकृतिक आपदाओं के रूपक रचें और उन्हीं आपदाओं को यज्ञ और व्रत का पालन न करने के मनुष्योचित अपराध के लिए धिक्कारें—यह बात कुछ जमती नहीं। बहरहाल, नहीं जमती तो न जमे—इसमें 'इतिहास दर्शन' क्या कर सकता है।

डॉ. शर्मा ने कई बार नमुचि नामक असुर का उल्लेख किया है, लेकिन हर बार है वह सिर्फ़, "अनेक प्रकार के अवरोधों में से एक" ही। लेकिन ऋग्वेद में तो यह 'अवरोध' नमुचि इंद्र को घातक सुरा पिला देता है, जबकि पहले दोनों के बीच कुछ-कुछ वैसा 'नोवार पेक्ट' हो चुका था, जैसा कि हिटलर और स्टालिन के बीच हुआ था। बहरहाल, अस्वस्थ इंद्र का इलाज अश्विनी कुमार और सरस्वती करते हैं, और अंततः इंद्र नमुचि का वध कर देता है। नमुचि इंद्र को स्त्रियों की सेना द्वारा परास्त करने का प्रयत्न करता है, और मरते-मरते इंद्र पर मित्रघात का आरोप लगाता है। (ऋ. 5/30/7-10) यह नमुचि दास भी कहा गया है और असुर भी। अब सोचें कि उपरोक्त घटनाक्रम सिर्फ जलाभियान का रूपक है या ऐतिहासिक द्वंद्व का भी ?

रूपक की रणनीति से अलग, ऋग्वेद का यथासंभव वस्तुनिष्ठ और उसकी अपनी परंपरा के प्रति संवेदनशील पाठ यदि करें तो स्पष्ट होता है कि ऋग्वैदिक आर्यों का संघर्ष सिर्फ़ प्रकृति से नहीं हुआ था। उनके विरोधी कुछ मानव समूह भी थे। कम से कम नौ स्थानों पर तो विरोधी आर्यों का ही उल्लेख है। दासों, दस्युओं, पणियों के अलावा असुर हैं, राक्षस हैं। इनमें से हरेक के साथ आर्यों के संबंध एक से प्रतीत नहीं होते। आर्यों के लिए इनमें सर्वाधिक भयोत्पादक और घृणास्पद थे : राक्षस या यातुधान। असुर संभवतः आर्यों के ही एक समूह का नाम था। राक्षसों के प्रसंग में ऋग्वेद के सातवें मण्डल का सूक्त नंबर एक सौ चार अत्यंत महत्त्वपूर्ण और रोचक है। सबसे रोचक बात यह है कि सूक्तकार को भय और क्रोध है कि कुछ लोग उसी पर राक्षस होने का आरोप लगाते हैं। ऐसे लोगों को सूक्तकार कोसता है कि उन्हें साँप डंस ले, उन्हें कल का सूरज देखना नसीब न हो। (मंत्र 9-12) इंद्र से सूक्तकार प्रार्थना करता है कि वह दुष्ट राक्षसों को काट डाले, पीस डाले। सूक्त का अंतिम मंत्र है : 'इंद्र जहि पुमासं यातुधानंयुत स्त्रियं मायया शाशदानम्। विग्रीवासो मूरदेवा कृदन्तु याते दृशन् त्सूर्यमेच्चरन्तम्।'-'इन्द्र मायावी राक्षस को मारो, उसकी स्त्री को मारो, उसकी गर्दन तोड़ दो, उसे सूरज देखना नसीब न हो।' प्रसंगवश, गेल्डनर ने 'मूरदेवा' का अनुवाद मूर्तिपूजक किया है। खैर।

रूपक की रणनीति में 'पुमासं यातुधानं' तो स्पष्ट ही जल के अवरोध का रूपक हुआ, लेकिन 'स्त्रियं' ? कहना चाहिए कि दासपत्नी तो निर्मल जलधारा थी, जिसे हासिल कर इंद्र अप्सुजित (जल पर विजय प्राप्त करनेवाले) कहलाए, लेकिन राक्षसियाँ ऐसे प्रदूषित जल की धाराएँ थीं, जिन्हें पर्यावरण प्रेमी आर्य जलावरोधों के साथ ही नष्ट कर देना चाहते थे। डॉ. शर्मा को शिकायत है कि, "आर्यों के आक्रमण की कल्पना से जिन इतिहासकारों में सात्विक रोष उत्पन्न होता है, उनका ध्यान शुष्ण के पुरं चरिष्णवं की ओर नहीं जाता, इंद्र ने शुष्ण के दुर्ग को तोड़ा पर वह दुर्ग चरिष्णु अर्थात् गतिशील था।" (भूमिका) आशा करनी चाहिए कि इस 'सात्विक रोष' पर जो वैदिक क्षोभ डॉ. शर्मा को हुआ है, उससे उत्पन्न रूपक की रणनीति को वे जल्दी ही असुरों राक्षसों और (सायण की शब्दावली में) उपद्रवी आर्यों के साथ भरत-जन के संबंधों पर भी लागू करेंगे। तब शायद वे इस पर भी ध्यान देंगे कि दासों, दस्युओं आदि को अनास, अपाद, अहस्त ही नहीं शिश्नदेवा भी कहा गया है। साधारण लोग इसका अर्थ करते हैं—शिश्नपूजक जनसमूह। देखना चाहिए कि रूपक की रणनीति में मूरदेवा, शिश्नदेवा जैसे शब्द किस प्राकृतिक बाधा या प्रपंच के रूपक बताए जाते

हैं—फिलहाल तो इन पर चुप्पी ही है। वैसे यदि ये सब रूपक ही हैं तो निष्कर्ष निकलेगा कि अत्यंत युद्धप्रिय बल्कि खूँखार जाति द्वारा रचे गए रूपक हैं। पीस डालना, काट डालना, जला देना—ये थे। उसके प्रिय उपमान। यह प्रकृति का अनुकूलन था या उसका बलात्कार ? क्या सचमुच ऋग्वैदिक आर्य ऐसे ही थे ?

प्रसंगवश, इस तरह के रूपक प्रेम का अपना सामाजिक उपयोग और इतिहास है। ऐसे कथावाचक गली-गली मिल जाएँगे जो प्रकाण्ड पाण्डित्य के साथ सिद्ध करते हैं कि भागवत, ब्रह्मवैवर्तपुराण से लेकर सूर-सागर तक में वर्णित रासलीला असल में सिर्फ एक.आध्यात्मिक रूपक है। गोपिकाएँ आत्माएँ हैं, कृष्ण परब्रह्म हैं ही। वृंदावन तो मन के ही भीतर ही है ... आदि-आदि। दयानंद सरस्वती के वेद भाष्य की मूल पद्धतिगत प्रतिज्ञा ही यह है कि वेद में न इतिहास है, और न किन्ही व्यक्तियों के नाम-"वेद के सभी पद यौगिक ही हैं।" ऐसे दुराग्रह के ही कारण भारतेन्दु ने दो टूक शब्दों में, दयानंद सरस्वती पर "वेद के मनमाने अर्थ" करने का आरोप लगाया था।

जाहिर है कि समाज के वर्चस्वशाली तबकों और उनके बौद्धिक प्रतिनिधियों के लिए हर प्राचीन, 'पवित्र', लेकिन आज की स्थिति में असुविधाजनक पाठ में कोई न कोई रूपक की बात छिपी हुई है। रूपक की इस रणनीति की व्याप्ति केवल कथावाचकों तक रही हो—सो बात नहीं है। एक जमाने में जयदेव और विद्यापति के काव्य की आध्यात्मिक व्याख्या के 'गंभीर' साहित्यिक प्रयत्न भी खूब हुए थे। ऐसे ही प्रयत्नों पर रामविलास जी के एक चरित नायक आ० शुक्ल ने यह टिप्पणी की थी, "आध्यात्मिक रंग के चश्मे आजकल बहुत सस्ते हो गए हैं। उन्हें चढ़ाकर जैसे कुछ लोगों ने 'गीतगोविन्द' के पदों को आध्यात्मिक संकेत बताया है, वैसे ही विद्यापति के इन पदों को भी। सूर आदि कृष्णभक्तों के श्रृंगारी पदों की भी ऐसे लोग आध्यात्मिक व्याख्या चाहते हैं। पता नहीं बाललीला के पदों का वे क्या करेंगे।" (हिन्दी साहित्य का इतिहास' सं. 2049 वि. पृ. 32)

रूपक की रणनीति का उपयोग यही है कि वह आज की मान्यताओं, पूर्वग्रहों और संकीर्ण जरूरतों को अतीत पर थोप देने के काम आती है। इस प्रक्रिया में प्राचीन और 'पवित्र' पाठ का खुद का और उसके ऐतिहासिक संदर्भ का कचूमर निकल जाए तो निकल जाए।

ऋग्वैदिक आर्यों के सामाजिक ढाँचे और सांस्कृतिक आत्मबोध के प्रसंग में ही अन्य जनों के साथ उनके संबंध की समस्या को देखना चाहिए। इन आर्यों के लिए केंद्रीय संस्था बल्कि आर्यत्व की पहचान है : यज्ञ। इन्द्र 'सृष्टिव्यापी तत्त्व' होने से पहले है, आर्य आत्मबोध का लोकोत्तर सत्ता पर प्रक्षेपण। इसीलिए कुछ

जन समूह 'अयज्ञ' और 'अनीन्द्र' हैं, इनमें से कुछ का दमन थोड़ी नरमी से किया जाना है, लेकिन कुछ ऐसे भी हैं, जिनकी स्त्रियाँ तक अवध्य नहीं हैं। यज्ञ की संस्था उस सामाजिक ढाँचे का रूपक है, जो गणसमाज के ध्वंस के बाद उभर रहा है, इस ढाँचे के शक्ति विमर्श के विभिन्न तत्व भी ऋग्वेद में ही उभरते दीखते है। इनमें से दो तत्त्व परवर्ती वर्णाश्रमवादी सांस्कृतिक सामाजिक सत्तातंत्र के केन्द्र में बने रहते हैं। एक, समाज का चार वर्णो में अलौकिक विभाजन, दो, इस शक्ति विमर्श के विभिन्न रूपों के किसी भी प्रतिवाद का "विरोध, विकृति, समाहार' (मैनेजर पांडेय के शब्द) की रणनीति से सफाया कर देने की कुशलता। जो अयज्ञ, अव्रत, अश्राद्ध हैं, उनके 'आर्य' बना लिए जाने की संभावनाएँ निस्संदेह हैं लेकिन भीषण दमन के बाद ही। इस संभावना को डॉ. शर्मा 'प्रगतिशीलता' कहेंगे, लेकिन इसका एक और पाठ साम्राज्यवाद की भी याद दिला सकता है। काले लोगों, निगर्ड्स का विकराल दमन, उनकी भाषा और स्मृति का सफाया फिर उन्हीं के बीच से 'ब्राउन साहब' की नस्ल पैदा करने की 'प्रगतिशील' कृपा।

इतिहास में वर्गो के विकास को अस्मिताओं के संघर्ष से सर्वथा-काटकर देखने की परिणति यही हो सकती है कि जिनका दमन हुआ, उनकी चीख-पुकार को आप 'ऐतिहासिक अनिवार्यता' कहकर खारिज कर दें, और वर्तमान सामाजिक वर्चस्व को इतिहास की एकमात्र संभावना मानकर उसे अपरिहार्य 'प्रगति' की परिणति बता दें। यही काम साम्राज्यवादी इतिहास दर्शन करता था, यही काम डॉ. शर्मा का इतिहास दर्शन करता है।

यह स्मरणीय है कि ऋग्वेद में संचित संघर्ष की स्मृतियाँ आगे चलकर ब्राह्मण ग्रंथों में वर्णित कर्मकाण्ड के जरिए तथा ऋग्विधान जैसे तंत्र के जरिए न केवल मिथकीय ताने बाने में सुरक्षित रखी जाती हैं, बल्कि कर्मकाण्ड में प्रतीकात्मक ढंग से पुनजीर्वित की जाती हैं-'वीरोचित' गर्व के साथ। सवाल यह है कि जो इस 'वीरोचित' संघर्ष में परास्त हुए, जिनका समाहार किया गया—उनके वंशजों को अपने पूर्वजों की दुखदायी पराजय याद आती है या नहीं ? वर्चस्व के तंत्र और उसकी 'प्रगतिशील' व्याख्याओं की मर्जी तो यही है कि याद न आए, रूपक की रणनीति इसी मर्जी की एक परिणति है। लेकिन यहाँ हम डॉ. आंबेडकर की पुस्तक 'शूद्र कौन थे' का समर्पण याद करें। महात्मा फुले की स्मृति में किया गया यह समर्पण कहता है : " ... भारत के लिए सामाजिक प्रजातंत्र विदेशी शासन से स्वतंत्रता की तुलना में अधिक महत्वपूर्ण है।" फुले-आंबेडकर के लिए वर्णव्यवस्था इस 'सामाजिक प्रजातंत्र' के मार्ग में सबसे विकराल बाधा है—विदेशी शासन से कहीं ज्यादा विकराल। ऐसा माननेवालों को अंग्रेज़ों का मित्र और वर्ग

संघर्ष से ध्यान हटाने वाला कहने से पहले यदि वर्ण व्यवस्था की गहरी जकड़ और भारतीय समाज में उसके विकराल परिणामों पर ईमानदारी से विचार कर लें तो भारतीय राष्ट्रवाद की भी सीमाएँ समझ में आ जाएँगी और भारतीय मार्क्सवाद की भी।

लेकिन यहाँ तो आलम यह है कि वर्णाश्रम के शिकारों—शूद्रों और स्त्रियों की अपनी समस्याओं पर बल देना और जमींदारों को लाभ पहुँचाना एक मान लिया गया है। डॉ. आंबेडकर और राहुल सांकृत्यायन में डॉ. शर्मा के अनुसार यह समानता थी कि "दोनों 'अछूतों' को स्वतंत्रता संग्राम से और वर्ग-संघर्ष से अलग रखने के पक्ष में थे।" (पृ. 353) अव्वल तो यह एक अत्यंत जटिल प्रक्रिया और राजनीतिक समझ का भयानक सरलीकरण है, लेकिन मान लीजिए कि यह सही है। यह भी मान लीजिए कि अलगाव की यह नीति गलत है, लेकिन सौभाग्य से भारतीय राष्ट्रवादियों और साम्यवादियों ने इस पर अमल तो किया नहीं। फिर भी ऐसा क्योंकर है कि जातिव्यवस्था और उसकी विचारधारा-वर्णाश्रम-आज भी भारत में 'सामाजिक जनतंत्र' के मार्ग में सबसे बड़ी बाधा है ? उत्तर होगा, 'वर्ग परिप्रेक्ष्य की उपेक्षा'।

सवाल यह है कि वर्गसत्ता किसी समाज विशेष में किस रूप में व्यक्त होती है ? उसकी अपनी विशेषताएँ क्या हैं ? विभिन्न सामाजिक सांस्कृतिक अस्मिताओं के संघर्ष से उसका क्या संबंध है ? इन प्रश्नों के संदर्भ में वर्णाश्रम की विशेषताएँ देखें। संसार के किसी भी श्रमविभाजन से विशिष्ट यह इस अर्थ में है कि कर्मफल और पुनर्जन्म के कारण इसे अलौकिक, ईश्वरीय स्वीकृति गहरे संस्कार के धरातल पर प्राप्त है, सो इसे बनाए रखने के लिए लौकिक बल प्रयोग की जरूरत न्यूनतम है। इसके उद्भव का संदर्भ ब्राह्मण परंपरा जरूर है, लेकिन इसका उपयोग हर राजसत्ता ने किया है-'मुस्लिम' और अंग्रेज समेत। यह लचीलापन इसकी जिजीविषा का एक कारण भी है, और संभवतः इसकी 'प्रगतिशीलता' का एक प्रमाण भी। सबसे बड़ी खूबी यह कि जिस आत्मबोध को संचालित करने का दावा वर्णव्यवस्था करती है, उसी के विशाल अंश को हमेशा धकियाए रहती है। यही कारण है कि इससे विशेष ध्यान रखते हुए (स्पेसिफिकली) टकराए बिना न राष्ट्रनिर्माण संभव है, और न वर्ग चेतना का विकास।

हिन्दी जाति और उसके साहित्य की महानता और जनवादिता को डॉ. शर्मा से अधिक भला कौन जानता-समझता है ? इस विशाल हिन्दी प्रदेश में अछूतों का अनुपात क्या है ? और साहित्य में उनकी उपस्थिति का अनुपात क्या है ? 1912 में हीरा डोम के बाद 1994 में ओप्रकाश वाल्मीकि! करोड़ों की

संख्या-दशकों का अरसा और सांस्कृतिक अभिव्यक्ति के क्षेत्र में उस संख्या का ऐसा सफाया। ठीक ही है। जाति का तो जिक्र तक पाप है और वर्गचेतना की पुण्य सलिला तो विशाल हिन्दी क्षेत्र में अनादि काल से प्रवाहित है ही। वर्ग के अमूर्त्त कीर्त्तन का सबसे बड़ा फायदा यही है कि पूरे नैतिक संतोष (बल्कि दंभ) के साथ सांस्कृतिक वर्चस्व के मूर्त्त विधान-वर्णाश्रम-को एजेंडा से गायब किया जा सकता है। इसकी शिकार अस्मिताओं-शूद्र आदिवासी, स्त्री-की चीत्कारों तक का स्मृति लोप कर देने के लिए रूपक की रणनीति का आविष्कार हो ही चुका है।

गनीमत है कि यह मान लिया गया है कि वर्ण व्यवस्था आज प्रतिक्रियावादी है। लेकिन तुलसीदास के समय में वर्ण व्यवस्था प्रगतिशील थी या प्रतिक्रियावादी ? स्वयं डॉ. शर्मा के विलक्षण इतिहास बोध के अनुसार वह व्यापारिक पूंजीवाद का समय था--और वर्ण व्यवस्था सामंती श्रमविभाजन की व्यवस्था। सो, व्यापारिक पूंजीवाद के काल में सामंती श्रमविभाजन के बेधड़क समर्थक कवि की वैचारिकता प्रगतिशील कहलाएगी या प्रतिक्रियावादी ? बेशक प्रगतिशील—बशर्ते कवि का नाम तुलसीदास हो। ठीक उसी तरह जैसे गण से लघुजाति बन चुके जनसमूह के स्मृतिकोष और उसके काव्यरूप में वर्ग संघर्ष, दमन और हिंसा का कहीं नाम भी न होगा बशर्ते उस जनसमूह का नाम ऋग्वैदिक आर्य हो !

अंत में, जरा विषयांतर सा करें।

आर. एस. एस. स्वयं को 'सांस्कृतिक संगठन' कहता है। सांस्कृतिक के सर्जनात्मक अर्थ में नहीं, शक्ति विमर्शपरक अर्थ में। शासनतंत्र के दैनंदिन संचालन के लिए विभिन्न राजनीतिक दल आपस में कुश्ती लड़ें, लेकिन अखाड़े की लक्ष्मण रेखा और कुश्ती के नियम आर. एस. एस. का सांस्कृतिक राष्ट्रवाद तय करे। इस 'सांस्कृतिक राष्ट्रवाद' की अतीत दृष्टि की क्या विशेषताएँ हैं ? छिट पुट असंतोष भले रहे हों, भारतीय इतिहास में किन्हीं अस्मिताओं का उल्लेखनीय दमन नहीं हुआ है, वर्णाश्रम कोई समस्या नहीं, बल्कि थोड़े बहुत सुधार के साथ सामाजिक संगठन का स्पृहणीय रूप है। इसकी विकृतियाँ विदेशी कुप्रभाव की परिणति मात्र हैं। जाति की चर्चा वास्तव में भारतीय समाज को तोड़ने की साजिश है बौद्ध धर्म श्रेष्ठ भारतीय परंपरा से भटकाव का एक खतरनाक रूप है। वैदिक धर्म की उदारता ही है कि उसने बौद्ध धर्म को 'दुरुस्त' कर बर्दाश्त कर लिया है। भारतीय उर्फ हिन्दू उर्फ सारतः वैदिक परंपरा की सारी समस्याएँ या कुप्रथाएँ किसी न किसी 'अन्य' की छूत से उपजी हैं। सो यदि इस परंपरा के विशुद्ध स्त्रोतों को केन्द्र में रखकर समकालीन भारतीय आत्मबोध की रचना की जाए तो सारी समस्याओं के समाधान की दिशा मिल जाएगी।

इस अतीत दृष्टि से डॉ. शर्मा के लेखन में व्याप्त इतिहास दर्शन की तुलना करें। वेद में ही विराट् अद्वैत है, वेद में ही अनेकांत। दमन, हिंसा वगैरह का तो वहाँ सवाल ही क्या है ? बौद्धधर्म वेद में व्याप्त दर्शन के प्रगतिशील तत्त्वों को खारिज करता है। वर्ण व्यवस्था एक जमाने में प्रगतिशील थी, और जब प्रतिक्रियावादी भी अगर है तो भी इस लायक नहीं है कि राजनीतिक सांस्कृतिक एजेंडा पर लाई जाए। भारतीय समाज की सारी समस्याएँ साम्राज्यवादी 'अन्य' की देन हैं। (सांस्कृतिक राष्ट्रवाद में यह गौरव मुस्लिम 'अन्य' को प्राप्त है।) इस तरह सारे प्रगतिशील तामझाम के बावजूद डॉ. शर्मा का इतिहास दर्शन एक खतरनाक राजनीति की सांस्कृतिक जमीन तैयार करने में सहायक सिद्ध होता है। यह इतिहास की इस दुर्व्याख्या का सबसे घातक परिणाम है—इसीलिए इस के प्रतिवाद की ज़रूरत है। विशुद्ध 'एकेडमिक' धरातल पर तो इसे गंभीरता से लेना तक मुश्किल है।

साम्राज्यवाद के परिवेश में विकसित हुए इतिहास का ही नहीं, बल्कि उसके समूचे सांस्कृतिक विमर्श का प्रतिवाद करना जरूरी काम है। सवाल यह है कि ऐसे प्रतिवाद की बनावट और शक्ल कैसी होगी ? प्राचीन भारत पर चिपका दिए गये साम्राज्यवादी कारनामों के नक्शे को उखाड़ने का तरीका क्या यही है कि उस की जगह आप अपने इच्छा चिन्तन का नक्शा चिपका दें ? भारतीय जनता की एकता श्रेष्ठ लक्ष्य है। लेकिन वह अतीत के अनुभवों से सबक लेते हुए, "सच्चे सामाजिक जनतंत्र" की दिशा में बढ़ते हुए विकसित की जाएगी—या "विरोध, विकृति, समाहार" की रणनीति के जरिए चट्टान की तरह ऊपर से पटक दी जाएगी ? इतिहास लेखन में जनपक्षधरता का अर्थ तीखे मीठे अनुभवों का गहरा विश्लेषण करना है या 'मूंदिहुं आँख कतहुं कुछ नाहीं' के सहारे पाठक को सतही सुख और नैतिक दंभ के जरिए संतुष्ट करना ?

ये सवाल बेचैन करते हैं। डॉ० शर्मा के 'इतिहास दर्शन' से गुजरते हुए इन के जो जवाब उभरते हैं, वे और भी ज्यादा बेचैन करते हैं। हाँ इतना जरूर स्पष्ट हो जाता है कि साम्राज्यवादी इतिहास दर्शन के प्रतिवाद की दिशा ऐसा सांस्कृतिक राष्ट्रवादी इतिहास दर्शन नहीं सुझा सकता जो स्वयं साम्राज्यवाद ही की तरह अतीत का इकहरा और मनमाना वृत्तांत रचता हो। जो हर असुविधाजनक पाठ में सपाट ढंग से रूपक की बात खोजता हो। जो अपने हर खोट के लिए 'अन्य' को बलि का बकरा बनाने के लिए कटिबद्ध हो। ऐसा 'इतिहास दर्शन' और चाहे जो हो, शब्द के गंभीर अर्थ में 'दर्शन' तो नहीं ही है।

—1995

हे राम ! कैसे कैसे राम !

मिथक की पुनर्रचना और व्याख्या की जो पद्धति 'अपने-अपने राम' में अपनायी गयी है, वह बरबस ही नरेन्द्र कोहली के उपन्यासों की याद दिलाती है। दोनों ही की रामकथा में राम को अपने-अपने ढंग से 'समाज-सापेक्ष इतिहास पुरुष' बनाने की गैरसर्जनात्मक हड़बड़ी दिखाई पड़ती है। अपनी सारी-जटिलता, बहुलार्थकता और निरंतरता के साथ मिथक सिर्फ एक अप्रिय बोझ है। इसे उतार फेंकना है। इस बोझ से मुक्त, तर्कसंगत—राम नरेन्द्र कोहली के उपन्यासों में वनवासियों को 'दंड संचालन' सिखाने लगेंगे और भगवानसिंह के राम वसिष्ठ को सेकुलरिज्म का उपदेश देंगे। चलिए, मिथक की मुसीबत से छुट्टी मिली, विष्णु का अवतार 'समाज सापेक्ष इतिहास पुरुष' बन गया। एक तरफ 'राष्ट्रवादी' राम तैयार हो गये, दूसरी तरफ 'जनवादी'। इरादे सर्वथा विपरीत और पद्धति एकदम वही। विरुद्धों का यह सामंजस्य ऊपर से भले ही आकस्मिक लगे, है सर्वथा स्वाभाविक। मिथक के प्रति एक ही असंवेदनशील, गैरसर्जनात्मक बल्कि 'पेट्रनाइजिंग' रवैये के ये दो रूप हैं।

आधुनिक चेतना अतीत को इतिहास बनाती है। अतीत और वर्तमान के अंतराल के प्रति सजग रहते हुए, जबकि मिथकीय चेतना में अतीत सदा वर्तमान रहता है। इतिहास में जो व्यक्ति गुजर चुके, मिथकीय चेतना उनसे आज, अभी संवाद करती है। मिथक उस सांस्कृतिक कीमियागिरी का नाम है, जिसके जरिए विशिष्ट सामाजिक ऐतिहासिक अनुभव कालखंड की सीमाओं से मुक्त होकर सामूहिक आत्मबोध की प्रवाहमान धारा में स्थान बना लेते है। इस कीमियागिरी में 'वैज्ञानिक' तर्क उतना महत्त्वपूर्ण नहीं है, जितना कि अनुभवों और स्मृतियों को वर्तमान बनाये रखने का अवचेतन आग्रह है। इसी कारण मिथक की सबसे महत्त्वपूर्ण विशेषता है निरंतरता। रूपांतरण होते है, इस निरंतरता के ही अंतर्गत। यदि मिथक की निरंतरता का सहज बोध बना रहे, तभी मिथक का विचारधारात्मक अनुकूलन प्रामाणिक रूप से किया जा सकता है। तुलसी के राम

इसी का दृष्टांत हैं। वाल्मीकीय अथवा भवभूति के राम से सर्वथा भिन्न, लगभग विपरीत, फिर भी स्वीकृत। वजह यही कि तुलसी के राम मिथकीय चेतना के 'नैरंतर्य में विस्फोट' हैं गली से गुजरते-गुजरते चला दिया गया पटाखा नहीं।

आधुनिक संवेदना जिस हद तक मिथक का सिर्फ इस्तेमाल करना चाहती है, वहाँ तक असंवेदनशील ही कहलायेगी। जब यह इस्तेमाल नितांत समसामयिक राजनीति में अपने पक्षपोषण की रणनीति से ही प्रेरित हो तो पद्धति यही होती है कि लोकस्वीकृत मिथक को अपने राजनीतिक सोच का आद्यरूप बना दिया जाये। आधुनिकता में तर्केतर की गुंजाइश कहाँ ? सो, अपने चुने मिथक में जो कुछ तर्केतर है उसका वैज्ञानिक तर्क रीति से परिहार करना जरूरी हो जाता है। पेट्रनाइजिंग रवैया इसी परिहार में व्यक्त होता है। तर्क से वंचित भोले-भोले पूर्वजों के 'असली अनुभव' की पुनर्रचना वैज्ञानिक तार्किक चेतना से संपन्न—आधुनिक रचनाकार करता है। परिणति ? 'साकेत' की सीता और 'प्रियप्रवास' की राधा कांग्रेस वालंटियर का आद्यरूप बन जाती हैं। नरेन्द्र कोहली के राम 'राष्ट्रवाद' के आद्य प्रवक्ता बन जाते हैं, और भगवान सिंह के राम इतिहास की वर्गवादी व्याख्या, नारीवाद, मंडलवाद इन सबके पहले पुरोधा। गायब हो जाता है तो बस मिथक का नैरंतर्य, तर्केतर में व्यक्त होनेवाला उस का सामर्थ्य। मिथक के ऐन समसामयिक इस्तेमाल के लिए व्याकुल दष्टि को राजेन्द्र शर्मा ने उचित ही 'आर्यसमाजी' दृष्टि कहा है। सचमुच वेदों में विमान बनाने का फार्मूला खोजने और राम को बीसवीं सदी के विशिष्ट राजनीतिक आग्रहों का प्रवक्ता बना देने में कोई पद्धतिगत अंतर या अंतर्विरोध नहीं है। बेहतर हो कि मिथक के फूहड़ इस्तेमाल के प्रलोभन से बचकर कहा जाये कि हम नयी रचना कर रहे हैं। मिथक की पुनर्रचना नहीं। तब लेखक कम से कम ऐसी 'मौलिकता' से तो बचेगा कि मारीच, विराध असल में कैकेयी और भरत के एजेंट थे तथा रावण कांट्रेक्ट पर अपहरण करनेवाला दासों का व्यापारी !

एक पल के लिए यदि 'अपने-अपने राम' को स्वतंत्र रचना ही मान लें, तब भी बतौर उपन्यास के, इसके संरचनागत तर्क और चरित्र विधान का सपाटपन सचमुच दयनीय है। भगवानसिंह के राम एकदम 'मेड टू आर्डर' हैं। उनके मन में न कोई द्वंद्व है, न कोई आत्मसंघर्ष। द्वंद्व और संघर्ष है तो केवल 'बुरे लोगों' के साथ। राम के लिए सारे नैतिक निर्णय उपन्यासकार पहले ही ले चुका है। उसे ऐसे राम की जरूरत है जिन्होंने ऐसा कुछ भी नहीं किया हो जो उसकी जनवादी चेतना को अटपटा लगे और ऐसा सब कुछ किया हो जो इस चेतना के अनुकूल हो। सो सीता वनवास ? वसिष्ठ का षड्यंत्र था जिसे राम ने बड़ी

कूटनीतिक चातुरी से विफल कर दिया। अग्नि परीक्षा ? राम ने तो, 'अग्निशुद्ध' कहा था लाक्षणिक अर्थ में। भाटों ने अग्निपरीक्षा की अभिधा गढ़ डाली। लक्ष्मण का आत्मघात ? उल्लेख तक नहीं। शंबूक वध ? राम ने तो सोचा तक नहीं था। वसिष्ठ के पुत्र ने झेंप मिटाने के लिए अफवाह उड़ा डाली। अश्वमेध यज्ञ ? पूरे उपन्यास भर वसिष्ठ राम को पटाते-धमकाते रहे लेकिन राम ने नहीं किया तो नहीं ही किया। लव कुश के साथ युद्ध? अजी राम का नाम लीजिए। वर्णाश्रम की रक्षा? राम तो मंडलवाद के आदि प्रवर्त्तक हैं। विद्वान अब्राह्मणों, शूद्रों का समादर करते हैं, जाति को नहीं, प्रतिभा को महत्त्वपूर्ण माननेवाले गुरुओं को 'विशेष राजवृत्ति' देते हैं। (पृ. 55) धर्म और राजनीति ? भगवानसिंह के अपने राम के अपने शब्द बांचें, "इनके मिलाप से वैसा ही अनिष्ट घटता है जैसा मधु और घी के मिश्रण से" (पृ. 250)।

एक-एक तर्केतर घटनाक्रम को मार-मारकर तर्कसंगत बनाने का आग्रह उपन्यास में इस कदर व्याप्त है कि इसकी भूरि-भूरि प्रशंसा करने के बावजूद नामवरजी को पूछना पड़ा है, "ऐसा भी क्या बुद्धिवाद कि अतर्क्य के लिए कहीं जगह ही न हो। क्या मिथक इतने इकहरे और एकार्थी होते हैं ?" दिक्कत यह है कि रामकथा अलग-अलग मिथकीय घटनाओं का ढेर भर नहीं है। वह अंततः एक कथा है। अपने मूलरूप में अत्यंत करुण और ट्रेजिक। सारी निष्ठा, मर्यादापालन, भद्रता और संघर्षशीलता के बाद राम और उनके सतत् साथियों—सीता और लक्ष्मण—को नियति ने कहाँ पहुँचाया ? क्यों मिला उन्हें ऐसा विकट जीवन और उसका ऐसा अंत ? और किस तरह वे इससे टकराये ? यही वह बुनियादी रचनात्मक सवाल है जिसका जवाब रामकथा की हर पुनर्रचना ने अपने-अपने ढंग से खोजा है। असल में यही सवाल रचना दृष्टि के विचारधारात्मक पूर्वग्रहों और सर्जनात्मक सामर्थ्य को समझने की कुंजी है। मिथकीय चेतना के लिए राम की करुण त्रासदी का कारण है-दैव, कर्मफल, शाप या सीधा-सादा लीलाभाव। आधुनिक चेतना क्योंकर इन तर्कहीन कारणों से संतुष्ट हो ? वह कारणों की अपनी व्याख्या करेगी। रचना विशेष का मूल्यांकन इसी आधार पर होगा कि राम की करुण ट्रेजडी की व्याख्या क्या है और यह व्याख्या रचना में व्यक्त तर्क का रूप किस प्रकार लेती है ?

भगवानसिंह के राम भयानक रूप से 'भले' हैं, कोई अंतस्संघर्ष है ही नहीं, फिर तर्केतर की तो सूरत तक भगवानसिंह बर्दाश्त नहीं कर सकते। सो, राम की सारी यातनाओं का एकमात्र कारण है: वसिष्ठ कैकेयी और भरत की खलता, उनके षड्यंत्र, चरित्र विधान के सपाटपन का एक छोर है सर्वथा 'भले' राम तो

दूसरा छोर है भरत जो कि 'शराबी', 'मंदबुद्धि', 'बालिश', 'दुर्व्यसनी', उद्दंड', 'ईष्यालु', 'जड़' ही नहीं 'मनोदुर्बल' (संभवतः 'मेंटली रिटार्टेड' का हिन्दी अनुवाद) ही नहीं, इतने नीच हैं कि वस्तुतः सीताहरण उन्हीं का षड्यंत्र था। रावण ने तो सीताहरण किया ही इसलिए था कि सीता को "अयोध्या नरेश भरत के हाथों बेच आये। वैसे मनोदुर्बल भरत ऐसा निर्णय तो क्या लेते, लेते तो राम के वध का निर्णय लेते। निर्णय कैकेयी का ही था। परंतु भरत को इसकी सूचना तो थी ही, इसमें उनकी सहमति भी थी"। (पृ. 226) साधारण रामकथा में सीताहरण का जो कारण प्रचलित है वह रावण की मानवीयता को रेखांकित करता है। उसकी कमजोरी तथा शक्ति दोनों को। अपमान महसूस करनेवाला आत्मगौरव और आत्मघातक प्रतिशोध दोनों ही सीताहरण को सूर्पणखा की नाक से जोड़नेवाले तर्क में मौजूद हैं। मिथकीय चेतना का आंतरिक तर्क तो रावण के प्रति गहरी करुणा जगाता है और नियति की अपरिहार्यता का बोध भी। तुलसी का रावण यह जानते हुए लड़ता है कि 'खर-दूषण मो सम बलवंता मार सके को बिनु भगवंता !' तर्कहीन जो ठहरा—भगवान से ही जा भिड़ा ! भगवानसिंह का रावण तर्कसंगत है, सौदागरी पूंजीवाद का प्रतिनिधि चरित्र। तुलसी का रावण राक्षस होते हुए भी मनुष्य है, भगवानसिंह का रावण न मनुष्य है न राक्षस वह सिर्फ 'प्रतिनिधि चरित्र' है।

ऐसा नहीं कि उपन्यास में सूक्तियों तथा परिश्रमपूर्वक रचे गये मार्मिक प्रसंगों की कोई कमी है लेकिन रचनात्मक तर्क की मूलभूत दुर्बलता के कारण ऐसे प्रसंग जर्जर वृद्ध की देह पर मढ़े अंगराग और आभूषणों सरीखे लगने लगते हैं। अपने आप में सुंदर और आकर्षक, लेकिन जर्जर देह पर मढ़े होने के कारण केवल असंभव की तृष्णा के सूचक और इसी कारण दयनीय ! उपन्यास में घटनाचक्र का मूल तर्क एक ही हैः षड्यंत्र। संभवतः इसीलिए नामवरजी को इसे पढ़ने में 'डिटेक्टिव उपन्यास का सा मज़ा' मिला। पॉजिटिव हीरो के बरक्स निगेटिव चरित्रों को खड़ा करने की स्याह-सफेद विभाजन प्रणाली को ध्यान में रखें तो कहना चाहिए कि मजा डिटेक्टिव उपन्यास का, चरित्र रचना गुलशन नंदा के उपन्यास सी और ट्रीटमेंट नरेन्द्र कोहली का। 'अपने-अपने राम' विकट महत्त्वाकांक्षा की करुण असफलता का प्रमाण है। महत्त्वाकांक्षा है, अपने विचार के अनुकूल समानांतर रामकथा रचने की, पद्धति है मिथक और औपन्यासिक औचित्य दोनों की नितांत उपेक्षा की। इरादा है अपना काम राम से कराने का। राम को अपनी समझ का इकहरा वाहक बना देने का, नतीजा है एक-एक चरित्र का सपाटीकरण। काश, उपन्यासकर ने निराला की 'राम की शक्तिपूजा' की

संरचना पर ध्यान दिया होता। वहाँ निराला 'राम' को नितांत समकालीन आग्रहों के अनुकूल बनाने के लिए हड़बड़ा नहीं रहे थे बल्कि उनकी दिव्यता और मनुष्यता के पीड़ादायी लेकिन अर्थगर्भित तनाव का अनुसंधान कर रहे थे। यह काम मिथक को मार-मार कर तर्कसिद्ध बनाने की पद्धति से नहीं किया जाता, बल्कि मिथक के आत्मीय विस्तार से ही हो पाता है। इसीलिए निराला की कविता में चमत्कारों की तर्कपूर्ण (और हास्यास्पद) व्याख्या नहीं, स्वयं चमत्कार है। उनके राम धूमधड़ाका किये बगैर आधुनिक समाज की विडंबनाओं के अधिक निकट हैं। वें व्यथित हैं कि 'विजय न होगी समर'। क्योंकि 'अन्याय जिधर है उधर 'शक्ति' निराला के राम की शक्तिसाधना सारे मिथकीय मुहावरे के बावजूद वस्तुतः आधुनिक है। वहाँ राम 'संगठन' नहीं करते, 'साधना' ही करते हैं। लेकिन स्वयं साधना का अर्थ विस्तार करते हुए। यही वह सर्जनात्मकता है जो मिथक को बार-बार नये अर्थ से दीप्त करती है। उसके मिथकत्व का सम्मान करते हुए। निराला 'राम' को भुना नहीं रहे हैं, न वह उन्हें बहस के उपकरण भर में तब्दील कर रहे है। वे राम में गहरे डूबे हैं, और परंपरा में भी। दूसरी ओर आधुनिकता की विडंबना से उनका परिचय गहरा है इसलिए उनके राम 1936 के इतिहास भूगोल तक ही संकीर्ण सीमित नहीं, गहरे अर्थ में आधुनिक हैं-और परंपरा के प्रामाणिक विस्तार भी।

यह सब याद करना इसलिए जरूरी है कि वस्तुतः 'अपने-अपने राम' उसी का उदाहरण है, जिसे कोई दस वर्ष पहले नामवरजी ने 'प्रासंगिकता का प्रमाद' कहा था। इस उपन्यास के राम इस हद तक 'हमारे विचारों का अनुमोदन' करते हैं, और 'आज के अनुकूल' हैं कि उनकी प्रामाणिकता संदिग्ध हो उठी है। 'परंपरा को हथिया लेने की कोशिश में आश्चर्य नहीं कि अनुकूल व्याख्या द्वारा प्रासंगिक बनाने का सारा प्रयास ही संदिग्ध हो उठे।' नामवरजी की यह आशंका (जो उन्होंने 1983 में 'प्रासंगिकता का प्रमाद' शीर्षक लेख में व्यक्त की थी) इस उपन्यास पर सोलहों आने लागू होती है। इस रोशनी में समझना मुश्किल है कि भगवानसिंह का उपन्यास किस कोण' से 'रामकथा की मुक्ति का अभिनव प्रयास है'। सो भी 'प्रीतिकर !'

असल में, यह परंपरा को हथिया लेने की हड़बड़ी भर है, जिसकी प्रेरणा की ओर राजेन्द्र शर्मा ने बिल्कुल ठीक संकेत किया है कि यह राम नाम के दुरुपयोग से आतंकित बुद्धिजीवियों की किंकर्त्तव्यविमूढ़ता की परिणति है; परंपरा के सर्जनात्मक विस्तार की आकांक्षा नहीं। मिथक का ऐसा इकहरा अनुकूलन सचमुच उन्हीं का 'अनुपूरक' बनेगा, जिनके प्रतिवाद का इरादा है। असल में,

पद्धति एक ही है वे भी मिथक को इतिहास बनाना चाहते हैं, ये भी। उन्हें भी 'मेड टु आर्डर' राम चाहिए, इन्हें भी। फर्क केवल रंग का है। उन्हें भी राम का कण-कण में व्यापना नहीं सुहाता, इन्हें भी आखिर किस तर्क (!) से कोई कण-कण में व्याप सकता है। मिथक में महत्त्व भाव सत्य का है, वस्तु सत्य का नहीं—यह उन्हें भी समझ नहीं आता, इन्हें भी।

निस्संदेह मिथक की धरती गहर गंभीर है। संभलकर चलें तो सचमुच पग पग रोटी, डग डग नीर देनेवाली। लेकिन यह धरती बहुत रपटीली भी है। सरपटाने वाले आमतौर से रपट जाते है, फिर अपने पैरों खड़े होने में बड़ी दिक्कत होती है और जो रपटने को ही रचना मानें, उनकी मदद राम भी नहीं कर सकते। अपने-अपने राम भी नही।

—1992

माइकेल महात्म्य

माइकेल जैक्सन। यह अब सिर्फ़ एक पॉप सुपर स्टार का नाम नहीं है। माइकेल जैक्सन असल में एक प्रतीक है। ऐसा जटिल प्रतीक जो एक साथ अनेक तथा परस्पर विरोधी चीजों को सूचित करता है। इस प्रतीक की प्रतीकात्मकता चेतन धरातल पर नहीं बल्कि अवचेतन पर काम करती है। इस मायने में माइकेल जैक्सन का दुनिया भर में फैले अपने करोड़ो प्रशंसको से लगभग वैसा ही रिश्ता है जैसा किसी धार्मिक या विचारधारात्मक प्रतीक का अनुयायियों से होता है—वैसा ही तर्केतर, भावनाओं को मथ डालनेवाला और समूची चेतना पर छा जानेवाला। आगे कुछ भी कहने के पहले यह साफ कर देना बेहतर होगा कि माइकेल जैक्सन क्या गाता है सो अपनी समझ में नहीं आता लेकिन उसके दीवाने क्या सुनते हैं इसका कुछ अनुमान करने की कोशिश की जा सकती है। इस सुनने में देखना शामिल है।

माइकेल जैक्सन या इस तरह के किसी भी 'स्टार' का 'परफारमेंस' मुख्यतः देखने के लिए ही होता है ऑडियो कैसेट भी वास्तव में उस दृश्य अनुभव का याद दिलाने का एक माध्यम ही है जिसका नाम है माइकेल जैक्सन। यह बहुत आसान है कि आप माइकेल जैक्सन को अपसंस्कृति का प्रतीक कहकर खारिज कर दें। लेकिन पूछना जरूरी है कि तथाकथित अपसंस्कृति के दर्जनों संभावित प्रतीको में से ऐसी जानलेवा कशिश माइकेल जैक्सन को ही क्यों हासिल है। संस्कृति हो या अपसंस्कृति, 'परफारमेंस' उसका केवल एक पहलू भर है। ऐसा पहलू जो संस्कृति में निहित मूल्यों और सरोकारों के साथ-साथ मनुष्य की गहरी वासनाओं और आकांक्षाओं को भी अभिव्यक्त और तृप्त करता है।

कलाकार या 'परफारमेंस' को स्टार में बदलना पूंजीवादी संस्कृति की विशेषता है। पूंजीवादी संस्कृति यानी 'मास कल्चर'। अब संस्कृति या कला के संदर्भ में रसिकता या योग्यता से पैदा होने वाले किसी बंधन की कोई अहमियत नहीं हैं। आप सराहते हों या न सराहते हो, लेकिन अगर टिकट खरीद सकते

हैं तो भीमसेन जोशी को गाते हुए देखने से आपको कोई नहीं रोक सकता। यह एक मायने में कला का लोकतांत्रिकीकरण है। जो लोग माइकेल जैक्सन में व्यक्त होने वाली अपसंस्कृति से पीड़ित हैं वे भी कला को खानदानी रईसों के रसिक संप्रदाय तक समेट लेने का तो समर्थन नहीं करेंगे। माइकेल जैक्सन जैसे मेगास्टार उसी प्रक्रिया की उपज हैं जिसके जरिए आज कोई भी कलाकार या लेखक पहचान हासिल करने या स्टार बनने के लिए या तो उत्सुक है या अभिशप्त। इसलिए भी माइकेल जैक्सन की सतही निंदा से कोई फायदा नहीं है। यह नहीं भूलना चाहिए कि मल्टी नेशनल्स' माइकेल जैक्सन के 'शो' ही स्पांसर नहीं करते बल्कि रविशंकर का सितार वादन भी स्पांसर करते है। उनका तर्क स्पष्ट है। जिस कलाकार के 'स्टार' बनने और उसका 'क्रेज पैदा होने की संभावना हो, व्यापारी उसके जरिए अपना 'मार्केट' बनाने की कोशिश करेगा। इस संभावना का अधिकतम इस्तेमाल करना ही आजकल आर्ट मैनेजमेंट कहलाता है और हर स्टार इसके लिए बड़े निपुण मैनेजर बहाल करता है। इसी के साथ चलता है सिलसिला स्टार की अनुपलब्धता के प्रचार और रहस्यात्मकता के निर्माण का। जो स्टार जितनी ज्यादा भीड़ खींचता है वो भीड़ से उतना ही दूर भागता है। दो वर्ष पहले लंदन में माइकेल जैक्सन जिस होटल में ठहरा था उसके बाहर हजारों लड़के लड़कियाँ एम. जे. की एक झलक पाने के लिए बेताब घंटों खड़े रहते थे और बहुत मनुहार के बाद जब एम. जे. कुछ सैंकडों के लिए अपनी बाल्कनी में बाहर आया तो लोग खुशी और रोमांच के कारण दीवाने हो गये, आपा खोकर रोने हंसने और नाचने लगे, कपड़े फाड़ने लगे ठीक उस तरह जैसे कि सभी धर्मों की पौराणिक कथाओं में भगवान का दर्शन करने पर भक्त बेकाबू हो जाता है।

माइकेल जैक्सन एक जटिल प्रतीक है। एक तरफ आप उसमें अपने-आप को देखते है दूसरी तरफ वह एक अदम्य आकर्षण के सामने आपको आपकी तुच्छता का अहसास कराता है। आप उसके जैसे बनना चाहते हैं या उसकी कम-से-कम एक झलक से अपने जीवन को धन्य कर लेना चाहते है। माइकेल जैक्सन जैसा दिखने के लिए प्रतियोगिता आयोजित की जाती है और अपने भारत देश में कम-से-कम आठ ऐसे युवक निकल आते हैं जिन्होंने अपने रूप में देवता के स्वरूप को पा लिया है। माइकेल जैक्सन की दुर्लभता तो अपने-आप में एक 'लीजेंड' बन चुकी है और उसकी कोमलता भी। वह 'इंक्यूबेटर' में सोता है सिर्फ अपने विमान में चलता है, चुनिंदा लोगों के अलावा किसी से हाथ नहीं मिलाता और एशिया, खासकर भारत आने से घबड़ाता है क्योंकि इन गंदे इलाकों

के हवा-पानी से उसके कोमल स्वास्थ्य क़ो बड़ा खतरा है। इस सबके बावजूद भारत में ही लाखों लोग ऐसे हैं जो 'डेंजरस टूर' कैंसल हो जाने की वजह से ठंडी साँसें भर रहे हैं।

माइकेल जैक्सन की अपनी प्रतीकात्मकता के अलावा भारतीय समाज जैसे समाजों में उसकी लोकप्रियता अपने आपमें एक प्रतीक के रूप में देखी जा सकती है। यह अध्ययन किया जाना चाहिए कि माइकेल जैक्सन के भारतीय दीवानों में से कितने महान राष्ट्रवादी पार्टी भाजपा के वोटर हैं। पूछा जाना चाहिए कि जिन लोगों को अपने देश की सांस्कृतिक विरासत गुलामी के चिह्नों से भरी नजर आती है जो हिन्दी फिल्मों पर समांनान्तर सेंसर लागू करना चाहते हैं उन्हें ठेठ यांकी संस्कृति के प्रतीक माइकेल जैक्सन से क्यों कोई असुविधा नहीं होती?

वजह स्पष्ट है। जिसे हम अपसंस्कृति कहते हैं वह और कुछ हो या न हो शब्दशः विश्वव्यापी और सार्वभौमिक जरूर है। नेशनल इंटीग्रेशन के तिरंगे दावेदार हों या भगवे, संयोग नहीं है कि भारतीय अर्थव्यवस्था के इंटरनेशनल इंटीग्रेशन के दोनों ही समर्थक हैं। अब यह तो हो नहीं सकता कि आप भारतीय अर्थव्यस्था को 'इंटरनेशनली इंटीग्रेट' करने के लिए 'मल्टीनेशंनल्स' को तो न्यौता दें, पर अपसंस्कृति से बचे रहें। गुड़ खानेवाले गुलगुलों सी परहेज करें यह दयनीय भी है और हास्यास्पद भी। फिर हमारे समाज के जिस प्रभु वर्ग को नेशनल और इंटरनेशनल दोनों इंटीग्रेशन करने हैं उसने अपने ढंग से गुड़ और गुलगुले की पहेली का समाधान कर दिया है। राष्ट्रीय अस्मिता बनाए रखने के लिए वह हैंडीक्राफ्ट म्यूजियम के कपड़े पहनता है और अपनी मारुति पर 'लेट्स गो फार रामराज्य' का स्टिकर लगाता है। दूसरी ओर दुनिया के अभिजन से होड़ लेने के लिए 'माइकेल जैक्सन लुक अलाइक कंटेस्ट' का आयोजन कर अपने अंतर्राष्ट्रीय होने का प्रमाण देता है। इसीलिए माइकेल जैक्सन शो का विरोध वे नहीं करते जो हबीब तनवीर के नाटकों पर पत्थर फेंकते हैं।

इन सारी बातों से माइकेल का महात्म्य घटता नहीं बल्कि बढ़ता ही है। कांग्रेस और भाजपा दोनो के लिए माइकेल एक सामाजिक रानीतिक जरूरत है। वह जरूरी है भारतीय अर्थव्यवस्था और राजव्यवस्था के खुलेपन का प्रमाण देने के लिए और इस खुलेपन की क्या सीमा हो सकती है? जो भी आए, जैसा भी आए सबका स्वागत है। बीच-बीच में स्वदेशी का पाखंडी नारा लगाकर अपने-आप को और दूसरों को बेवकूफ बनाने में हमारे समाज के बड़े लोग निपुण हो ही चुके हैं।

बहरहाल, माइकेल जैक्सन इस समय दुनिया का सबसे बड़ा 'स्टार' है और

वह निश्चय ही दुनिया भर में व्याप्त हो चुकी पूंजीवादी संस्कृति से पैदा होनेवाली गहरी समस्याओं का और साथ ही उसकी संभावनाओं का प्रतीक भी है। फिर से कहें तो यह प्रतीकात्मकता चेतन से ज्यादा अवचेतन के धरातल पर काम करती है। इसीलिए अपसंस्कृति के भँवरजाल में फँसे अधिकांश लोगों को माइकेल जैक्सन में अपनी तस्वीर भी नजर आती है और कम-से-कम क्षणिक मुक्ति भी। अपने निजी हवाई जहाज से उतरता माइकेल जैक्सन थकान और चिड़चिड़ेपन की प्रतिमूर्त्ति दिखता है। लेकिन यही थका-थका-सा इंसान मंच पर बिजली की रफ्तार से कौंधता है और करतब दिखाता है। वह पुरुष है लेकिन कोशिश करके स्त्री जैसा दिखता है। अपने-आप में मनचाही स्त्री की रचना करके वास्तविक स्त्री की मुसीबत से मुक्त हो जाने की कोशिश का प्रतीक बन जाता है माइकेल जैक्सन। वह इतना नर्मो-नाजुक है और नाचते समय वह मानवीय ऊर्जा का एक अद्‌भुत पुंज है। इसी अर्थ में वह सिर्फ समस्याओं का ही नहीं, संभावनाओं का भी प्रतीक है।

यदि आपने माइकेल जैक्सन को नाचते देखा हो तो आप पाएँगे कि थका-हारा मनुष्य पलक झपकते कैसे एक भूकंप में बदल जाता है। रंगीन रोशनियों और आवाजों के धमाकों से भरा माइकेल का 'परफारमेंस' इतनी तेज लय, ताल और शारीरिक क्रियाओं से भरपूर होता है कि उसे पारंपरिक 'नृत्य' शब्द समेट नहीं सकता। नकचढ़े लोग इसे धमाचौकड़ी कह सकते हैं लेकिन यह धमाचौकड़ी दर्शकों को जिस सुख की याद दिलाती है उसे बुजुर्ग लोग 'ब्रह्मानंद सहोदर' कहते हैं। अपने लिंग को हाथ से गोया संभालते हुए और कमर को संभोग क्रिया जैसे झटके देते हुए माइकेल जैक्सन का 'परफारमेंस' समकालीन मनुष्य की चरम आशंका और चरम फैंटेसी दोनों का एक साथ प्रतीक बन जाता है। अपने लिंग पर हाथ रखकर नाचता माइकेल जैक्सन जैसे अपना पुरुषत्व या स्त्रीत्व खोकर केवल एक मशीन बन जाने की आशंका से ग्रस्त हम सबके मन का देहधारी रूप है। इस आशंका का इतने शोर-शराबे और बिजली की-सी रफ्तार से मुकाबला करता माइकेल जैक्सन अपने-आप में वह संपूर्णता पा लेने की बेचैनी का प्रतीक है जो वैसे हम संभोग क्रिया में 'दूसरे' की सहायता से खोजते हैं। उत्तर आधुनिक चित्त के लिए 'दूसरा' मुसीबत नहीं तो मजबूरी आवश्य है। संभोग तक में 'दूसरे' की उपस्थिति संपूर्णता का नहीं, आनंद के लिए परनिर्भर होने की मजबूरी का सूचक है। मजबूरी का यह बोध अपने स्वार्थ को सर्वोपरि माननेवाली संस्कृति का स्वाभाविक परिणाम है और उतनी ही स्वाभाविक है इस बोध से मुक्ति की छटपटाहट।

इसके बाद विकल्प स्पष्ट हैं। या तो मान लें कि मुक्ति अकेले नहीं मिलती और या फिर अड़ जायें कि हम अकेले ही मुक्ति पाकर रहेंगे। दूसरा जाए भाड़ में। समस्या यह है कि वास्तविक जीवन में दूसरे को भाड़ में भेजना इतना आसान नहीं है और जो समस्याएँ वास्तव में नहीं सुलझ सकती उनके लिए मनुष्य फैंटेसी की शरण में जाता ही है। फैंटेसी यदि सामूहिक हो तो वह व्यक्तिगत अटपटेपन, बल्कि पाप के बोध से भी मन को मुक्त करती है। इस फैंटेसी को चाहिए एक प्रतिबिंब, एक तरह का वस्तु-प्रतिरूप और आत्मरति को एक शानदार अनुष्ठान बना देनेवाला कोई माध्यम।

माइकेल जैक्सन ठीक यही काम करता है। ऊर्जा से भरा हुआ उसका 'परफारमेंस', लिंग पर हाथ रखकर नाचते हुए और अपनी अदाओं से आपके अवचेतन में संभोग के अनुभव या उसकी आकांक्षा की स्मृतियां जगाते हुए माइकेल जैक्सन की छवि केवल अपने लिए जीने को उत्सुक उत्तर आधुनिक व्यक्ति की आत्मरति का ही ठोस रूपांतरण है। इसे आप संस्कृति कहें, चाहे अपसंस्कृति लेकिन माइकेल जैक्सन का महात्म्य असंदिग्ध है। उसका परफारमेंस देखते हुए लोगों को देखना खुद एक अनुभव है। उनके चेहरों पर व्याप्त तृप्त उत्तेजना का आनंद सचमुच ब्रह्मानंद सहोदर है लेकिन बस कुछ घंटों के लिए। इंस्टैंट फूड, इंस्टैंट कॉफी और इंस्टैंट विचार खोजते समाज में माइकेल जैक्सन वैसा ही इंस्टैंट निर्वाण देनेवाला माध्यम है जैसे कि भगवान श्री रजनीश। जिस समाज को भगवान श्री रजनीश की जरूरत है उसे माइकेल जैक्सन की जरूरत होगी ही। और जिस समाज ने भगवान श्री रजनीश का निर्यात किया, उसे माइकेल जैक्सन का आयात करने में भला क्यों झिझक होनी चाहिए ?

—1994

हिंदी प्रदेश का वैचारिक संकट या बंदर की बला तबेले के सिर ?

हिंदी प्रदेश के वैचारिक संकट की चिन्ता नयी नहीं है। हिंदी लेखकों, बौद्धिकों के विमर्श में यह चिन्ता बीच-बीच में उभरती रही है, लेकिन सामान्य धारणाओं या दूसरे सवालों के संदर्भ में। संकट के होने या न होने और उसकी नवैयत के सवालों से सीधे टकराने की कोशिशें कम हुई हैं, और कम से कम इस लिहाज से, मुद्दे को प्रत्यक्ष रूप से, 'बीच बहस में' लाने के लिए 'हंस' धन्यवाद का पात्र है। उम्मीद करनी चाहिए कि इस बहस की परिणति 'पॉलिमिक्स', 'रिटॉरिक', चुटकुलेबाजी और अंततः फिर उसी निश्चिन्त, उदासीन सन्नाटे में नहीं होगी जो वैचारिक संकट का सबसे बड़ा कारण भी है और प्रमाण भी।

बावजूद उपरोक्त उम्मीद के, अधिक संभावना इसी बात की है कि यह बहस भी ऊबाऊ दोहरावों, बेहूदा सरलीकरणों और खोखले शोरगुल की राह से गुजरते हुए उसी डरावने सन्नाटे में गुम होकर रह जाए। इस संभावना के कारणों में से एक तो वह लहजा ही है, जिसमें कि बहस शुरू की गयी है। इस लहजे के दो पहलू गौरतलब है। एक तो यह कि हिंदी लेखकों, बौद्धिकों के बीच आमतौर से व्याप्त आत्ममोह के बरक्स राजेंद्र यादव आत्म-तिरस्कार को एक तरह की आलोचनात्मक युक्ति बना देते हैं। वैसे यह सही है कि 'हम इतने महान्', 'हम ऐसे अनोखे' मार्का आत्ममोह से खीझ होती है। लेकिन ऐसे आत्ममोह का प्रतिवाद यदि यह कहकर किया जाए कि हिंदी प्रदेश में हजारों बरसों से सिर्फ तीर्थ ही विकसित हुए हैं, सिर्फ 'टूरिस्ट इकॉनॉमी' ही विकसित हुई है, तो इसे आत्ममोह की प्रतिक्रिया तो कहा जा सकता है, जरूरी नहीं कि विवेकपूर्ण युक्ति भी माना जाए।

जिस लहजे में बहस शुरू की गई है, उसकी दूसरी और अधिक महत्वपूर्ण समस्या यह है कि वैचारिक संकट के आकार-प्रकार की समझ धूमिल ही नहीं भ्रांत भी है। 'हंस' की वार्षिक गोष्ठी के लिए भेजे गए आमंत्रण-पत्र में राजेंद्र यादव

ने हिंदी-प्रदेश के संदर्भ में लिखा, "सामाजिक स्तरों पर यहाँ सुधार और समीकरण तो बहुत उभरे लेकिन बदलाव प्रायः नहीं हुए, इसने हमारे सोच, साहित्य संस्कृति सभी को किस रूप में प्रभावित किया ?" यहाँ स्पष्ट नहीं है कि "बदलाव" का आशय क्या है, और ऐसा मनोवांछित बदलाव यदि हिंदी-प्रदेश में नहीं हुआ, तो देश के किन हिस्सों में हुआ है, उसके लक्षण क्या हैं ? इन जिज्ञासाओं के साथ 'हंस' (अगस्त 1995) का संपादकीय पढ़ें तो स्पष्ट हो जाता है कि वहाँ वैचारिक संकट का आशय है समतापरक और मुक्तिकामी सोच का अभाव, व्यापक धरातल पर ज्ञानोदय और तर्कमूलक मनोभावों का अभाव, इन्हें गतिशील बनानेवाली सामाजिक संस्थाओं और परंपराओं का अभाव। इन अभावों का ही परिणाम है कि हिंदी प्रदेश की संस्कृति, राजेंद्र यादव द्वारा उद्धृत ऑब्रे मेनन के शब्दों में, 'खाउओं और भकोसुओं' की संस्कृति बन गयी है।

इस तर्क का जिस तरह विस्तार किया गया है, उसकी चर्चा बाद में। पहले यह नोट करें कि हिंदी प्रदेश के सांस्कृतिक, वैचरिक पिछड़ेपन के इस हृदयविदारक निरूपण के पीछे एक अंतर्निहित (और बाजिव) चिन्ता यह भी है कि ऐसा पिछड़ापन फासिस्ट राजनीति के अत्यंत अनुकूल पड़ता है। असल में, हिंदी प्रदेश के वैचारिक संकट की इन दिनों मुखर हुई चिन्ता का एक संदर्भ निश्चय ही पिछले पाँच व्रर्षो का राजनीतिक घटनाक्रम है। वैचरिक रूप से ठस, सांस्कृतिक रूप से परोपजीवी, सामाजिक संरचनाओं में अब तक सामंतवादग्रस्त हिंदी प्रदेश में (और इस के सहारे केंद्र में) फासिस्ट तत्व सत्ता में अब आए कि तब आए—ऐसी आशंका सिर्फ़ राजेंद्र यादव को ही नहीं, बहुत से संवेदनशील लोगों को है।

लेकिन क्या सचमुच बौद्धिक-सांस्कृतिक पिछड़ेपन और फासिस्ट राजनीति के उदय के बीच वैसा कार्यकारण संबंध है, जैसा कि इस आशंका में मान लिया गया है ? दूसरे सिरे से पूछें तो सवाल ज्यादा साफ हो जाएगा। क्या ज्ञानोदय और बौद्धिक सांस्कृतिक "अगड़ापन" किसी क्षेत्र में फासिस्ट राजनीति के जड़ जमाने के खिलाफ सचमुच कोई गारंटी देता है ? क्या यह सच नहीं है कि महाराष्ट्र के परम तेजस्वी नवजागरण की परिणति पहले आर. एस. एस. और आगे चलकर शिव सेना में हुई है ? क्या यह सच नहीं कि शिव सेना का सामाजिक आधार उन्हीं पिछड़े वर्गो से आता है जिन्होंने उन्नीसवीं सदी के नवजागरण को महाराष्ट्र में ब्राह्मणेतर आयाम दिया था ? क्या यह सच नहीं है कि बाल ठाकरे अभी भी गाहे बगाहे "ब्राह्मणवादी" आर. एस. एस. पर चुटकी लेने से बाज नहीं आते ? उधर तमिलनाडु को देखें। पेरियार का आंदोलन नास्तिकता का प्रचार करने की हद तक "बुद्धिवादी" था-लेकिन उसी आंदोलन को भारतीय राजनीति में आत्मदाह की

संस्कृति का श्रीगणेश करने का श्रेय भी देना होगा। व्यक्ति पूजा को इस हद तक पहुँचा देना कि नेता के निधन पर लोग आत्महत्याएँ कर लें-वैचारिक संकट का एक रूप यह भी है। यदि हिंदी प्रदेश एक बृहत्तर राजनीतिक-सांस्कृतिक इकाई का अंग भी है तो उसके वैचारिक संकट पर विचार करने के लिए आस-पास के वैचरिक संकट की बुनावट को भी लगातार ध्यान में रखना होगा।

ऊपर कही गई बातों का अर्थ यह कतई नहीं है कि चूँकि महाराष्ट्र, गुजरात और तमिलनाडु में ज्ञानोदय और समाज सुधार की परिणतियाँ फासिस्ट/व्यक्तिपूजक राजनीति के उदय में हुई, इसलिए हिंदी प्रदेश में सब कुछ ठीक-ठाक है। उल्टे, कोशिश यह होनी चाहिए कि वैचारिक संकट का निरूपण आत्ममोह और आत्म तिरस्कार से मुक्त रहते हुए, अन्य क्षेत्रों से हासिल ऐतिहासिक सबकों को ध्यान में रखते हुए, विवेकपूर्ण ढंग से किया जाए। राजेंद्र यादव जिस तरह से संकट का निरूपण करते हैं, उसकी प्रतिक्रिया में तो फिर वही आत्ममोह जोर मारेगा, जिसके चलते हिंदी बौद्धिकों और लेखकों के बीच ठसपन और बौद्धिक आलस्य दिन दूनी रात चौगुनी प्रगति कर रहा है। जो प्रतिक्रियाएँ 'हंस' में छपी हैं, उनमें से अधिकांश इस आशंका को पुष्ट ही करती हैं। यहाँ इस बात को रखांकित करना उचित होगा कि असल में संकट है भी इसी वर्ग का—हिंदी के लेखक, बौद्धिक, संपादक और अध्यापक समुदाय का। ईमानदार आत्म-समीक्षा से बचने के लिए ही यह वर्ग अपने संकट को "हिंदी प्रदेश" का संकट बना देता है। आत्ममोह और आत्मतिरस्कार दोनों ही बंदर की बला तबेले के सिर मढ़ने की आलोचनात्मक विधियाँ हैं।

हम वापस लौटें इस बात पर कि, "यहाँ बदलाव प्रायः नहीं हुए" बदलाव नहीं हुए—या जो बदलाव हुए/हो रहे हैं—उनका मर्म समझना, उनकी समग्र व्याख्या करना बौद्धिकों, लेखकों को नहीं आया ? सवाल को इस कोण से देखें तो हमें याद आ सकता है कि अपने आसपास के समाज, उसके देशकाल, उसकी परंपराओं और छवियों, उसकी जिजीविषा और उसकी दुर्बलताओं से हम लेखकों और बौद्धिकों का संबंध कितना सतही और इकहरा रहा। हमें इस बात के दूरगामी संकेतों को समझने की तमीज ही नहीं है कि "हिंदी हार्टलैंड" की वर्तमान विक्षुब्धता राजनीतिक सामाजिक सत्ता की कितनी गहरी उथल-पुथल को प्रतिबिंबित कर रही है। हम मायावती के उ. प्र. के मुख्यमंत्री पद पर आसीन होने को सिर्फ़ दंद-फंद की राजनीति का रूपक ही समझते हैं। लालू यादव जब अपनी सबसे बड़ी उपलब्धि यह बताते हैं कि 'अब कोई ब्राह्मण या लाला बिहार का मुख्यमंत्री नहीं बन सकता' तो हम इसे सिर्फ एक मजेदार या अहम्मन्य बयान

समझकर टाल देते है। जब उसी बिहार में गढ़े गए जनाधार के बूते आई पी एफ/सी पी एम एल भारतीय वामपंथ के एजेंडा का विस्तार करता है, तब भी हमें हिंदी प्रदेश में कोई बदलाव होता नजर नहीं आता। जब छत्तीसगढ़ मुक्ति मोर्चा ट्रेड यूनियन को अर्थवाद की जकड़न से मुक्त कर नैतिक आयाम देता है; जब पर्यावरणवाद का फैशन शुरू होने के बीस साल पहले गढ़वाल की औरतें अंधाधुँध औद्योगीकरण की सामाजिक समीक्षा विकसित करती हैं, जब म. प्र. के देहातों के शिक्षक और छात्र प्राथमिक शिक्षा की नयी अवधारणा विकसित करते हैं। तब भी हमें "हिंदी हार्टलैंड" कायर, पाखण्डी और भदेस ही नजर आता है। कारण यही है कि हम लेखक-बौद्धिक अपने विचारहीन "मगध" को ही सारा हिंदी प्रदेश समझते हैं, और अपनी न्यूनताओं की जिम्मेवारी हिंदी प्रदेश/इतिहास/नियति या भगवान् के हवाले कर अपने बौद्धिक कूप में उछलते रहने का लाइसेंस प्राप्त कर लेते हैं।

आत्ममुग्धता के उस "मगध" से, जिसमें विचारों की कमी है, बाहर निकलकर यदि लेखक और बौद्धिक देख सकें तो पता चलेगा कि हिंदी प्रदेश ही नहीं, सारे देश की समकालीन वास्तविकता के दो पहलू हैं। एक वह जिसे वैचारिक संकट कहा जा रहा है और दूसरा उन जनांदोलनों का जो पारंपरिक राजनीतिक दलों, तौर तरीकों, सैद्धांतिक प्रस्थानों से सीखने-सिखाने का संबंध रखते हुए अपना रास्ता तलाश रहे हैं। छत्तीसगढ़ से लेकर कुमाऊँ तक, नर्मदा से लेकर आंध्र तक, ऐसे जनांदोलन उस सामाजिक आर्थिक तंत्र, सांस्कृतिक वर्चस्व और वैचारिक परजीविता की आलोचना विकसित कर रहे हैं, जो हमारे समाज के वैचारिक संकट का मूलाधार है। सवाल इस आलोचना के साथ बौद्धिक कर्म के रिश्ते को परिभाषित करने का है। 'हंस' की गोष्ठी में, मैनेजर पांडेय ने बुनियादी सवाल उठाया था—'ज्ञान के विकास में जनांदोलनों की भूमिका क्या है ?' यह सवाल सिर्फ़ वस्तुपरक स्थिति के वर्णन का नहीं, बौद्धिक समुदाय के सरोकारों और दायित्वबोध के आकलन का भी सवाल है। उस गोष्ठी के आरोपों-प्रत्यारोपों, क्रांतिकारी, उत्तर आधुनिकतावादी प्रवचनों की धूमधाम में यह बुनियादी सवाल उसी तरह गुम हो गया-जैसे 'हंस' के 'औरत उत्तरकथा' अंक की न्यूड चर्चा में सांस्कृतिक वर्चस्व बनाम स्त्री-अस्मिता के सवाल गुम गए।

उस गोष्ठी के ऊबाऊ भाषण हों या 'हंस' (और अन्य पत्रिकाओं) में चलनेवाली साहित्य और सिर्फ़ साहित्य (उसमें भी मात्र समकालीन साहित्य) तक सीमित बहसें—दोनों उस बुनियादी फाँक को रेखांकित करते हैं—जिसे हिंदी के टिपीकल लेखक/बौद्धिक ने खुशी-खुशी आत्मसात कर लिया है। और जो

औसत पाठक इस लेखक/बौद्धिक समाज में शामिल होना चाहता है, वह स्वभावतः इस फाँक के आत्मसातीकरण को इस देदीप्यमान समाज के 'मगध' में प्रवेश का अनुमतिपत्र मानने के लिए विवश होता जा रहा है। यह फाँक एक तरफ हमारे बौद्धिक की अंतरात्मा को दोफाड़ करती है; दूसरी तरफ जनता के साथ उसके रिश्ते को।

क्या सूरत है इस फाँक की ? और कैसी है इसकी जन्म कुंडली ? क्यों जरूरी है इस फाँक का, वैचारिक संकट के संदर्भ में, नोटिस लेना ?

सबसे पहले इस फाँक की सूरत के ही कुछ नजारे देखें—मुख्यतः 'हंस' के ही हवाले से। सितंबर 1993 में आरंभ हुआ स्तंभ 'नीरक्षीर'। पहला 'नीरक्षीर' शिक्षा और पाठ्यपुस्तकों की राजनीति पर केंद्रित था, उसके बाद कुछ चर्चा सहमत प्रदर्शनी के बहाने परंपरा की व्याख्या पर हुई, और अंततः यथार्थवाद की जादुई बहस से गुजरते हुए नीरक्षीर कालकवलित हो गया। 'बीच बहस में' तो काशीनाथ सिंह बनाम गोपाल प्रधान संदर्भ महेश्वर जैसे आरोपों-प्रत्यारोपों से गुजरता ही रहता है। यह इसलिए नहीं कि संपादक 'नीरक्षीर' चलाना नहीं चाहते थे या 'बीच बहस में' को इसी तरह चलाना चाहते हैं बल्कि इसलिए कि लिखनेवालों के सरोकार साहित्येतर विषयों के प्रति इतने गहरे हैं ही नहीं कि लगातार सामग्री मिल सके। इधर अभय दुबे ने निकाली है : 'समय चेतना।' उसके अंकों को ज़रा देखिए। कितनी सामग्री हिंदी के लेखक/बौद्धिक से प्राप्त हो रही है ? और कितनी अनुवाद से—या ऐसे लोगों से, जो सीधे हिंदी में लिखने का सांस्कृतिक दायित्व देर से ही सही, अब महसूस कर रहे हैं। 'हंस' (अगस्त 95) में रामविलासजी की पुस्तक 'इतिहास दर्शन' की तीखी आलोचना प्रकाशित हुई और हिंदी जगत् के "साहित्यप्रेमी" सन्नाटे में खो गई। एक पाठक ने यह अवश्य लिखा कि "ऐसी बहसों का औचित्य क्या है ?" सही बात है। वेद की व्याख्या की राजनीति और फासिस्ट राजनीति को संभव करनेवाले सांस्कृतिक विमर्श से उस व्याख्या के संबंध से भला हिंदी लेखक और पाठक का क्या लेना देना ? उस पाठक का सवाल फिर भी समझ आता है, लेकिन बौद्धिक समुदाय की चुप्पी ? एक और उदाहरण लें। एक महत्वपूर्ण लघुपत्रिका के संपादक एक महत्वपूर्ण-आलोचक द्वारा भक्ति आंदोलन के बारे में लिखी गयी किताब का रिव्यू नहीं छापेंगे, क्योंकि, "जी, हम एकेडमिक ग्रंथों का रिव्यू नहीं छापते।"

यह उदासीनता दो बातें सूचित करती है। एक तो यह कि भक्ति-संवेदना की पुनर्व्याख्या हो या वैदिक पाठ की; भारतीयता की अवधारणा का सवाल हो या सांस्कृतिक विमर्श में नारी दृष्टि का—ये सवाल या तो अंतिम रूप से सुलझाए

जा चुके हैं, या फ़िर जिन्हें इनसे उलझना हो, उलझें; हम ठहरे साहित्यिक लोग, हमें क्या ? दूसरी बात यह कि समाज के साथ साहित्यिक का रिश्ता सिर्फ़ और सिर्फ़ संवेदना का होना चाहिए, विचार के नाम पर अन्य अनुशासनों का सतही हवाला या खोखली नारेबाजी पर्याप्त है। इन दोनों बातों से मिलकर बननेवाली लापरवाही और आत्मतुष्टि वैचरिक संकट का नहीं, बल्कि मूढ़ता का प्रमाण देती है—और कृपया ध्यान दें कि यह मूढ़ता हिंदी प्रदेश के भौगोलिक विस्तार तथा जनसंस्कृति के देशकाल से कहीं अधिक हिंदी भाषा के लेखक और बौद्धिक की समस्या है। इस क्षेत्र की जनता की जो बेचैनी (और कभी-कभी दिशाहीनता भी) राजनीतिक प्रक्रियाओं में व्यक्त हो रही है, उसकी अपनी समस्याएँ हैं, अपने खुतरे हैं। लेकिन इतना स्पष्ट है कि उस धरातल पर लगभग सभी प्रदत्त प्रस्थानों और अवधारणाओं को प्रश्नविद्ध जरूर किया जा रहा है। राष्ट्रवाद की अवधारणा हो या परिवार की नारी द्रोही पवित्रता की; विकास की अवधारणा हो या अपरिहार्य "प्रगति" की—हिंदी प्रदेश के दलितों, पिछड़ों, आदिवासियों, अल्पसंख्यकों और स्त्रियों का अभूतपूर्व आत्मरेखांकन इन सभी अवधारणाओं को संदिग्ध अवश्य बना चुका है। इस आत्मरेखांकन के आधार पर नया समता-परक और मुक्तिकामी विमर्श (जिसका अभाव वैचारिक संकट के रूप में निरूपित किया जाता है) विकसित करना—यही तो बौद्धिक वर्ग का अपना काम है। यह यदि नहीं हो पा रहा है तो दोष हिंदी प्रदेश का है या हिंदी बौद्धिक का ? 'हिंदी नवजागरण' की महिमा का दिनरात जाप करनेवाले यदि ऐन अपने आसपास चल रहे नवजागरण में 'वर्ग विरोधी' दलितवाद और 'विजातीय' नारीवाद देखकर सिर्फ़ 'दुर-दुर' ही कर पा रहे हैं तो क्या किया जा सकता है, सिवा इसके कि हमारे पवित्र बौद्धिक इस अभागे हिंदी प्रदेश के समाज को बर्खास्त कर अपने लिए नया समाज गढ़ लें।

असल में तो किया भी यही गया है। समाज का अमूर्त जाप करते हुए उसके वास्तविक शक्ति विमर्श की उपेक्षा, सर्जनात्मक परंपराओं के प्रति विशिष्ट चयन धर्मी रवैया अपनाते हुए साहित्य और संस्कृति के "इतिहास" का गठन। इन युक्तियों के जरिए हिंदी समाज कें समानांतर एक ऐसा बौद्धिक, साहित्यिक मनोराज्य गढ़ लिया गया है, जिसके साथ हिंदी प्रदेश और इसका समाज आवाजाही का संबंध तो बना सकता है, गहरे गुंथाव और अंगांगि भाव का नहीं।

संकट असल में हिंदी प्रदेश का कम और आधुनिक हिंदी भाषा का ज्यादा है—यह महसूस करने के लिए, और चीजों के अलावा, स्वयं राजेंद्र यादव का संपादकीय भी ध्यान से पढ़ना मददगार होगा। जब वे हिंदी प्रदेश के सांस्कृतिक

परिदृश्य में "किसान-मजदूर, दलित, मुसलमान, स्त्री और आदिवासी के न होने" और इसी कारण हिंदी प्रदेश के पतनशील होने पर व्यथित होते हैं तो असल में दो परिघटनाओं को भ्रांतिपूर्ण ढंग से मिला देते हैं। जिन अनुपस्थितियों की वे बात कर रहे हैं, वे अनुपस्थितियाँ स्वयं राजेंद्र यादव के ही अनुसार हिंदी साहित्य की ही विडंबनापूर्ण विशेषताएँ हैं। यह सही है कि "किसी भी क्षेत्र की सांस्कृतिक अस्मिता वहाँ के बुद्धिजीवी और प्रबुद्ध वर्ग से बनती है", लेकिन सवाल यही तो है कि हिंदी प्रदेश की सांस्कृतिक अस्मिता क्या सिर्फ आधुनिक हिंदी साहित्य में ही व्यक्त होती है—उर्दू में नहीं ? यदि हिंदी प्रदेश की प्रबुद्धता और सांस्कृतिक अस्मिता, अपनी विशिष्ट ऐतिहासिक स्थिति के कारण हिंदी और उर्दू दोनों में व्यक्त होती है तो आप वैचारिक संकट का सारा निरूपण सिर्फ़ हिंदी साहित्य के हवाले से कैसे कर सकते हैं ? क्या यह उसी अपवर्जनशील वर्चस्व के आत्मसातीकरण का विडंबनापूर्ण-प्रमाण नहीं है, जिसके चलते 'हिंदी प्रदेश में नवजागरण' का पूरा सैद्धांतिक विमर्श गढ़ लिया जाता है और ग़ालिब, सर सैयद, मास्टर रामचंद्र और हाली का कोई नोटिस तक लेना जरूरी नहीं समझा जाता ? यह आत्मसातीकरण तब और विकट हो जाता है जबकि हिंदी प्रदेश की सारी समस्याओं का एकमात्र सैद्धांतिक सांस्कृतिक संदर्भ हिंदू धर्म को बना दिया जाता है। इस विधि से आप "हिंदू वैदिक परंपरा यानी ब्राह्मण वर्चस्व" और "तथाकथित हिंदू दर्शन" (राजेंद्र यादव के शब्द) की धज्जियाँ उड़ाने का सुख तो ख़ैर प्राप्त कर लेते हैं, लेकिन साथ ही यह भी स्वीकार कर लेते हैं कि हिंदी प्रदेश की समस्याओं का संबंध सिर्फ़ हिंदू धर्म से है। (और वैसे यह बात सारे देश पर क्यों नहीं लागू की जा सकती ?) जिस सांस्कृतिक परिवेश और जिस साहित्य परंपरा के गतिरोधों की चर्चा आप कर रहे हैं, उसका ऐतिहासिक संदर्भ और वैचारिक विश्व यदि सिर्फ़ हिंदू धर्म, दर्शन और परंपरा से ही निर्धारित होता है, तो फिर 'हिंदी हिंदू हिंदुस्थान' के मंत्र महान को नकारने का तो कोई आधार रह नहीं जाता। हाँ, इतना जरूर है कि कुछ लोग इस मंत्र का पाठ करते हुए महिमा बखानते रहें और आप इसी को जाने अनजाने आत्मसात किए हुए सरापते रहें! या फिर सामासिक संस्कृति या हिंदी-जाति के तमाम तूमार के बावजूद सचाई यही मानी जाए कि 'हिंदी, उर्दू दो न्यारी-न्यारी भाषाएँ है; हिंदी हिंदुओं की और उर्दू मुसलमानों की।'

लेकिन आत्मसातीकरण की उपरोक्त समस्या क्या सिर्फ़ एक व्यक्ति की है ? या इसकी जड़ें सांस्कृतिकीकरण—साहित्यकीकरण की उस समूची प्रक्रिया में हैं, जिससे गुजरकर कोई व्यक्ति हिंदी या उर्दू का बुद्धिजीवी बनता है ?

वास्तविकता यह है कि हिंदी और उर्दू दोनों ही के आधुनिक रूपों के विकास को हिंदू/मुस्लिम आत्मबोध ने गहरे में प्रभावित बल्कि 'कंडीशन' किया है। यह कंडीशनिंग इन भाषाओं में व्यक्त होनेवाली हिंदी प्रदेश की बौद्धिक प्रतिभा को दो फाड़ तो करती ही है, साथ ही इस प्रतिभा के सांस्कृतिक वैचारिक सरोकारों पर भी गहरा असर डालती है। प्रसंगवश, इस 'कंडीशनिंग' को सांप्रदायिकता (और उसके विरोध) के समकालीन विमर्श के साथ सरलीकृत ढंग से जोड़ देना ख़तरनाक होगा। इस जुड़ाव की परिणति इस फ़िजूल बहस में ही होगी कि सर सैयद अहमद या भारतेंदु हरिश्चंद्र शब्द के आज प्रचलित अर्थ संदर्भ में "सांप्रदायिक" (और ऐन इसी वजह से राष्ट्रीयता विरोधी, एकता विरोधी, प्रगति विरोधी) थे या नहीं थे ? यह बहस फ़िजूल इसलिए है क्योंकि इसके अंतर्निहित प्रस्थान बिंदु ब्रिटिश पूर्व भारत के समाज में हिंदू और मुस्लिम अस्मिताओं के बीच सांस्कृतिक वर्चस्व के किसी संघर्ष और विभिन्न जातियों (कास्ट्स) के बीच किसी तरह के सामाजिक तनाव का अस्तित्व तक स्वीकार नहीं करना चाहते। इसीलिए ऐसा विमर्श या तो हर संघर्ष के मूलभूत आर्थिक कारण कुछ इस ढंग से रेखांकित करता है, जैसे कि दो या अधिक-समुदायों के बीच, संबंध और संघर्ष का कोई और संदर्भ होता ही न हो; या फिर ऐसा विमर्श अस्मिताओं के बीच हर तनाव के लिए साम्राज्यवाद को उत्तरदायी ठहराकर संतुष्ट हो लेता है। यही वजह है कि हिंदू/मुस्लिम/दलित या ऐसे किसी भी आत्मबोध का उल्लेख हमारे इस आधुनिक विमर्श को अपने महानायकों पर आरोप जैसा लगने लगता है।

लेकिन सच्चाई यह है कि पारंपरिक आत्मबोधों, सामाजिक सांस्कृतिक हितों और आशंकाओं की ऐसे आत्मबोधों से जुड़ी समझ, और इस आधार पर विकसित की गयी सांस्कृतिक आत्मछवियों और रणनीतियों को समझे बिना न तो वैचारिक संकट का विश्लेषण ठीक से किया जा सकता है और न उससे टकराने के उपाय सोचे जा सकते हैं। इस बात को ध्यान में रखते हुए पिछली दो सदियों को देखें तो हिंदी प्रदेश का वैचारिक संकट उतना अनोखा भी नहीं लगेगा। वैचारिक संकट का ऐतिहासिक संदर्भ सिर्फ़ हिंदू धर्म से परिभाषित नहीं होता। इसका एक पहलू हिंदू मुस्लिम अस्मिताओं के बीच संघर्ष और सह-अस्तित्व से जुड़ता है, तो दूसरा भारतीय सामाजिक सत्ता के मूलभूत ढाँचे—पितृसत्तात्मक वर्णाश्रम उर्फ जाति व्यवस्था से। वर्णाश्रम के वैचारिक-सामाजिक ढाँचे की विशिष्टताओं पर ध्यान दिए बगैर भारतीय समाज में वर्ग-संघर्ष की बातें करने का उपक्रम अंततः एक सुविधापूर्ण, पलायनजीवी कल्पनालोक रचने का उपक्रम बनकर रह जाता है।

इस सावधानी के साथ अपने सवाल पर वापस लौटें। हिंदी प्रदेश की वास्तविकता और हिंदी-भाषा/साहित्य के सांस्कृतिक संस्कार के बीच फाँक का सवाल। आधुनिक हिंदी साहित्य में हिंदी प्रदेश की विभिन्न दलित अस्मिताओं की चिन्ताजनक अनुपस्थिति का सवाल। पारंपरिक अस्मिताओं के बीच वर्चस्व के ऐतिहासिक संघर्ष को ध्यान में रखने पर ही उन अनुपस्थितियों को समझा जा सकता है—जिनके कारण हिंदी समाज और उसकी भाषा/साहित्य के बीच फाँक उत्पन्न हुई है। कहा जाता है कि "हिंदी प्रदेश में नवजागरण 1857 से आरंभ होता है"—जो साहित्यिक साक्ष्य इस नवजागरण के लिए प्रस्तुत किए जाते हैं—उनमें 1857 किस तरह आता है ? एक पीड़ादायी लेकिन गौरवपूर्ण स्मृति की तरह ? या एक ऐसी स्मृति की तरह, जिससे पिंड छुड़ाना है या फिर जिसकी जिम्मेवारी "अन्य" पर डालकर खुद को राजभक्त सिद्ध करना है ! चौबीस फरवरी 1872 की 'कवि वचन सुधा' में भारतेंदु हरिश्चंद्र की एक टिप्पणी प्रकाशित हुई। संदर्भ था एक मुसलमान द्वारा लॉर्ड मेयो की हत्या। इस टिप्पणी में भारतेंदु ने 'फ्रेंड ऑफ इंडिया' (कलकत्ते के ऐंग्लो इंडियनों का अखबार) से सहमति प्रकट करते हुए लिखा, "ये दुष्ट प्राण से प्रतिष्ठा और धर्म को विशेष मानते हैं ..." इसलिए हत्यारे को "हराम" खाने को दिया जाए, "सुअर के चर्म के वस्त्र पहनाए जाएँ।" आगे उन्होंने लिखा, "लोगों में राजभक्ति नहीं है (किसी समय हिंदुस्तान में लोग राजा को ईश्वर मानते थे परंतु मुसलमानों के अत्याचार से यह राजभक्ति लोगों से निकल गयी। राजभक्ति क्या, इन दुष्टों के पीछे सबकुछ निकल गया, विद्या ही का वैसा आदर न रहा।"

ऐसी भावनाएँ तत्कालीन शिष्ट साहित्य में सिर्फ़ बिखरी नहीं पड़ी हैं, बल्कि वे एक ओर लेखकों और उनके पाठकों के सरोकारों को प्रतिबिंबित करती है; दूसरी ओर पारंपरिक संबंधों के तनावपूर्ण पहलू को। ये भावनाएँ आगे चलकर हिंदी/उर्दू लेखक, बौद्धिक द्वारा रचे गए लोकमानस (पब्लिक स्फीयर) में सुव्यवस्थित संस्कृति-बोध और इतिहास बोध का रूप लेती हैं। हिंदी में इस बोध का सबसे व्यवस्थित साक्ष्य, शुक्लजी का 'इतिहास' है। इस नवजागरण और इसके आधार पर विकसित लोकमानस, शैक्षणिक सांस्थानिक संस्कृति में अंतर्निहित 'न्यारे न्यारेपन' का ही विडंबनापूर्ण प्रमाण यह है कि मैं (या कोई भी सामान्य लेखक) अपने 'हिंदी प्रदेश' की ही प्रतिभा की उस अभिव्यक्ति पर कतई कोई टिप्पणी नहीं कर सकता; जिसका माध्यम हिंदी नहीं, उर्दू बनी। और इसी वास्तविकता को अनदेखा करने के चलते हम हिंदी/उर्दू के 'लोकमानस' की समस्याओं तथा हिंदी प्रदेश के वैचारिक संकट को आधे अधूरे रूप में ही समझ

सकने के लिए अभिशप्त हैं।

फिर भी, इतना तो स्पष्ट है कि भारतेंदु के उपरोक्त (तथा ऐसे अन्य) कथनों के सांस्कृतिक मर्म को तभी समझा जा सकता है जबकि एक ओर उन्हें तत्कालीन लोकचेतना के उपलब्ध साक्ष्यों से मिलाकर पढ़ा जाए; दूसरी ओर सर सैयद द्वारा 1858 में लिखे गए मेमोरेंडम जैसे दस्तावेजों से। इस मेमोरेंडम की मूल भावना वही है जो भारतेंदु की टिप्पणी की; संदर्भ अलग होने के कारण तेवर निस्संदेह अलग है, लेकिन कोशिश वही है: मुस्लिम कौम की राजभक्ति का रेखांकन करने की, और उस राजभक्ति के कम होने का कारण "अन्य" को बताने की। उन्नीसवीं सदी के दो फाड़, नवजागरण की ये दोनों प्रतिनिधि आवाजें 1857 से प्रेरणा नहीं लेती, बल्कि उससे दूर खिसकने की कोशिश करती हैं; और स्वभावतः इस कोशिश में, लोकगीतों में गूंजनेवाली उन आवाजों से भी दूर खिसक जाती हैं, जो 1857 को इस लहजे में याद कर रही थीं, 'सिगरे सिपइयन कौं पेड़ा जलेबी, आप चबाई गुड़धानी रे/खूब लड़ी मरदानी वो तो झाँसीवाली रानी रे।" बुंदेले हरबोलों की यह आवाज बहुत-बहुत बाद में जाकर एक सांहित्यिक रचना में गूंजती है—सुभद्रा कुमारी चौहान की 'झाँसी की रानी' में।

नवजागरण की इस फाँक की संभावनाएँ स्वयं 1857 में मौजूद थीं। नाना साहब पेशवा को लिखा गया, शाहगंज के राजा मानसिंह का पत्र इन संभावनाओं के अनेक साक्ष्यों में से एक है। मानसिंह की परेशानी यह है कि "जिनका मुँह तक देखना पाप है," उन मुसलमानों के साथ मिलकर उन अंग्रेजों के खिलाफ लड़ने की बात की जा रही है, "जिन्होंने धर्म की पुनर्प्रतिष्ठा की, मंदिरों के पुनर्निर्माण में योगदान किया और जिनके कारण हम अपने त्यौहार फिर से मना सके।" (देखें, मुशीरुल हसन द्वारा संपादित 'इंडियाज़ कॉलोनियल एंकाउंटर' में रजत्‌कान्त राय का लेख)। वर्चस्व के धार्मिक अस्मितापरक संघर्ष की परिणति यह थी तो उसी संघर्ष के जातिपरक पहलू का नतीजा यह था कि जोतिबा फुले 1857 को शूद्रों और उन्हें संरक्षण देनेवाली ब्रिटिश सत्ता के खिलाफ ब्राह्मणशाही की दुरभिसंधि के रूप में देख रहे थे।

इस सब को याद करने का उद्देश्य फतवे देना नहीं, बल्कि सबक लेना है। सचाई यह है कि 1857 के नृशंस दमन के बाद सारे देश की तरह हिंदी प्रदेश के अभिजन ने भी देशप्रेम को राजभक्ति के अनुषंग के रूप में ही परिभाषित किया। औपनिवेशिक सत्ता की आलोचना जरूर थी, लेकिन शासक-सत्ता की न्यायप्रियता और विवेक पर विश्वास के साथ। नवजागरणकालीन बौद्धिक ने "हम" को जिस आत्मबोध का रूपक बनाया, उसकी बुनियादी सीमा यह थी

कि उसमें पारंपरिक आत्मबोध में आंतरिक संघर्षों की या तो उपेक्षा की गयी या उन्हें मनोवांछित ढंग से सरलीकृत कर लिया गया। इस आत्मबोध पर आधारित "बौद्धिक समाज" में एक तरफ तो राजभक्ति का स्वर निरंतर बना रहा; दूसरी ओर देशभक्ति की भावनाएँ, उन भावनाओं पर लगी चोटें, विचार और भाव के ऐसे तंत्र में व्यक्त की गयी, जिसमें अतीत वर्तमान बन जाता था और वर्तमान अतीत। इस विचित्र उलझाव का सबसे जबर्दस्त उदाहरण है: बंकिमचंद्र का 'आनंदमठ'। अंग्रेजों द्वारा उपलब्ध कराए गए अवसर का लाभ उठाकर, पारंपरिक प्रतिद्वंद्वी के बरक्स "अपने" समाज का हर तरह विकास करने की जो भावना इस उपन्यास के ताने-बाने में गुंथी है, वह उन्नीसवीं सदी के नवजागरण के अधिकांश का प्रतिनिधित्व करती है।

भाषा को आधुनिक रूप देनेवाला, साहित्यिक विमर्श को संभव करनेवाला अभिजन अपने समाज से जुड़ना तो चाहता था; लेकिन समस्या समाज की अवधारणा की थी। सामाजिक सांस्कृतिक बहसों और चुनावों का संदर्भ स्वभावतः इस समस्या से जुड़ता था। अभी भी जुड़ता है। महावीरप्रसाद द्विवेदी निस्संदेह प्रणम्य हैं कि उन्होंने 'सरस्वती' जैसी पत्रिका में हीरा डोम की कविता छापी। लेकिन जातीय भाषा, जनभाषा हिंदी में हीरा डोम जैसे कवियों की अच्छी, बुरी, कमजोर मजबूत परंपरा क्योंकर नहीं बन पाई ? हीरा डोम के वंशज अपनी बोली बानी के मानक, साहित्यिक, शिष्ट रूप "हिंदी" के प्रति सर्जनात्मक लगाव क्योंकर नहीं स्थापित कर पाए ? क्या इसका एक कारण वह सांस्कृतिक आत्मबोध नहीं है, जिसने हिंदी प्रदेश की विपुल सर्जनात्मक परंपरा को, एक विशिष्ट साहित्यिक इतिहास के रूप में संवारा ?

शुक्लजी के 'इतिहास' में आधुनिक काल संबंधी प्रकरण की मूलभूत समस्या यह है कि खड़ी बोली का स्वाभाविक रूप से विकसित शिष्ट रूप और उसकी साहित्यिक परंपरा क्या है ? समकालीन गद्य का माध्यम खड़ी बोली है, यह स्पष्ट है। लेकिन शुक्लजी के प्रतिपक्ष का तर्क यह है कि इस बोली के शिष्ट रूप की साहित्यिक परंपरा उर्दू में ही है। इस प्रतिपक्ष का खण्डन करने के लिए शुक्लजी उर्दू से मुक्त शुद्ध हिंदी के गद्य की खोज करते हैं, जिसका "शृंखलाबद्ध, साधु और व्यवस्थित" रूप उन्हें विक्रम संवत् 1798 की रचना 'भाषा योगवासिष्ठ' में मिलता है। जहाँ तक खड़ी बोली की अपनी साहित्यिक अभिव्यक्ति 'उर्दू' का सवाल है, "जिसे उर्दू कहते हैं वह न तो देश की स्वाभाविक भाषा है न उसका साहित्य देश का साहित्य है, जिसमें जनता के भाव और विचार रक्षित हों।" ('इतिहास', पृ. 283) शुक्लजी के अनुसार वास्तविकता यह है कि "खड़ी बोली

का रूप-रंग जब मुसलमानों ने बहुत कुछ बदल दिया और वे उसमें विदेशी भावों का भंडार भरने लगे तब हिंदी के कवियों की दृष्टि में वह मुसलमानों की खास भाषा-सी जाँचने लगी ··· जिस प्रकार उसके उर्दू कहलानेवाले कृत्रिम रूप का व्यवहार मौलवी मुंशी आदि फारसी तालीम पाए हुए कुछ लोग करते थे उसी प्रकार उसके असली स्वाभाविक रूप का व्यवहार—हिंदू साधु, पंडित, महाजन आदि अपने शिष्ट भाषण में करते थे।" (वही, पृ. 282)। ध्यान देने की बात यह है कि, "संवत 1914 (सन् 1857) के बलवे के पीछे की हिंदी गद्य साहित्य की परंपरा अच्छी तरह चली।" इसी के साथ यह भी कि, "ईसाई-मत प्रचारकों ने विशुद्ध हिंदी का व्यवहार किया है।" (वही, पृ. 289)। विशुद्ध यानी "विदेशी भावों का भंडार भरने" वालों के कुप्रभाव से मुक्त ! हिंदी भाषा के साथ 'विशुद्ध' विशेषण आज तक ऐन इसी आशय में इस्तेमाल किया जाता है, यह हम जानते ही हैं। यह विशुद्धता किस तरह के आत्मबोध को सूचित करती है ? स्वाभाविक ही है कि हिंदी के स्वरूप निर्धारण के प्रसंग में शुक्लजी जिन समाज सुधारकों, धर्मप्रचारकों को कृतज्ञतापूर्वक याद करते हैं, उन तीनों—बाबू नवीनचंद्र, पंडित श्रद्धाराम फुल्लौरी और स्वामी दयानंद सरस्वती—का मुख्य प्रभाव क्षेत्र पंजाब है न कि हिंदी प्रदेश। यह स्वाभाविक इसलिए है कि उस समय पंजाब में चल रहे सांस्कृतिक संघर्ष में हिंदी-हिंदू और उर्दू-मुस्लिम के समीकरण काफी स्पष्ट रूप ले चुके थे। शिक्षित हिंदू के आत्मबोध में हिंदी राष्ट्रीयता की प्रतीक बन चली थी और उर्दू उस राष्ट्रीयता को अतीत तथा वर्तमान में मिली चुनौतियों की। ऐसी स्थिति की परिणति उस ऐतिहासिक फाँक में हुई जिसके चलते खड़ी बोली समकालीन शिष्ट संवाद की भाषा है, लेकिन परंपरा से जुड़ाव की नहीं। साहित्य के इतिहास में नजीर को स्थान मिल सकता है, मीर को नहीं।

प्रतिमान है, भारतीयता, और इस भारतीयता का रूपक है: कन्हैयाजी का बालापन! सवाल नजीर के महत्व का नहीं है। सवाल है, उनके महत्व को बखानने के लिए सांस्कृतिक आधार का! इस अपवर्जन (एक्सक्लूजन) का ही एक रूप निर्गुण सर्जनात्मकता के प्रति विरक्ति और तुलसीदास को 'हिंदूजाति' को जीवित रखनेवाले कवि के रूप-रूप में बखानने में व्यक्त होता है। आधुनिक उर्दू भी ऐसे अपवर्जनों को लिए हुए है। लेकिन गनीमत यह है कि उसका अपने मूल भाषागत आधार की साहित्यिक परंपरा से वैसा विच्छेद नहीं हुआ है, जैसा आधुनिक हिंदी का। हिंदी में तो जिस खड़ी बोली को मानक भाषा का आधार बनाया गया उसी के सर्जनात्मक वैभव और परंपरा का या तो पूर्ण तिरस्कार किया गया, या फिर फुटकल खातों में कृपापूर्वक इंदराज !

प्रदेश और भाषा के बीच फाँक ही वैचारिक संकट की असली वजह है। इस वजह का उचित निरूपण उर्दू साहित्य में निहित आत्मबोध के भी बेबाक विश्लेषण की माँग करता है, जिसकी दिशा में कोई कदम उठाने तक की योग्यता फिलहाल मेरे पास नहीं है, लेकिन फिर भी यह अनुमान लगाना गलत न होगा कि उर्दू में व्यक्त आत्मबोध की समस्याएँ भी कुछ वैसी ही हैं, जैसी हिंदी में व्यक्त आत्मबोध की। ऐसी स्थिति में या तो हम इन समस्याओं से टकराएँ या तमाम सारी क्रांतिकारी शब्दावली को समस्या के अपरिहार्य पहलुओं से ही नहीं, स्वयं अपनी समस्याओं से भी कतराने का जबर्दस्त औजार बना दें। एक उदाहरण से बात स्पष्ट होगी। निराला की रचना 'तुलसीदास' के 1938 में प्रकाशित संस्करण की भूमिका में भूमिकाकार "कृष्णदास" लिखते हैं, "भारतीय संस्कृति किस प्रकार अधोगति को प्राप्त हुई, इसका कवि ने यहाँ मर्मस्पर्शी वर्णन किया है। इस भारतीय संस्कृति को एक लहर की तरह मुस्लिम सभ्यता आक्रांत किए हुए थी, इसी विदेशी सभ्यता की लहर के ऊपर वह आलोकमय सत्य का लोक है, जो इस समय हिंदुओं की दृष्टि से ढँका हुआ है। बिना इस बीच के सांस्कृतिक अंधकार को पार किए, सत्य तक पहुँच नहीं हो सकती।"

1992 में जाकर रहस्योद्घाटन हुआ है कि 'कृष्णदास' का वास्तविक नाम डॉ. रामविलास शर्मा है। राजकमल से प्रकाशित संस्करण में उपरोक्त "सांस्कृतिक राष्ट्रवादी" व्याख्या का दायित्व डॉ. शर्मा ने स्वीकार किया है। इस स्वीकृति पर डॉ. रामस्वरूप चतुर्वेदी का वह उल्लास एकदम स्वाभाविक लगता है जो उन्होंने समवाय—3(भोपाल, 18-19 नव. 1995) के लिए लिखे गए निबंध में व्यक्त किया है "अपनी प्रसिद्ध कविता 'सरोज स्मृति' के माध्यम से निराला ने अपनी दिवंगत बेटी सरोज का तर्पण किया था, इस स्वर्गीय कवि के निष्ठावान मित्र रामविलास शर्मा ने जैसे इस भूमिका में अपना नाम उजागर करके, देर से ही सही, निराला की स्मृति का तर्पण किया है, और इस माध्यम से सांस्कृतिक प्रदूषण की समस्या को एक बार फिर से रेखांकित किया हैं।"

हिंदी प्रदेश की रचनात्मकता की परंपरा को हिंदी साहित्य के इतिहास में ढालते हुए उस इतिहास को "हिंदू जाति" के सांस्कृतिक उत्थान-पतन का दस्तावेज देने में बेबाक ईमानदारी फिर भी थी। "हिंदू जाति" का "हिंदी जाति" के रूप में अनुवाद कर देनेवाली "वर्गवादी" इतिहास दृष्टि को क्या कहा जाए? रणनीति या चतुराई? 1992 में ही नाम उजागर करने को क्या कहा जाए इतिहास-बोध या काल बोध ?

आत्मबोध की बुनावट की इन विडंबनाओं को हिंदी प्रदेश के मत्थे मढ़ना

फिजूल है। जरूरत हिंदी प्रदेश की जनता के साथ बौद्धिक संवाद कायम करने की है। दूसरे शब्दों में, जरूरत हिंदी भाषा के सामाजिक आधार और बौद्धिक क्षितिज का विस्तार करने की है। अभी हिंदी सिर्फ़ सर्जनात्मक अभिव्यक्ति और साहित्यिक विमर्श की भाषा बनकर रह गयी है। साहित्यिक विमर्श भी ऐसा, जिसकी आस-पास चल रहे नवजागरण और जनांदोलनों से जुड़ पाने की क्षमता कमतर होती चली जा रही है। हिंदी लेखक के सरोकार सिर्फ़ आपसी संवाद तक सिमटकर रह गए हैं। हिंदी एक खास काम की भाषा बना दी गयी है—कविता, कहानी, उपन्यास लिखने और उन पर बहस करने की। "साहित्य ज्ञानराशि का संचित कोष है" कहनेवालों ने शायद सोचा भी न होगा कि उनके बौद्धिक वंशजों के लिए ज्ञानराशि का अर्थ कविता, कहानी तक सिमटकर रह जाएगा! और उन वंशजों को यह सोचने की ज़रूरत शायद महसूस नहीं होती कि ज्ञान, विज्ञान और जनांदोलन से निरंतर स्वयं को काटती जा रही भाषा गहरे धरातल पर जीवन की समग्रता से कटती जाती है। ऐसी भाषा में सर्जनात्मक अभिव्यक्ति की निरंतरता और वैचारिक उत्तेजना की संभावना भी कब तक बनी रह सकती है ? हमारे साहित्यिक विमर्श में बार-बार गूंजनेवाली गतिरोध या संकट की चर्चा का संबंध हिंदी बौद्धिक की आत्मतुष्ट काहिली से है न कि हिंदी प्रदेश की तथाकथित जड़ता से।

जिन संपादक महोदय को 'एकेडमिक ग्रंथों के रिव्यू छापने' से विरक्ति है, वे वासुदेवशरण अग्रवाल के 'पाणिनिकालीन भारतवर्ष' या 'प्राचीन भारतीय लोकधर्म' के साथ जो सलूक करते, उसकी तो ख़ैर कल्पना ही की जा सकती है, लेकिन साधारणजन वासुदेवशरणजी द्वारा 'पाणिनिकालीन भारतवर्ष' की भूमिका (1955) में लिखे इन वाक्यों से दर्द भरी प्रेरणा प्राप्त कर सकते हैं : "मुझे खेद रहा कि परिस्थिति वशात् अंग्रेजी में ग्रंथ पहले प्रकाशित हुआ। मेरी अभिलाषा थी कि इसे हिंदी में भी योग्य रूप में प्रकाशित कर सकूँ। अब इससे संतोष है कि ग्रंथ की सामग्री हिंदी संस्करण में अंग्रेजी की अपेक्षा कहीं अधिक विशद बन सकी है और चरण, गोत्र, जनपद आदि कई संस्थाओं पर नया प्रकाश डाला जा सका है।"

ध्यान रहे कि "पाणिनिकालीन भारतवर्ष" ऐं-वें टाइप की पी-एच. डी. थीसिस नहीं, बल्कि ऐसा 'एकेडमिक ग्रंथ' है, जिसका नोटिस लिए बिना आज तक पाणिनि का कोई गंभीर अध्ययन संभव नहीं है।

बहरहाल, परंपरा की व्याख्या, साहित्य की समकालीन रचनाशीलता और साहित्यिक विमर्श पर साहित्यिकों के अनचाहे भी समकालीन सामाजिक

उथल-पुथल का प्रभाव कितना गहरा और प्रत्यक्ष हो सकता है, इसके दृष्टांत वे अतिप्रश्न हैं, जो बरसों तक वर्जित रहने के बाद इस वक्त हिंदी साहित्य और भाषा के संदर्भ में उठ रहे हैं। डॉ. धर्मवीर की पुस्तक 'हिंदी की आत्मा' हिंदी भाषा में निहित आत्मबोध और परंपराबोध का विस्तार करने का सशक्त प्रयास करती है, तो ओमप्रकाश वाल्मीकि की कविताएँ उसके सर्जनात्मक संदर्भ का। हिंदी प्रदेश के आत्मचेतन बौद्धिक के लिए यह ऐतिहासिक अवसर है, अपने बौद्धिक समाज को हिंदी प्रदेश के समाज के साथ गहरे संवाद के संबंध में स्थापित करने का। पूर्वजों की उपलब्धियों से प्रेरणा और उनकी सीमाओं से सबक लेते हुए अनसुलझी समस्याओं को सुलझाने की कोशिशें करने का। अपने साहित्यिक-सांस्कृतिक आत्मबोध, परंपराबोध और दायित्वबोध को विस्तृत फलक, बृहत्तर परिप्रेक्ष्य देने का। और इस तरह अपने वैचरिक संकट से मुक्ति पाने का। उस मगध की नागरिकता से बाहर आने का—जिसमें विचारों की कमी है।

—1996

दो

प्रगतिशील आलोचना : बीच बहस में

प्रगतिशील लेखक संघ की स्थापना के कुछ वर्ष बाद ही प्रगतिशील लेखकों में तुमुल विवाद छिड़ गया। इस विवाद का ऐतिहासिक महत्त्व है। इसमें सर्वश्री शिवदान सिंह चौहान, रामविलास शर्मा, अमृतराय, रांगेयराघव, प्रकाशचन्द गुप्त आदि की मुखर हिस्सेदारी रही। श्री शिवदानसिंह चौहान डॉ. रामविलास शर्मा के सबसे तीखे आक्रामणों के लक्ष्य बने। 1951 में, डॉ. शर्मा ने उन पर 'पुराने विसर्जनवादी' होने का आरोप लगाया, "यह विसर्जन साम्राज्यवाद, सामन्तवाद के खिलाफ संघर्ष का ही नहीं, यह उनकी समर्थक विचारधाराओं के ख़िलाफ संघर्ष का भी विसर्जन है। इसका सबसे स्पष्ट और पुराना रूप शिवदानसिंह चौहान में मिलता है ..." (प्रगतिशील साहित्य की समस्याएँ, 1954, पृ. 149-50)

डॉ. शर्मा और श्री चौहान के बीच हुई बहस से इतने बरसों बाद गुजरना एक मयाने में, मेरे लिए क्लेशकारी अनुभव रहा है। इस बहस में उठाये गये कुछ सवाल आज भी प्रासंगिक हैं, लेकिन बहस का बल इन सवालों से गम्भीरतापूर्वक टकराने पर कम ही रहा। किसी सार्थक निष्कर्ष का दिशानिर्देश करने में यह बहस बहुत दूर तक सफल न हो सकी। ऐसा क्योंकर हुआ? यह सवाल गौरतलब है।

इधर एक बार फिर से प्रगतिशील आलोचना में वैचारिक अमूर्त्तन तथा प्रवृत्ति गणना का आग्रह बढ़ा है, शुद्ध वैचारिक आधार पर कृति के विषय में मूल्य-निर्णय देने की अधीरता भी बढ़ी है। सवाल है कि क्या कलावाद से निबटने का सही रास्ता यही है? प्रगतिशील आलोचना अधिक विश्वसनीय और प्रासंगिक हो, इसके लिए आवश्यक है कि हम अपने प्रस्थान बिन्दुओं और उपकरणों की बार-बार पड़ताल करें। कालजयी कृतियों का मूल्यांकत, परम्परा के प्रति दृष्टिकोण, विचार तत्त्व और सौन्दर्य का परस्पर सम्बन्ध, कृति के उत्स और प्रभाव का विश्लेषण, राजनीति और साहित्य का सम्बन्ध—ये कुछ ऐसे सवाल हैं जो प्रगतिशील आलोचना के सामने बार-बार सैद्धान्तिक तथा व्यावहारिक चुनौतियाँ प्रस्तुत करते रहे हैं। करते रहेंगे। इन समस्याओं के सन्दर्भ में श्री चौहान

व डॉ. शर्मा के वाद-विवाद का जायजा लेना जरूरी है। यह जानना केवल ऐतिहासिक ही नहीं, समकालिक दृष्टि से भी आवश्यक है कि 'विसर्जनवाद के विरुद्ध संघर्ष' के मोहक रूप में प्रचारित इस विवाद में उपरोक्त प्रश्नों के प्रति किसका क्या रवैया था।

1984 में डॉ. रामविलास शर्मा ने इस वाद-विवाद से सम्बन्धित अपने लेख 'मार्क्सवाद और प्रगतिशील साहित्य' नामक पुस्तक में पुनः प्रकाशित कराये है। इन लेखों में से वे सारे अंश सावधानीपूर्वक और चुपके से निकाल दिये गये हैं, जो रामविलास जी के तत्कालीन संकीर्णतावाद की सूचना देते है। मिसाल के लिए, 1951 में वे मानते थे कि, "प्रगतिशील लेखकों के नये घोषणा-पत्र में जिसकी जरूरत है—यह स्थापना और भी विश्वास के साथ रखी जा सकती है कि कांग्रेसी आजादी झूठी है और हमें वास्तविक स्वाधीनता प्राप्त करना है।" (प्रगतिशील साहित्य की सम्स्याएँ' 1954, पृ. 139) यही नहीं बल्कि "पुरानी सफलताओं-असफलताओं को आँकने का एक ही तरीका हो सकता है कि हम यह देखें कि हम किस हद तक इस कांग्रेसी आजादी का पर्दाफाश कर सके..." (वही, पृ. 144) 'मार्क्सवाद और प्रगतिशील-साहित्य' में यह लेख 'साहित्य और विसर्जनवाद' शीर्षक से संकलित है। इस नये रूप में, मूल रूप के ज्यादा नहीं, सिर्फ़ चालीस पैराग्राफ हटा दिये गये हैं, और इस 'किंचित् सम्पादन' का परिणाम केवल इतना हुआ है कि लेख उस समझ के प्रमाणों से विशुद्ध हो गया है, जो साहित्य में संयुक्त मार्चे की शर्त यह मानती थी कि लेखक 'झूठी' आजादी का पर्दाफाश करें। सुविधानुसार सम्पादन की इस प्रवृत्ति के उद्देश्यों की चर्चा यथास्थन की जायेगी, फिलहाल हम श्री चौहान व डॉ. शर्मा की बहस को सिलसिलेवार ढंग से देखने का प्रयत्न करें।

डॉ. शर्मा के अनुसार, "विवाद की शुरुआत मार्च 1937 के 'विशाल भारत' में प्रकाशित शिवदान सिंह चौहान के लेख 'प्रगतिशील साहित्य की आवश्यकता' से हुई। किसी मार्क्सवादी लेखक ने इसका समर्थन किया हो, याद नहीं; सामान्य हिन्दी लेखकों और पाठकों में इसके विरुद्ध तीव्र प्रतिक्रिया हुई, यह निश्चित है।" ('मार्क्सवाद और प्रगतिशील साहित्य', भूमिका) यह भी निश्चित है कि तीव्र प्रतिक्रिया करनेवाले इन लेखकों में रामविलासजी नहीं थे। उन्होंने श्री चौहान पर पहला आक्रमण 'साहित्य की परख' (1946) के प्रकाशन के बाद किया। इस आक्रमण में भी प्रयत्न 'कुत्सित समाज-शास्त्रीयता' के आरोप का उत्तर देने और साहित्य की सामयिक भूमिका पर बल देने का है; '37 वाले लेख में व्यक्त उच्छेदवाद की पड़ताल करने का नहीं। हाँ, यह जरूर है कि बाद में इस लेख

के एक वाक्य को डॉ. शर्मा ने इतनी बार और इतने प्रसंगों में दोहराया है कि आम धारणा यही बन गयी कि श्री चौहान ने उस लेख में छायावाद को हिन्दू महासभा के समकक्ष ठहराने के सिवाय कुछ किया ही नहीं है। इसी तरह, एक स्थन पर डॉ. शर्मा ने श्री चौहान पर इन शब्दों में आक्रमण किया, "जो राष्ट्रीयधारा के कवि है, चौहान उनसे और भी परेशान हैं। 'भारत-भारती' के लिए लिखा है, "भारत की प्रगति और सभ्यता के दुश्मन फैसिस्ट नेता डा. मुन्जे और भाई परमानन्द के लिए पुस्तक हिटलर की तरह मुसलमानों को देश से निकाल बाहर करने में शायद बाइबिल बन पाती ...'' ('मार्क्सवाद और प्रगतिशील साहित्य', पृ. 104)

यहाँ प्रसंगबाह्य उद्धरण देने की डॉ. शर्मा की कला पूरे निखार पर है। उपरोक्त वाक्य श्री चौहान ने 'भारत-भारती' की निम्नलिखित पंक्तियों पर टिप्पणी करते हुए लिखा था :

'अन्याय यवनों का हमें निजदोष से सहना पड़ा
है किन्तु नारायण अहा न्यायी तथा सकरुण बड़ा
देते हुए भी कर्मफल, हम पर हुई उसकी दया,
भेजा प्रसिद्ध उदार जिसने ब्रिटिश राज्य यहाँ नया।

x x x

यह सत्य है तो भी ब्रिटिश शासन हमें सम्मान्य है।
वह सुव्यवस्थित है तथा आशाप्रपूर्ण व दान्य है।'

श्री चौहान के दृष्टिकाण में निश्चय ही उच्छेदवाद के तत्त्व हैं, लेकिन उपरोक्त पंक्तियाँ किस 'राष्ट्रीयधारा' की व्यंजना कर रही हैं? 'राष्ट्रीयधारा' व परम्परा के सम्मान का यह अर्थ कैसे हो गया कि विशुद्ध हिन्दूवाद पर आधारित काव्य संवेदना की भी आलोचना न की जाये? और जो आलोचना करे, उसके वाक्य को आप प्रसंगच्युत रूप में उद्ध्दत कर अपने पाठक को दिग्भ्रमित करें!

उच्छेदवाद पर आक्रमण के उत्साह में यह नहीं भुला देना चाहिए कि 'भारत में प्रगतिशील साहित्य की आवश्यकता' ऐसे दौर में लिखा गया था जबकि भारतीय बुद्धिजीवी उन्नीसवीं सदी के पुनरुत्थानवाद से मुक्ति के लिए छटपटा रहे थे। यह आकस्मिक नहीं है कि प्र. ले. सं. के घोषणापत्र के लन्दन मसविदे में हमारे साहित्य की पिछली दो सदियाँ 'लज्जास्पद' कही गयी हैं; भारतीय साहित्य परिषद के नागपुर प्रस्ताव (जिस पर पं. नेहरू और प्रेमचन्द ने हस्ताक्षर किये थे) में परम्परा का उल्लेख तक नहीं है, सारा जोर वर्तमान पर और परिवर्तन

पर है। लखनऊ घोषणापत्र में भक्ति साहित्य को पलायनवादी कहा गया है; कलकत्ता घोषणापत्र में भी क्लासिकल युग के अन्त के बाद "भारतीय साहित्य की प्रवृत्ति जीवन की वास्तविकता से मुँह फेर लेने" की बताई गयी है।

इस घटनाक्रम से पचास बरस की दूरी पर स्थित हम लोगों को यह दृष्टिकोण निश्चय ही अटपटा और अस्वीकार्य लगता है। लेकिन यह अस्वाभाविक नहीं था। औपनिवेशिक दासता से उत्पन्न सांस्कृतिक अस्मिता के क्षरण की द्वन्द्वात्मक प्रक्रिया यही थी कि पुनरुत्थानवादी दृष्टिकोण की तीखी प्रतिक्रिया हो। यदि परम्परा का सवाल कोरा बुद्धिविलास नहीं है तो परम्परा की खोज और इसके मूल्यांकन की यन्त्रणा हर ऐतिहासिक दौर में एक-सी ही हो—यह कैसे सम्भव है? क्या यह स्वााभाविक नहीं है कि कोई समाज ऐतिहासिक स्थितियों के दबाव में परम्परा क़ो पूज्य, त्याज्य और ग्राह्य बनाये? संग्रह-त्याग का विवेक कुछ लोगों को जन्मजात रूप से प्राप्त हो, यह सम्भव है, लेकिन साधारणतया इसका विकास अतिवादों से टकराते हुए ही हो पाता है। परम्परा भंजन की प्रवृत्ति निश्चय ही त्याज्य है, साथ ही परम्परा का ऐसा पूजन भी त्याज्य ही है, जो उसके निषेधात्मक तत्त्वों से टकराने की बजाय उनहें गोंल कर जाना अधिक उचित मानता हो।

मजेदार बात यह है कि श्री चौहान ने स्वयं अपने अतिवाद को संतुलित करने का प्रयास 1939 में किया था। 'छायावादी कविता में असन्तोष की भावना' शीर्षक निबन्ध में उनहोंने लिखा, "साम्राज्यवादी पराधीनता से मुक्ति पाने की आकांक्षा, पुरातन के बन्धनों से भी एक साथ ही मुक्ति पाने की लालसा में परिणत हो गयी और इस चतुर्मुखी संघर्ष में सामाजिक-जीवन का हर अंग जागृति की भावना के साँचे में ढलकर नया संस्कार पाने लगा। हमारे छायावादी कवियों ने इसी संश्लिष्ट वास्तविकता का उत्कृष्ट भावगम्य चित्रण किया।" ('प्रगतिवाद', 1946, पृ. 26) इसी लेख में, आगे उन्होंने भारतीय पूँजीपति वर्ग की 'एक हद तक' क्रान्तिकारिता को रेखांकित करते हुए छायावादी कवि को यह श्रेय दिया कि वह, "एक प्रकार का क्रान्तिकारी था, क्योंकि उसकी वाणी, उसके भावचित्रों में सामन्ती प्राचीन के प्रति गहरा प्रतिवाद था।" (वही, पृ. 33)

चौहानजी के तीक्ष्ण आलोचक इस लेख का जिक्र तक नहीं करते जबकि छायावाद की परवर्ती मार्क्सवादी व्याख्याओं की मूलभूत दृष्टि वही रही, जो इस लेख में विन्यस्त थी। स्वयं डा. शर्मा 1947 में छायावाद की व्याख्या इन शब्दों में कर रहे थे, "राष्ट्रीय आन्दोलन की प्रारम्भिक अवस्था में पूँजीवाद किसी हद तक एक प्रगतिशील शक्ति के रूप में आया और उस आन्दोलन का नेतृत्व करता रहा। अपने सांस्कृतिक रूप में उसने सामन्ती परम्पराओं का विरोध किया और

साहित्यकारों में नये प्रसार और विकास की भावना पैदा की। ··· परन्तु जब तक राष्ट्रीय आन्दोलन में जन-साधारण अपने पूर्ण महत्त्व के साथ प्रतिष्ठित नहीं हुए, तब तक इस आन्दोलन की सीमाएँ छायावादी साहित्य में भी प्रतिबिम्बित हुई। (मार्क्सवाद और प्रगतिशील साहित्य, पृ. 38) इस मूल्यांकन पर चौहान के विश्लेषण की छाप कितनी स्पष्ट है। लेकिन रामविलासजी इसका श्रेय उन्हें कहीं भी नहीं देते! उनके बारे में तो वे 'निराला की साहित्य-साधना' तक में यही जताते रहे हैं कि श्री चौहान की छायावाद विषयक समझ 1937 के आगे बढ़ी ही नहीं। प्रतिपक्ष को ध्वस्त करने के साध्य में हर साधन को उचित माननेवाली इस आत्मतुष्ट नैतिकता का प्रभाव शोधार्थियों, इतिहास लेखकों पर भी पड़ा है। 'प्रगतिवाद और समानान्तर साहित्य' (1978) में रेखा अवस्थी लिखती हैं, "आगे चलकर जब रामविलास शर्मा ने इस दृष्टिकोण का विरोध किया तो शिवदानसिंह चौहान ने अपनी मान्यता में आधारभूत परिवर्तन किया।' (पृ. 302) इसके बाद उन्होंने 'हिन्दी साहित्य के अस्सी वर्ष' (1953) से एक अंश उद्धृत किया है। 1947 में डा. शर्मा 1939 में चौहान द्वारा व्यक्त अधिक संतुलित दृष्टिकाण को दोहरा रहे थे—इस तथ्य की यहाँ एकदम उपेक्षा कर दी गयी है। सचमुच, यदि आप किसी बात को लगातार दोहराते चले जायें तो उस पर तथ्यवत् विश्वास करनेवाले कुछ लोग तो निकल ही आते है।

शिवदानसिंह चौहान के लेख से विवाद ही शुरुआत हुई अवश्य, लेकिन 'भारत में प्रगतिशील साहित्य की आवश्यकता' से नहीं, बल्कि 'साहित्य की परख' से। इस लेख में उन्होंने कुछ ऐसे प्रश्न उठाये थे जिन पर यदि गम्भीरता से विचार होता तो मार्क्सवादी साहित्य चिन्तन की नयी सम्भावनाएँ उजागर होतीं, लेकिन ऐसा हो न सका। इस लेख का उत्तर देते हुए डा. शर्मा की रुचि मान्यताओं को तोड़-मरोड़कर प्रस्तुत करने में ही रही। एक उदाहरण यहाँ पर्याप्त होगा। कालजयी साहित्य के मूल्यांकन के सन्दर्भ में श्री चौहान ने इस लेख में लिखा था, "इस रहस्य का उद्घाटन करना अथवा उन तथ्यों की व्याख्या करना अवश्य सार्थक प्रयत्न हैं, जिनके कारण कालिदास की रचनाएँ आज भी हमें सौन्दर्य-बोध कराने में समर्थ है। ··· इन तथ्यों की व्याख्या का परिणाम निश्चय ही यह होगा की आलोचक आधुनिक चेतना के अनुरूप कालिदास का सर्वांग 'पुनर्विवेचन' करे।" (साहित्यानुशीलन', 1955, पृ. 16) डा. शर्मा इस वाक्य को यों उद्धृत करते हैं, "आलोचक के लिए जरूरी है कि वह 'आधुनिक चेतना के अनुरूप कालिदास की सर्वांग पुनर्सृष्टि करे'!" इसके बाद टिप्पणी है, "इस पुनर्सृष्टि से नये कालिदास जरूर पैदा हो जायेंगे लेकिन वे ऐतिहासिक दृष्टि से सत्य न होंगे।"

('भाषा, साहित्य और संस्कृति', 1954, पृ. 149)

कितना सहल और रोचक ढंग है, प्रतिपक्ष को ध्वस्त करने का। 'पुनर्विवेचन' करनेवाले के मुँह में 'पुनर्सृष्टि' रख दीजिए, स्वभावतः पाठक 'पुनर्सृष्टि' की माँग करनेवाले की मूढ़ता पर हँसेगा, और आपके सहज विवेक की दाद देगा। तोड़-मरोड़ के ऐसे उदाहरण डा. शर्मा के विवादमूलक लेखन में लगभग बिना खोजे मिलते चलते है।

2

श्री चौहान के '37 वाले लेख की अन्तर्निहित मान्यता यह थी कि प्रगतिशील सांस्कृतिक चेतना प्रतिक्रियावादी सामाजिक ढाँचे में सम्भव नहीं है, इसलिए प्रगतिशील साहित्य का ककहरा अब (1936 के बाद) लिखा जाना है। साहित्य के इस इकहरे वर्गवाद की भयावह परिणतियों का अहसास चौहानजी को 'साहित्य की परख' (1946) लिखने तक हो चुका था। यह बहुत ही महत्त्वपूर्ण (और लगातार उपेक्षित) तथ्य है कि 1937 में व्यक्त दृष्टिकोण की अपरिपक्वता से मुक्ति की चेष्टा श्री चौहान द्वारा 1939 में ही लिखित सैद्धान्तिक लेखों तथा व्यावहारिक समीक्षाओं में साफ दीखती है। इसी चेष्टा की परिणति 1946 में हुई। इस लेख में उन्होंने डा. रामविलास शर्मा और श्री अमृतराय की आलोचना पर सापेक्षतामूलक सामाजिक दृष्टि, कुत्सित समाजशास्त्रीयता, रुचि व सामन्ती संस्कारों के पूर्वग्रहों, मानदण्ड के दोहरेपन तथा संकीर्ण राष्ट्रवाद के आरोप लगाये! साहित्य के विकास के वर्गवादी साँचे के अधूरेपन को रेखांकित करते हुए चौहानजी ने साहित्यिक परम्परा की सापेक्ष स्वायत्तता पर बल दिया, साहित्य व कला के जीवन में स्थायी महत्त्व प्राप्त करने का कारण, 'विशेष और सामान्य की द्वन्द्वात्मक अन्विति' को माना। साहित्य सिद्धान्त की सार्थकता का प्रमाण उन्होंने यह मान कि वह न केवल समकालीन था बल्कि, प्राचीन साहित्य का भी सही मूल्यांकन प्रस्तुत कर सके। इस मूल्यांकन की पद्धति का निरूपण (कालिदास का उदाहरण देते हुए) उन्होंने इस प्रकार किया, 'कालिदास के समकालीन समाज और उनके साहित्य पर पड़े प्रभावों के साथ-साथ उनकी कृतियों द्वारा परवर्ती समाज और साहित्य पर पड़े प्रभावों का विश्लेषण भी उतना ही आवश्यक है। तभी हम इन अगणित प्रभावों के सम्बन्ध-सूत्रों को एकत्र कर उनकी श्रृंखला से जोड़कर उनको सम्पूर्ण रूप से अपने लिए बोधगम्य बना सकते हैं, अर्थात् उनकी कृति के पूरे मूल्य प्राप्त कर सकते है।" ('साहित्यानुशीलन', पृ. 16)

इस उद्धरण में परिवेश, कृति और प्रभाव के बीच द्वन्द्वात्मक सम्बन्ध की

चेतना एक बुनियादी सरोकार को सूचित करती है। भले ही, इसकी व्यंजना उतनी सूक्ष्म और परिष्कृत नही है, जितनी मुक्तिबोध के चिन्तन में मिलती है: लेकिन श्री चौहान इन समस्याओं का दबाव महसूस कर रहे थे, यह महत्त्वपूर्ण है। इस लेख में चौहानजी ने प्रगतिवाद के सिद्धान्त को सामने रखकर रचना को उसका दृष्टान्त बना देने की भी आलोचना की। आलोचक के कोण से, 'किसी रचना में व्यक्त अमूर्त्त विचारों को ही उसके साहित्यक मूल्यांकन की कसौटी मान लेने' की पद्धति को श्री चौहान ने स्पष्ट शब्दों में 'विकृत यान्त्रिकता' कहा। इस यान्त्रिकता का कारण उन्होंने 'कला-पक्ष' और 'सामाजिक पक्ष' के सम्बन्ध में प्रगतिवादी समीक्षकों की द्वैत-भावना को माना। 'साहित्य की परख' से स्पष्ट है कि साहित्यिक परम्परा की स्वायत्तता, समकालीन व प्राचीन साहित्य का विश्वसनीय मूल्यांकन, सिद्धान्त और सृजन के बीच उचित सम्बन्ध की तलाश—ये ऐसे प्रस्थान बिन्दु थे जो श्री चौहान को 'सौन्दर्यमूलक सामाजिक दृष्टिकोण का विकास करने और साहित्य के मूल्यांकन की वैज्ञानिक पद्धति निर्धारित करने' के लिए अत्यन्त आवश्यक लग रहे थे। इन प्रस्थान बिन्दुओं की प्रासंगिकता को 1946 में रेखांकित करना सचमुच नैतिक साहस और आलोचनात्मक विवेक का परिचायक था।

यह दुःखद है कि डा. शर्मा ने 'साहित्य और सामयिकता' शीर्षक लेख में चौहानजी की चिन्ताओं को बड़ी सतही 'पोलिमिकल स्पिरिट' में लिया। साहित्य के स्थायित्व के विश्लेषण के आग्रह को डा. शर्मा ने 'सामयिक' से कतराकर 'शाश्वत' की शरण लेने के रूप में देखा। उन्होंने इस सवाल को तत्कालीन राजनीतिक सन्दर्भ से इस तरह जोड़ा जैसे कि ऐसे सवाल उठाने से क्रान्तिकारी आन्दोलन कमजोर पड़ जायेगा, 'कल्पनालोक के सपने देखने के दिन बीत गये हैं। ... आज भी ऐसी बहुत-सी कहानियाँ और कवितायें लिखी जा रही हैं जिन क्रान्तिकारी परिवर्तन की छाप रहती है।" ('भाषा, साहित्य और संस्कृति', पृ. 142) इस लेख में, चौहानजी द्वारा उठाये गये सवालों को या तो टाल दिया गया है, विकृत किया गया है। 'पुनर्विवेचन' को 'पुनर्सृष्टि' बना देने के चमत्कार का उल्लेख ऊपर हो ही चुका है। कुछ नमूने और देखें।

श्री चौहान ने लिखा कि 'कालिदास के साहित्य पर उनके समकालीन समाज के प्रभावों और परवर्ती समाज व साहित्य पर उनकी कृतियों के प्रभावों' दोनों का विश्लेषण लक्ष्य है। डा. शर्मा ने पढ़ा (और उद्धृत किया) कि 'कालिदास का साहित्य क्यों स्थायी है, इसकी व्याख्या करने के लिए उनके युग और समाज की सापेक्ष सीमाओं को निरूपण करना जरूरी नहीं है।' (वही, पृ. 149) आलोचक चौहान का कहना है कि तत्कालीन प्रश्नों पर लिखे गये परचों और सर्जनात्मक

साहित्य के मूल्यांकन का मानदण्ड एक ही नही हो सकता; साहित्यिक मूल्यों और अन्तर्दृष्टि की उपेक्षा नहीं की जा सकती, तो आलोचक शर्मा उन्हें मोलोतोव के हवाले से गोर्की का महत्त्व समझा रहें है। दिमित्रोब के हवाले से साहित्य के रूप में ऐसे हथियार माँग रहे हैं, जो संघर्ष में काम आ सकें।

इस लेख के 1984 वाले संस्करण से हटा दिये एक पैराग्राफ में लेनिन का उद्धरण है—'साहित्य के लिए जरूरी है कि वह सर्वहारा लक्ष्य का अंग बने। मजदूर वर्ग के सचेत अग्रदल ने तमाम सामाजिक ढाँचे में जो गति पैदा कर दी है, साहित्य को उसका अभिन्न अंग बनना चाहिए।' क्या लेनिन की यह बात 1984 में अस्वीकार्य हो गयी है? या कि दिक्कत यह है कि 1946 के विरीत 1984 में 'मजदूर वर्ग के सचेत अग्रदल' एक से अधिक हो गये हैं।

इसी लेख में डा. शर्मा ने श्री चौहान पर साहित्य को सामाजिक संशर्ष से खींचकर व्यक्तिगत अन्तर्द्वन्द्व के भँवर में डाल देने की चेष्टा का भी आरोप लगाया है। चौहान का अपराध यह है कि उन्होंने प्रगतिवाद से अपेक्षा की है कि वह मनोवैज्ञानिक और सामाजिक दृष्टिकोण का समन्वय करे। कैसा समन्वय? चौहान के अपने शब्दों में, "इनका समन्वय इस रूप में असम्भव होगा कि दोनों के सारभाग का एक समुच्चय तैयार कर दिया जाये ... समन्विति किसी दार्शनिक विचार-संयोजक सूत्र में गुँथकर ही सम्भव है। प्रगतिवाद की विशेषता यही है कि उसने साहित्यालोचन को एक व्यापक और वैज्ञानिक जीवन-दर्शन का आधार दिया है।" ('साहित्यानुशीलन', पृ. 19) चौहान यदि 'सामाजिक' और 'मनोवैज्ञानिक' के समन्वय की माँग कर रहे थे तो प्रगतिवाद के वैज्ञानिक जीवन-दर्शन के आधार पर, सौन्दर्यवाद या संघर्षविमुखता के आधार पर नहीं!

डा. शर्मा ने 'साहित्य की परख' के साथ जो सलूक किया, उसकी वजह से इस लेख में उठाये गये बुनियादी सवाल गौण हो गये, और यह विवाद आरोप-प्रत्यारोप में फँसकर रह गया। साहित्य की रचना और उसके प्रभाव की प्रक्रिया के महत्त्वपूर्ण पहलुओं पर गम्भीर विचार इस विवाद में न हो सका। इन सवालों की प्रासंगिकता से आज भी इन्कार नही किया जा सकता: क्या साहित्य और हथियार का सामाजिक प्रकार्य एक-सा है? साहित्य को तोप, तमंचे और तलवार से तुलनीय मानना क्या भ्रामक के साथ-साथ घातक भी नहीं है? क्या साहित्य की सामाजिक भूमिका पार्टी-लाइन का अनुकरण करने तक ही सीमित है ? मानवीय चरित्र, ऐतिहासिक समय और सामाजिक स्थितियों के अन्तस्सम्बन्ध की गहरी प्रड़ताल क्या साहित्य की अपनी और गम्भीर जिम्मेदारी नहीं है? इस जिम्मेदारी का विश्लेषण और इसकी सर्जनात्मक अभिव्यक्तिओं का मूल्यांकन

ही क्या प्रगतिशील आलोचना का धर्म नहीं है?

विडम्बना तो यह है कि 'साहित्य की परख' में उठाये गये सवालों पर स्वयं श्री चौहान व्यवस्थित ढंग से काम नहीं कर सके। उन्होंने परम्परा का सिलसिलेवार मूल्यांकन करने या मार्क्सवाद के आधार पर विश्वसनीय आलोचना का विकास करने का समयसाध्य-प्रयत्न नहीं किया। इन प्रासंगिक प्रश्नों को सामने रखकर व्यावहारिक समीक्षा का भी कोई निरन्तर प्रयत्न वे नहीं कर सके। विश्व-दृष्टि और साहित्य के अपने स्वरूप के जटिल सम्बन्ध की चुनौती से जूझने का प्रयत्न उनकी समीक्षाओं में यत्र-तत्र दीखता अवश्य है; लेकिन इस प्रयत्न की एकान्विति पर आधारित आलोचनात्मक 'विजन' का विकास चौहान के यहाँ नहीं हुआ। दरअसल, सांस्कृतिक-साहित्यिक संदर्भ में मार्क्सवाद का सार्थक विकास करने की जो व्यवस्थित छटपटाहट और विश्लेषण की जो सूक्ष्मता मुक्तिबोध में मिलती है, वह डा. शर्मा और श्री चौहान दोनों में ही नदारद है।

इस सीमा के बावजूद, साहित्य को पार्टी प्रोग्राम से नत्थी किये रखने की लालसा के इस दौर में श्री चौहान का लेख असंदिग्ध रूप से उत्तेजक और महत्त्वपूर्ण था। मार्क्सवाद के अन्तर्राष्ट्रीय सन्दर्भ में, संकीर्णता और कुत्सित समाज शास्त्रीयता से मुक्ति का वातावरण बनानेवाली सोवियत कम्युनिस्ट पार्टी की बीसवी कांग्रेस अभी दस वर्ष दूर थी। इधर, अपने देश में यह वह वक्त था जब अमृतराय पूरे जोश मे पूछ रहे थे, 'विजयी विश्व तिरंगा प्यारा' को श्रेष्ठ साहित्य न कहने की घृष्टता कौन करेगा? वैसे, यह धृष्टता स्वयं प्रेमचन्द कर चुके थे। उन्होंने आलोचना के क्षेत्र में व्याप्त उदासीनता के प्रसंग में लिखा था, "यह इसी उदासीनता का नतीजा है कि 'विजयी विश्व तिरंगा प्यारा' जैसा भावशून्य गीत हमारे राष्ट्रीय जीवन में इतना प्रचार पा रहा है। 'वन्देमातरम्' को यदि 'विजयी विश्व' के मुकाबले में रखकर देखिए तो आपको विदित होगा कि आपकी लापरवाही ने हिन्दी साहित्य को आदर्श से कितना नीचे गिरा दिया है।" ('साहित्य का उद्देश्य', पृ. 93) 'विजयी विश्व' के तमाम सामयिक महत्त्व के बावजूद प्रेमचन्द ने उसे बेधड़क भावशून्य ही नहीं कहा, उसके प्रचार को हिन्दी समालोचना की कमजोरी का प्रमाण भी माना। जाहिर है, प्रेमचन्द की दृष्टि इस भावुकता से ग्रस्त न थी कि सही विचार हल्के भाव-बोध और घटिया कला की भरपाई कर देता है।

3

साहित्य को कोरा सिद्धान्त-प्रचार या मात्र विचार का वाहक मानने के प्रति शंका का भाव 'साहित्य की परख' में एकाएक प्रकट नहीं हो गया था। इस मान्यता

के प्रति श्री चौहान सन् '39 से ही शंकालु थे। 'ग्राम्या' और 'युगवाणी' की समीक्षा करते हुए उन्होंने कविता के उत्स और प्रकार्य को यों परिभाषित किया था, "कविता का मूल स्रोत है अनुभव, सामाजिक अनुभव, उसका मूल कर्म है इस अनुभव की कल्पनात्मक, भावपूर्ण अभिव्यंजना कर मनुष्य के भावजगत् की परिधि को विस्तृत बनाना, मनुष्य के भावजगत् की परिधि को विस्तृत बनाना, मनुष्य के उन्नतिशील श्रम को मधुर बनाने के लिए श्रम के प्रति अनुराग-वृत्ति उत्पन्न करना।" (प्रगतिवाद' 1946 पृ. 82) इसी मूल कर्म के सन्दर्भ में वे 'सचेत, सजग प्रगतिशील दृष्टिकोण' को 'जज़्ब करने' की आवश्यकता पर बल देते हैं। अनुभव, प्रभाव और विचार के अन्तस्सम्बन्ध की यह समझ मूलतः सही समझ है; सन्दर्भ विशेष में इसके व्यवहार एवं परिणति पर निश्चय ही बहस की जा सकती है/की जानी चाहिए।

'क्या साहित्य प्रोपैगैण्डा है?' शीर्षक लेख में श्री चौहान ने प्रगतिवाद के निन्दकों को तो जबाव दिया ही, साथ ही फेरेल की इस राय से सहमति भी व्यक्त की, 'साहित्य प्रोपैगैण्डा नहीं बल्कि सामाजिक प्रभाव का अस्त्र है।' श्री चौहान के अनुसार साहित्य को उसकी अपनी कसौटियों पर परखना ही अधिक श्रेयस्कर है, "यद्यपि आज के संक्रमणकाल में साहित्य के संविधायक पहलू को दृष्टि में रखकर उसका सामाजिक दृष्टिकोण से विवेचन अधिक आवश्यक है।" (प्रगतिवाद', पृ. 21)

यहाँ श्री चौहान के दृष्टिकोण में फाँक स्पष्ट है। 'सामाजिक दृष्टिकोण' और 'विचारतत्त्व' के सन्दर्भ में वास्तविक समस्या साहित्य के अपने सन्दर्भ में इनका विश्लेषण करने की है। सामाजिक एवं विचारपरक विश्लेषण को 'संक्रमणकाल' के लिए ही 'अधिक उपयोगी' मानना निश्चय ही भ्रान्तियों को जन्म देता है। विवाद के उस वातावरण में यही हुआ। डा. शर्मा ने घोषणा की, "प्रगतिशील आलोचना ने व्यंजना की अपेक्षा विचारों को ही अधिक महत्त्वपूर्ण समझा है, और साहित्यकारों को मुख्यतः उन्हीं के अनुसार परखा है।" ('मार्क्सवाद और प्रगतिशील साहित्य' पृ. 100)

श्री चौहान के लेख में साहित्य की 'अपनी' कसौटियाँ सौंदर्यानुभूति, रूपयोजना, आदि मानी गयी हैं। याने दोनों ही आलोचकों के लिए द्वैत विचार और व्यंजना के बीच है। वह भी कुछ ऐसे कि विचार विषयवस्तु का पर्याय हो गया है, और व्यंजना कला का! साहित्य की जटिल, समग्र सत्ता में ऐसे युग्म (वस्तु और शैली, समाजपक्ष और कलापक्ष) अन्ततः उलझन ही पैदा करते हैं। मुख्य बात यह है कि साहित्य का माध्यम शब्द न केवल सर्वाधिक सक्षम प्रतीक है, बल्कि

मनुष्य की अभिव्यक्ति मात्र का भी प्राथमिक माध्यम है। (अभिव्यक्ति ही नहीं, संभवतः अनुभूति का भी) इसीलिए विचार की सत्ता शब्द से स्वायत्त नहीं होती और निरर्थक शब्द महत्त्वपूर्ण नहीं होता। साहित्य रचना के लिए चुने गये भाषिक़ व्यवहार में ही लेखक की विश्वदृष्टि अपरिहार्यतः निहित होती है—जो विचार और अनुभव के बीच सतत सम्बन्ध की फलश्रुति है। इसलिए 'वस्तु' और 'रूप' या 'समाज-पक्ष' और 'कला-पक्ष' या 'विचार' और 'व्यंजना' के युग्मों के आधार पर रचना का विश्लेषण करना तथा इन पर अलग-अलग मूल्य-निर्णय देना अन्ततः एक सरलीकरण ही है जो साहित्य की रचना और उसके प्रभाव की प्रक्रिया की समझ को भ्रष्ट करने में सहायक होता है।

विचार को ही मूल्यांकन का मुख्य आधार बनाने की पद्धति का एक दिलचस्प विरोधाभास यह है कि इसके मानदण्ड का चरित्र कालजयी लेखकों के सन्दर्भ में बदल जाता है। समकालीन लेखन की सफलता-असफलता का निर्धारण राजनीतिक रणनीति के पक्ष-विपक्ष के आधार पर करनेवाले डा. शर्मा के लिए तुलसीदास की महानता का कारण उनकी मानवीय करुणा है। "तुलसीदास के काव्यसौन्दर्य का जन्म वर्णाश्रम के समर्थन से नहीं हुआ ... क्या हिन्दी साहित्य में तुलसी से बड़ा कोई भी करुणा का कवि पैदा हुआ है ? और क्या यह करुणा सामन्तों और पुरोहितों के प्रति उमड़ चली है?" (वही, पृ. 115)

सिद्ध हुआ कि सामन्ती सामाजिक व्यवस्था के मूलगामी या सुसंगत प्रतिवाद की बजाय उसकी मर्यादा रक्षा की वैचारिक नींव पर आधारित साहित्य भी महान् साहित्य हो सकता है, यदि उसमें वह गहरी मानवीय करुणा हो जो स्वयं लेखक के वैचारिक उद्देश्यों पर भारी पड़ जाये। दूसरे शब्दों में, विचार को ही परख का मुख्य आधार बनाना गलत है, तुलसी की रचना में व्यंजित करुणा के आधार पर भी उन्हें महान् कवि माना जा सकता है !

श्री चौहान के 'उच्छेदवाद' के बरक्स डा. शर्मा का परम्परा के प्रति सकारात्मक दृष्टिकोण आमतौर से अधिक स्वीकार्य माना जाता है। दिक्कत यह है कि परम्परा के प्रति डा. शर्मा का रवैया विवेकपूर्ण कम, प्रेमपूर्ण अधिक रहा है। श्री चौहान की आलोचना में परम्परा के वैज्ञानिक मूल्यांकन के सैद्धान्तिक आग्रह के बावजूद परम्परा के प्रति अवज्ञा नहीं, तो असंपृक्ति का भाव अवश्य है। परम्परा के प्रति पूजा भाव और उसकी अवहेलना दोनों ही मार्क्सवादी चिन्तन के विकास के लिए घातक है। डा. शर्मा और श्री चौहान के दृष्टिकोणों में क्रमशः विन्यस्त ये दोनों प्रवृतियाँ गैर-द्वन्द्वात्मक और एकांगी हैं—और इसी कारण परस्पर पूरक ही नहीं हैं; दो गलत चीजें एक सही चीज को जन्म दें, यह आवश्यक

नहीं।

तुलसीदास का मूल्यांकन इस स्थिति का दिलचस्प दृष्टान्त है। विचार को साहित्यिक मूल्यांकन का एकमात्र आधार बनाने का विरोध करनेवाले श्री चौहान तुलसीदास की आलोचना मुख्यतः इसी आधार पर करते हैं! विचारों को ही मुख्य मानने वाले डॉ. शर्मा तुलसीदास की प्रशंसा 'मानवीय करुणा' के कारण करते हैं। वैसे, अपने प्रिय लेखकों को और भी अधिक ग्राह्य बनाने के लिए डा. शर्मा उनकी विचारधारा में प्रगतिशीलता तो क्या 'भौतिकवाद' तक खोज निकालते हैं। उन्होंने कहा है, "देवसेवा न सहाय, देवताओं से सहारा पाने का कोई आसरा नहीं, अगर कहें कि यह भैतिकवाद है तो लोग नाराज होंगे। लेकिन परलोक चिन्ता से विमुख होना, फिर ब्रह्म की आप चाहे जितनी चिन्ता करें, इहलोक से आप जुड़े हुए हैं, वास्तविक जगत से जुड़े हुए है।" (साक्षात्कार', अगस्त-नवम्बर 1984 में इण्टरव्यू, पृ. 96)

इसका क्या मतलब हुआ ? किसी एक दोहे में 'देव सहाय' की आशा खो बैठने से तुलसीदास भौतिकवाद के निकट आ गये! भौतिकवाद बराबर है परलोक विमुखता के और हर तरह का भाववाद बराबर है इहलोक से कट जाने के! इसीलिए तो जहाँ तुलसीदास ने इहलोक की बात की, डा. शर्मा की तबीयत उन्हें 'भौतिकवादी' कहने की हुई; कहा इसलिए नहीं कि 'लोग नाराज होंगे।' कितना सुष्ठु समीकरण-सरलीकरण है !

सरलीकरण और उत्साहातिरेक जब संकीर्ण किस्म के राष्ट्रवाद से मिल जाये जो उसकी परिणति कैसी हो सकती है ? इसकी मिसाल डा. शर्मा की पुस्तकों—'भारतेन्दु हरिश्चन्द्र' और 'प्रेमचन्द'—के प्रथम संस्करणों में मिलती है। श्री चौहान ने 1954 में 'प्रेमचन्द और गोर्कीः तुलनात्मक अध्ययन की समस्या' शीर्षक लेख में डा. शर्मा की तुलना पद्धति पर तीखा प्रहार किया। उनके अपने शब्दों में "भारतेन्दु और शेक्सपियर की तुलना (डा. रामविलास शर्मा—'भारतेन्दु हरिशचन्द्र' में) करके मनगाने ढंग से यह सिद्ध करना कि भारतेन्दु के मुकाबले में शेक्सपीयर तुच्छ और प्रतिक्रियावादी लेखक था। हीन-भावना से प्रेरित (ऐसी) तुलनाएँ साहित्यिक मानदण्डों की अवहेलना तो करती ही हैं, ऐतिहासिक तथ्यों को भी तोड़-मरोड़कर पेश करती हैं, और इस प्रकार अन्ततः प्रतिक्रियावादी होती हैं, यह सहज ही अनुमेय है।" ('साहित्य की समस्याएँ, 1959, पृ. 109) इस तोड़-मरोड़ का कारण श्री चौहान के अनुसार दीर्घकालीन गुलामी से उत्पन्न हीन-भावना और राष्ट्रीय स्वाभिमानजनित प्रतिवाद के भाव तत्त्वों के गुँथाव में निहित है।

श्री चौहान की इस बात में दम है। सांस्कृतिक रूप से आक्रान्त समाज में परम्परा और समकालीनता के प्रति विवेकपूर्ण रुख का विकास बहुत कष्ट के बाद ही हो पाता है। सांस्कृतिक-हीन-भावना सिर्फ प्रभु जाति की सांस्कृतिक श्रेष्ठता की मूढ़ स्वीकृति में ही नहीं, अपने अतीत की श्रेष्ठता की निराधार दम्भोक्तियों में भी व्यक्त होती है। डा. शर्मा की परम्परा विषयक आलोचना को हिन्दी जगत में व्यापक स्वीकृति मिलने का एक कारण यह भी है कि वह हिन्दी भाषी शिक्षित मध्यवर्ग की सांस्कृतिक हीनता-ग्रन्थि का उदात्तीकरण करती है।

इसी लेख में श्री चौहान ने डा. शर्मा द्वारा प्रेमचन्द की तुलना में गोर्की को ही नहीं, तॉल्स्तॉय एवं दॉस्तॉयवस्की को भी हीनतर सिद्ध करने का उल्लेख किया है। कारण? 'अनेक दृष्टियों से ये लेखक अपने युग से पिछड़े थे, जबकि प्रेमचन्द अपने युग के साथ थे।' श्री चौहान ने गोर्की के बारे में डा. शर्मा का यह कथन उद्धृत किया है:

"गोर्की में आवारापन अत्यधिक था और वर्ग-संघर्ष की उसे पूरी-पूरी जानकारी न थी। ... अपने रोमांटिकपन के कारण वह क्रान्ति के पश्चात् भी क्रान्ति के पूर्व के ही पुराने चित्र बनाता रहा। प्रेमचन्द अपने युग के साथ थे और अपने युग की उथल-पुथल को उन्होंने अपनी रचनाओं में चित्रित किया है।" (प्रेमचन्द' पृ. 3 से यहाँ, पृ. 110 पर उद्धृत)

इस कथन के सतहीपन पर यह टिप्पणी करना अनावश्यक है। रोचक बात यह है कि 'भारतेन्दु हरिश्चन्द्र' और 'प्रेमचन्द' के परवर्ती संस्करणों में से ये बेतुकी बातें चुपके से ही हटा दी गयीं। मैं यह वाकई नहीं समझ पाता कि डा. शर्मा को अपने पाठक के सामने इतने अपरिवर्तशील 'सदा सही' रूप में प्रस्तुत होने का ऑब्सेशन' क्यों है? वैचारिक विकास के पूर्वापर क्रम में अन्तर्विरोध होते ही है—उन्हें छिपाने की क्या आवश्यकता है? 1984 में डॉ. शर्मा आत्मतुष्ट भाव से लिख.रहे थे, "इस पहली किताब में मैंने मार्क्सवादी ढंग से प्रेमचन्द का विश्लेषण करने की कोशिश की। मार्क्सवादी विश्लेषण का मैंने यह अर्थ लगाया कि प्रेमचन्द्र ने विभिन्न वर्गों, समाज के विभिन्न स्तरों, समाज के मुख्य शत्रुओं के बारें में जो कुछ लिखा है, उस पर ध्यान केन्द्रित करना चाहिए।" ('मार्क्सवाद और प्रगतिंशील साहित्य' पृ. 322) यह किताब 1939 में लिखी गयी थी। उस समय डा. शर्मा ने मार्क्सवाद का यह अर्थ भी लगाया था कि प्रेमचन्द को 'युग के साथ' होने के आधार पर 'युग से पिछड़े' गोर्की से आगे बढ़ा बताना चाहिए। लेकिन 1939 के मार्क्सवाद का यह अर्थ डा. शर्मा 1984 के पाठक को भला क्यों बतायें ?

इस विवाद के दोनों पक्ष किस तरह अतिवादों को छू रहे थे, इसकी मिसाल श्री चौहान के इसी लेख में मौजूद है। डा. शर्मा के अतिवाद के जवाब में श्री चौहान अति के दूसरे छोर पर चले गये, "प्रेमचन्द के अधिकतर उपन्यास कला की दृष्टि से इतने शिथिल और कमजोर हैं कि वे कभी भी विश्व-साहित्य में गोर्की के समकक्ष 'क्लासिक' का दरजा पर सकेंगे, इसमें सन्देह है।" (वही, पृ. 115)

किसी लेखक द्वारा क्लासिक का दरजा हासिल करना जटिल सांस्कृतिक प्रक्रिया है। इसके कई पहलू हैं—साहित्य का सामाजिक प्रभाव, परम्परा से रचना का रिश्ता, उसकी सराहना के विविध स्तर, विशिष्ट सामाजिक स्थितियों में लेखक की पुनर्व्याख्या आदि। इनकी जटिलता से टकराये बिना फतवा दे देना स्वयं 'रुचि व संस्कार का पूर्वग्रह' सूचित करता है, जिसकी इतनी तीखी और सही आलोचना श्री चौहान ने 'साहित्य की परख' में की थी।

4

इस विवाद का एक ज्वलन्त प्रश्न साहित्य में संयुक्त मोर्चे और प्र. ले. सं. की रीति-नीति का था। मूल रूप से यह प्रश्न पार्टी और साहित्य के सम्बन्ध का प्रश्न है, स्वभावतः साहित्य में संयुक्त मोर्चे की बहस का सम्बन्ध कम्युनिस्ट पार्टी के आन्तरिक संकट से है। प्र. ले. सं. को पार्टी का प्रचार केन्द्र न बनने देने के श्री चौहान के तथाकथित विसर्जनवादी आग्रह को इसी सन्दर्भ में देखना चाहिए। सन् 47 के बाद की राजसत्ता के प्रति कम्युनिस्ट रणनीति क्या हो? यह उस दौर के कम्युनिस्ट आन्दोलन का केन्द्रीय प्रश्न था। पार्टी की दूसरी कांग्रेस ने आजादी को 'झूठी' निरूपित किया। यह समझ स्वयं डा. शर्मा के आधिकारिक शब्दों में इस प्रकार व्यक्त हुई—

"हिन्दुस्तान की राष्ट्रीय परिस्थिति की विशेषता क्या है? हिन्दुस्तान की राष्ट्रीय परिस्थिति की विशेषता यह है कि यहाँ पर से न तो साम्राज्यवादी शोषण खत्म हुआ है, न सामन्ती अवशेष खत्म हुए हैं। 15 अगस्त 1947 के बाद बड़े पूँजीपतियों और साम्राज्य का गठबन्धन जरूर पक्का हो गया है। इस तारीख के पहले साम्राज्यवाद के नजदीकी साथी होते हुए भी बड़े पूँजीपति मोल-भाव करने में लगे हुए थे। अब उनका सौदा पक्का हो गया और वे राष्ट्रविरोधी दुश्मनों के साथी बन गये। ... और यह ऐतिहासिक रूप से अनिवार्य हो गया कि मजदूर वर्ग सच्ची स्वाधीनता और जनतन्त्र की प्राप्ति के लिए तमाम जनता का संयुक्त मोर्चा बनाये और स्वाधीनता आन्दोलन को विजय की मंजिल तक ले जाय।" ('साहित्य में संयुक्त मोर्चे की समस्याएँ'—भाषा, साहित्य और संस्कृति, पृ. 99)

यह लेख 1984 में 'प्रगतिशील साहित्य और संकीर्णतावाद' शीर्षक से पुनः प्रकाशित कराया गया है। अब, इसमें से उपरोक्त पैरा गायब है, यही नहीं ऐसे विघ्नकारी कम-से-कम 40 और भी पैरा गायब हैं। अमृतराय ने साम्राज्यवाद के विरोध में संयुक्त मोर्चे की चर्चा की थी। इस पर डा. शर्मा की बेबाक राय थी, "अगर संयुक्त मोर्चा साम्राज्यवादी प्रभुत्व खत्म करके वास्तविक स्वाधीनता प्राप्त करने में मदद नहीं देता तो उसका साम्राज्यवाद विरोधी नाम नकली ही समझा जायेगा।''' ('प्रगतिशील साहित्य की समस्याएँ'—पृ. 136, जोर मेरा) सर्वथा अपेक्षित रूप से यह वाक्य भी इस लेख के 1984 वाले संस्करण में खोजना निष्फल होगा। लेकिन इतना स्पष्ट है कि 1951 में डा. शर्मा 'वास्तविक' स्वाधीनता की प्राप्ति और साम्राज्यविरोध को पर्यायवाची मानते थे। आज वे साम्राज्यवाद के विरोध में, 'स्वदेशी' आधारित संयुक्त मोर्चे में देशी पूँजीपति को शामिल करने के प्रबल पक्षधर हैं। इस दृष्टि से भी ऊपर उद्धृत धारणा 'संकीर्णतावादी' ही कहलायेगी—इस कष्टकर आत्मस्वीकृति से बचने का बढ़िया तरीका है—ऐसे अंशों का चुपचाप हटा देना।

श्री चौहान नवम्बर 1947 में लेखकों का एक प्रतिनिधि मण्डल लेकर कश्मीर चले गये, और 1951 तक वहीं साम्प्रदायिकता एवं फूटपरस्ती के खिलाफ काम करते रहे। वहीं उन्होंने 'मानव आत्मा के शिल्पियों से' तथा 'साहित्य में संयुक्त मोर्चा?' शीर्षक लेख लिखे। इन लेखों में उन्होंने परम्परा के मूल्यांकन और समकालीन आलोचना के मानदण्डों की फिर से चर्चा करने के अलावा लेखन में विचारधारा के अर्थ व स्थान का सवाल भी उठाया। इसी के साथ उन्होंने संयुक्त मोर्चे के सन्दर्भ में प्र. ले. सं. को पार्टी का प्रचार केन्द्र बनाने का तीक्ष्ण प्रतिवाद किया। उन्होंने लिखा "... मार्क्सवादी लेखक यदि पहले की तरह ही पार्टी के पिछलग्गू बने रहे तो वे एक दूषित चक्र के भीतर ही चक्कर काटते रहेंगे। किंतु वे यदि स्वतंत्ररूप से कार्य करें तो मार्क्सवादी लेखकों के पास अपने साहित्यसेल का स्वयं इतना कार्य होगा या होना चाहिए कि संघ को पार्टी का प्रचार केन्द्र बना देने का अर्थ होगा कि लखकों की क्षमताओं का प्रयोग मार्क्सवादी विचारधारा और जनता के हित में जिस सीमा तक किया जा सकता है या किया जाना चाहिए, उस सीमा तक न करके उसका अपव्यय कराया जाये। कुत्सित समाज-शास्त्रीय दृष्टिकोण के साथियों को यह बात इसलिए नापसन्द होगी कि उस समय साहित्य रचना काम बच्चों का खेल नहीं रह जायेगा, और सस्ती ख्याति के मार्ग बन्द हो जायेंगे और उन्हें भी अपने कार्य को गम्भीरता और जिम्मेदारी के साथ निभाना पड़ेगा। तब साहित्य-रचना एक कठोर जीवन-साधना बन

जोयेगी?" ('साहित्य की समस्याएँ— पृ. 191)

इस वक्तव्य पर गौर करने की जरूरत है। इस समय रामविलासजी साहित्य में पार्टी लाइन को एकान्तनिष्ठा से लागू कर रहे थे। पार्टी लाइन जितनी तेजी से बदल सकती है, साहित्य के सरोकर उतनी तेजी से नहीं बदल सकते। पार्टी का आग्रह तात्कालिक राजनीतिक गतिविधि और उत्तेजना उत्पन्न करने का होता है। संस्कृति में ऐसा आग्रह सनसनी को तो जन्म दे सकता है, लेकिन लोक-चेतना के रूपान्तरण को नहीं। साहित्य और राजनीति की गतिविधियों के स्वभाव में कुछ आन्तरिक अन्तर हैं, जिसकी उपेक्षा घातक होगी। ग्राम्शी के शब्दों में, "राजनीतिज्ञ कला में अपने समय की एक निश्चित सांस्कृतिक दुनिया के निर्माण के लिए दबाव डालते है। यह कलात्मक आलोचना नहीं, बल्कि एक राजनीतिक कार्य है।" 'कलात्मक आलोचना' को अपनी शर्तो पर विकसित होना होगा, 'राजनीतिक कार्य' को इसका विकल्प या पर्याय बना देनां घातक है—गोकि सुविधाजनक भी है। 'पार्टी लाइन' को जस का तस 'फॉलो' करने से इन्कार कर देने का अर्थ विचार या सिद्धान्त से कतराना नहीं होता। पुनः, ग्राम्शी के ही शब्दों में, "कलाकार के सम्मुख एक परिप्रेक्ष्य अवश्य होना चाहिए, किन्तु राजनीतिज्ञ की अपेक्षा उसका परिप्रेक्ष्य कम नपा-तुला और कम निर्दिष्ट होता है और इस तरह वह कम 'कट्टर' होता है। कलाकार अनिवार्यतः एक क्षण में 'जो है उसका' प्रतिफलन यथार्थता के साथ करता है, इसलिए उसकी कृति वैयक्तिक और असहमतिपरक होती है।"

श्री चौहान के ऊपर उद्धृत वक्तव्य में यही 'कम कट्टर' और 'असहमतिपरक' परिप्रेक्ष्य व्यक्त हुआ है। वे साहित्य को पार्टी लाइन का अन्धानुकरणकर्ता बना देने के सुविधावाद के स्थान पर लेखक के अपने कार्य की 'गम्भीरता और जिम्मेदारी' पर बल दे रहे हैं। (स्मरणीय है कि तब तक ग्राम्शी की रचनाएँ हमारे यहाँ सुलभ न थीं।) साहित्य की अपनी जिम्मेदारी का यह अहसास साहित्य के प्रति गहरी आस्था और साहित्य और राजनीति के सम्बन्धों की समझ की मूलतः सही दिशा के ही कारण सम्भव हुआ है।

पार्टी और सर्जनात्मक लेखन का सम्बन्ध मार्क्सवादी साहित्य चिन्ता का ऐसा पक्ष है, जिसमें सर्वाधिक विकृतीकरण हुआ है। इसके कारण ऐतिहासिक रहे हैं। लेकिन कम-से-कम आज मार्क्सवादी आलोचना को इस समस्या का गहरा साक्षात्कार करना चाहिए। क्या सचमुच पार्टी लाइन को लेखन ही 'सफलता' का एकमात्र पैमाना बनाया जा सकता है? साहित्यकार यथार्थ और विचार से पार्टी के कहे मुताबिक ही रिश्ता क्यों बनाये? यदि बनाये तो 1947-48 में 'झूठी'

आजादी का पर्दाफाश करनेवाली 'उत्कृष्ट' रचनाएँ 1984 में किस कोटि में रखी जायेंगी ? लेखक क्यों नहीं मार्क्सवादी विचार को आत्मसात कर अपने सामाजिक अनुभव, स्थिति और कर्म को परिभाषित कर सकता? मार्क्सवाद को जड़ विचारधारा या कट्टरता के रूप में लेना श्रेयस्कर है या व्याख्या और परिवर्तन के दर्शन की प्रक्रिया के रूप में ? ये सवाल इस बहस से गुजरते हुए सामने आते हैं; और 'विसर्जनवादी' कहकर बदनाम किये गये शिवदानसिंह चौहान साहित्य के अपने 'कम कट्टर' परिप्रेक्ष्य के साहसी प्रवक्ता के रूप में उभरते हैं।

ऐतिहासिक दृष्टि से भी, आज स्पष्ट है कि चौहानजी का चिन्तन मूलतः सही दिशा में था। स्वयं डा. रामविलास शर्मा पर तो आत्यन्तिक विचारवाद की ऐसी प्रतिक्रिया हुई कि 1956 के बाद (यह महत्त्वपूर्ण है) उन्होंने साहित्य और ललितकलाओं को विचारप्रणाली के अन्तर्गत गण्य मानने से ही इन्कार कर दिया। कम्युनिस्ट पार्टी की दूसरी कांग्रेस में अपनायी गयी रणनीति की आलोचना भी उन्होंने बार-बार की। (और स्वयं अपने लेखों से उस लाइन के सूचक अंश हटाकर पाक-साफ हो गये।) 'भारत में अंग्रेजी राज और मार्क्सवाद' के दूसरे खण्ड में आप लिखते हैं, "जून 1950 में केन्द्रीय समिति ने पार्टी सदस्यों के नाम एक गश्ती चिट्ठी भेजी थी। उसमे कहा गया था कि 'भारत के बड़े पूँजीपति सामन्ती तत्त्वों और सूदखोर पूँजी से घनिष्ट रूप में सम्बद्ध रहे हैं। साम्राज्यवाद के खिलाफ सक्रिय संघर्ष चलाने की इच्छा या क्षमता इनमें नही थी।' 'यह स्थापना एम. एन राय की थी।" (पृ. 553) फिर रजनी परामदत्त का एक नया कथन उद्धृत किया गया है, "भारतीय स्वाधीनता के ऊपरी दिखावे के बावजूद ब्रिटिश साम्राज्यवाद ने अब भी यह प्रयत्न किया है कि अपना आर्थिक प्रभुत्व कायम किये रहे और साम्राज्यवाद के हित में भारत के आर्थिक विकास को अपने नियन्त्रण में रखे और सीमित करे।" इस कथन पर डा. शर्मा की टिप्पणी है, "1945-47 के क्रान्तिकारी जन-आन्दोलन की भूमिका न पहचानने से इसी तरह का निष्कर्ष निकाला जा सकता था।" और "रणदिवे का सारा विश्लेषण पामदत्त की स्थापनाओं के अनुरूप था।" (पृ. 557)

और डा. शर्मा की साहित्यालोचना किन स्थापनाओं के अनुरूप थी? बेशक 'जनान्दोलन की भूमिका न पहचानने के कारण निकाले गये' उसी निष्कर्ष के अनुरूप, जिस पर रणदिवे का सारा विश्लेषण आधारित था। जिन लेखकों को इस निष्कर्ष की सत्यता में सन्देह थे, उनके बारे में रामविलासजी बड़े आत्मतुष्ट स्वर में कहते थे, "उन्होंने साम्राज्य विरोध का नारा ऊपरी तौर से स्वीकार कर लिया है लेकिन साम्राज्यवादी प्रभुत्व की हकीकत और उसके दाँव-पेंच से वे खुद

अपरिचित हैं।" (भाषा, साहित्य और संस्कृति, पृ. 112)

रणदिवे और रामविलास में अन्तर यह है कि रणदिवे अपनी तत्कालीन लाइन की नैतिक जिम्मेदारी लेने से आज भी नहीं कतराते, जबकि रामविलासजी के लेखों के 'किंचित् संक्षिप्त' रूप में ये अंश खोजे नहीं मिलेंगे। डा. शर्मा ने पुराने लेखों का नया चोला कुछ ऐसे अन्दाज में पेश किया है जैसे कि वे विवाद के तथ्यों की वास्तविक प्रस्तुति कर रहे हों। लेकिन इस प्रस्तुति की अभिप्रेत व्यंजना यह है कि जब सारा पार्टी नेतृत्व और किसी के भी नहीं, एम. एन. राय के संकीर्णतावाद से ग्रस्त था, तब भी रामविलासजी मुक्त थे। जब कम्युनिस्ट पार्टी भारतीय स्वाधीनता को झूठी कहने की संकीर्णतावादी भूलकर रही थी, तब रामविलासजी इस भूल से अछूते रहकर ही विसर्जनवाद के विरुद्ध अकेले नायक का संघर्ष छेड़े हुए थे। सन् 1987 में डॉ. शर्मा इस बहस की यही छाप पाठक तक पहुँचाना चाहते थे। वे हमें कोई अवसर नहीं देना चाहते कि हम सन् '50-51 के डा. शर्मा और सन् '84 के डॉ. शर्मा में अन्तर कर सकें। राय, पामदत्त और रणदिवे गलत थे संकीर्णतावाद के कारण, चौहान गलत थे विसर्जनवाद के कारण, डॉ. शर्मा तब भी सही थे, अब भी सही हैं। मुक्तिबोध पर आक्रमण करते हुए डॉ. शर्मा ने बताया था कि मुक्तिबोध को मार्क्सवाद के विकासमान ज्ञान के स्थान पर 'पूर्ण ज्ञान' की तलाश थी! मुक्तिबोध को तो तलाश ही थी, रामविलासजी को ज्ञान की वह 'पूर्णता' शायद हासिल हो ही गयी है। ऐसा न होता तो वे 1947-53 के लेख हमारे सामने जस के तस रखते--अपनी समझ के विकास की स्वीकृति के साथ। लेकिन वे ऐसा नहीं करते। हमारे इतने बड़े प्रगतिशील चिन्तक की यह नैतिक आत्मतुष्टि और दम्भ सचमुच दुःखदायी है। यह जहनियत चिन्ताजनक है जो तथ्यों की तोड़-मरोड़ में ही नहीं, उन्हें सिरे से गायब कर देने में भी रस लेती है।

खुशी की बात है कि आज वामपंथी लेखकों के संगठन कम-से-कम सिद्धान्त में पार्टी लाइन के अनुकरण पर नहीं, बल्कि यथार्थबोध और व्यापक दृष्टि-साम्य पर आधारित प्रतिबद्धता पर बल देते हैं। यह और बात है कि व्यवहार में बहुत से लागों की समीक्षा संघ की सदस्यता से निर्धारित होती है, लेकिन कम-से-कम आदर्श के रूप में सभी लोग प्रगतिशील जीवन-दृष्टि की चर्चा साहित्य के अपने सरोकारों के सन्दर्भ में करते हैं। अब पार्टी की भटिण्डा या कलकत्ता कांग्रेस साहित्य के मानदण्ड की हैसियत नहीं रखती!

साहित्य की कोरी वर्गवादी व्याख्या, अमूर्त-प्रवृत्ति निरूपण, राजनीतिक अभिश्रेणियों का साहित्य में अन्धाधुन्ध प्रयोग ये कुछ चीज़ें हिन्दी में वयस्क

मार्क्सवादी आलोचना के विकास में बाधक सिद्ध हुई हैं। जिस विवाद का जायजा हमने लिया है उसमें श्री. चौहान की सीमाओं के बावजूद उनका यह अनदान महत्त्वपूर्ण था कि उन्होंने साहित्य के अपने सरोकारों, प्रकार्य और प्रक्रिया पर बल देने के साहस और विवेक का परिचय दिया। उनकी असफलता अपनी इन जायज चिन्ताओं को एक आलोचनात्मक 'विज़न' और समीक्षा-पद्धति के रूप में एकान्वित करने के मोर्चे पर रही। यह असफलता सचमुच त्रासद थी।

श्री चौहान की इस असफलता और डा. शर्मा की तत्कालीन संकीर्णता—पार्टी लाइन को साहित्य का मानदण्ड बनाने की चेष्टा और विरोधियों को 'ध्वस्त' करने की मानसिकता—ने इस विवाद को बहुत सार्थक और उत्तेजक रूप नहीं लेने दिया। इस बहस के कई मुद्दे अभी भी खुले हैं। उन पर गहरे विचार और विवाद की जरूरत बनी हुई है।

—1986

'राष्ट्रकवि' की राष्ट्रीय चेतना

श्री मैथिलीशरण गुप्त के जन्मशताब्दी वर्ष में यह स्वाभाविक ही है कि उनके अवदान का मूल्यांकन और स्मरण किया जाये। उनकी कविता पर ध्यान इसलिए भी जाता है कि इसमें हमारी राष्ट्रीय चेतना का एक स्वरूप बड़े स्पष्ट रूप से व्यक्त हुआ है। निश्चय ही, यह विचारणीय है कि गुप्तजी द्वारा आभ्यन्तरीकृत और अभिव्यक्त राष्ट्रीय चेतना की विशेषताएँ क्या हैं?

यह प्रश्न केवल ऐतिहासिक ही नहीं, समकालिक भी है। हमारे देश के आधुनिक राष्ट्र राज्य बनने की ऐतिहासिक प्रक्रिया का एक चरण राष्ट्रीय स्वाधीनता की प्राप्ति के साथ पूरा हुआ। स्वाधीनता आन्दोलन के दौरान हमारे समाज ने कुछ मूल्य अर्जित किये, कुछ अवधारणाएँ विकसित कीं, स्वप्न देखे, लेकिन आज इस विरासत की लगभग हर धारणा के सामने अभूतपूर्व तीखे सवाल हैं। यह भयानक राष्ट्रीय व्यथा का दौर है। राष्ट्रीय एकता के सामने अभूतपूर्व और अनपेक्षित दरारों की चुनौतियाँ है। समतावादी समाज के निर्णय का संकल्प करते-करते शासक वर्ग ने वस्तुतः उपभोगवादी समाज का निर्माण कर दिया है। भौतिक साधन सम्पन्नता में वृद्धि के बावजूद कंगाली कम होने की जगह विकराल रूप से बढ़ी है। धर्म निरपेक्ष राष्ट्रीय एकता की बात करते-करते हम ऐसी जगह आ पहुँचे है, जहाँ कट्टर साम्प्रदायिकता की स्वीकृति ही नहीं, उसका औचित्य-निरूपण भी धड़ल्ले से किया जा रहा है। हिंसा को तेजी से सामाजिक स्वीकृति मिल रही है। असुरक्षाबोध से ग्रस्त मध्यवर्ग राजसत्ता के दिनोंदिन बढ़ते दमनकारी स्वरूप को शान्ति व्यवस्था के लिए जरूरी मानने लगा है। दूसरी ओर लोगों का अस्मिताबोध विस्तृत होने की बजाय संकीर्ण होता जा रहा है। साम्प्रदायिक, जातिगत, भाषावार बिरादरीवाद समाज के विभिन्न तबकों में फैल रहा है। हमारी राष्ट्रीय एकता के सामने इतनी विकराल और बहुविध चुनौतियाँ आजादी के बाद कभी नहीं आयीं। ऐसा लगता है कि इतिहासचक्र एकाएक उल्टा घूमने लगा है! लेकिन क्या यह स्थिति वास्तव में ही 'एकाएक' उत्पन्न हो गयी है?

व्यथा के इस घटाटोप में यह तथा ऐसे अन्य सवाल बड़ी शिद्दत से पूछे जा रहे हैं। मूल्यों और पारिभाषाओं के धरातल पर हम शायद पहली बार हरेक प्रदत्त संस्था, विचार और स्वंय-सिद्ध का पुनर्मूल्यांकन करने की बाध्यता का अनुभव कर रहे हैं। राष्ट्रीय चेतना, धर्मनिरपेक्षता, राजनीतिक प्रक्रिया, संस्कृति, वर्गीय विचारधारा आदि की अब तक स्वीकृत अवधारणाओं से असन्तुष्टि मुखर होती जा रही है। ऐसी बाध्यता त्रासद होने के वावजूद शुभ है क्योंकि हर शब्द का अर्थ एक बार फिर से जानने की बेचैनी केवल मूल्यान्धता की परिणति नहीं, बल्कि गहरे आत्मान्वेषण की सूचना भी है। राजनीतिक कर्म के धरातल पर देखें तो सर्वाधिक दलित और नितान्त शोषित तबकों में अभूतपूर्व आत्मचेतना विकसित हुई है। सामप्रदायिकता और उपभोगवादी संस्कृति के कई पहलुओं के विरुद्ध वामपन्थी शक्तियों की एकजुटता और पहलकदमी भी बढ़ी है। मुद्दा इस बढ़ती बेचैनी को आगत इतिहास की नींव बना देने का है। क्या हम ऐसी चेतना विकसित कर पायेंगे जो जनता के असन्तोष को सही दिशा दे सके? जो भ्रान्त अस्मिता-बोध एवं तज्जनित संकीर्णता के स्थान पर लोगों में अपनी वास्तविक पहचान का बोध जगा सकें।? इस अर्थ में, हमारा देश इस वक्त केवल राजनीतिक-आर्थिक संकट से ही नहीं बल्कि राष्ट्रीय नवजागरण की व्यथापूर्ण प्रक्रिया से भी गुजर रहा है।

2

गुप्तजी की कविता में व्यक्त राष्ट्रीय चेतना की पड़ताल हमारे समकालीन आत्मान्वेषण के लिए अत्यन्त प्रासंगिक है। लम्बे अरसे तक हिन्दी कविता में सक्रिय रहे गुप्तजी को कविता की सोद्देश्यता के बारे में कोई कुण्ठा या उलझन न थी। उन्होंने सजग होकर राष्ट्रीय और सामाजिक उद्देश्यों के लिए कविता लिखी। ऐसे कवि पर व्यवस्थित विचार करने की जरूरत प्रगतिशील अलोचकों ने क्यों नहीं महसूस की? प्रगतिशील आलोचना-कर्म की मूल प्रतिज्ञा ही है : सांस्कृतिक विरासत के प्रगतिशील तत्त्वों का समकालीन सांस्कृतिक चेतना में समावेश करना। प्रतिक्रियावादी-पतनशील तत्त्वों की पहचान एवं उनके विरुद्ध संघर्ष—इस प्रतिज्ञा का दूसरा पहलू है। क्या गुप्तजी की कविता इन दोनों में से किसी भी पहलू के लिए उत्तेजना नहीं देती ?

इस उपेक्षा का कारण शायद प्रगतिशील आलोचना के रणनैतिक उपयोगितावाद में निहिंत है। प्रगतिशील आलोचना के अपने विवादों में गुप्तजी का उपयोग करना लगभग असम्भव था; समभवतः इसीलिए उन पर कम ध्यान

दिया गया। परम्परा में से सुविधाजनक को ले लेना और असुविधाजनक से कतरा जाना हमारी प्रगतिशील आलोचना की दुःखद सीमा रही है।

ऐसी स्थिति में, यह स्वागतेय है कि गुप्तजी की जन्मशती के अवसर पर प्रगतिशील आलोचना में कुछ सक्रियता दिखायी पड़ी। प्रलेसं ने पीपुल्स पब्लिशिंग हाउस के सहयोग से गुप्तजी पर विचारोत्तेजक बहस का आयोजन किया। इधर 'नया पथ' के दूसरे अंक (अक्तूबर-दिसम्बर' 86) में वरिष्ठ आलोचक श्री चन्द्रबलीसिंह ने गुप्तजी का 'पुनर्मूल्यांकन' किया है। दुर्भाग्यवश, यह पुनर्मूल्यांकन रणनैतिक उपयोगितावाद से भी एक कदम आगे विशुद्ध अवसरवाद का रोचक उदाहरण है। चन्द्रबलीजी की शिकायत है, "प्रगतिशील आन्दोलन ने भी मैथिलीशरण गुप्त के साहित्यिक अवदान के मूल्यांकन की उपेक्षा की। इस उपेक्षा के पीछे कहीं-न-कहीं यह सोच थी कि गुप्तजी की साहित्यिक विरासत वर्तमान सामाजिक-सांस्कृतिक परिप्रेक्ष्य में हमारे रचना-कर्म से जुड़े प्रश्नों और उनके समाधानों के लिए अप्रसांगिक है। बात ऐसी नहीं है। गुप्तजी की साहित्यिक विरासत की उपेक्षा कर हम केवल रीतिवादियों, धार्मिक पुनरुत्थानवादियों आदि जैसे उनके अन्धभक्तों के लिए उस विरासत को हस्तगत करने और उसे गलत ढंग से पेश करने का रास्ता आसान कर देते हैं।" ('नया पथ', 2, पृ. 94)।

उपेक्षा सचमुच दुःखद है, और उपेक्षा न करने का एक ही तरीका है, गुप्तजी को अन्धभक्तों से वापस हस्तगत कर "प्रगतिशील-जनवादी परम्परा की एक ही अजस्त्र प्रवाहित अविकल विशाल धारा" में किसी भी तरह खींच लेना! चन्द्रबलीजी स्वीकार करते हैं कि अपने 'मर्यादावादी दृष्टिकोण' के कारण गुप्तजी रीतिकालीन कवियों सरीखे ऋतु-वर्णन, उक्तिचातुर्य आदि का मोह नहीं छोड़ पाये। यही नहीं, विभिन्न मानवीय सम्बन्धों के प्रस्तुतीकरण का ढाँचा भी गुप्तजी के यहाँ 'मर्यादावादी' ही है, लेकिन फिर भी गुप्तजी की साहित्यिक विरासत न केवल अनुपेक्षणीय है; बल्कि साहित्य की प्रगतिशील-जनवादी परम्परा का अभिन्न अंग भी है, क्योंकि उनका, "सारा दृष्टिकोण सुधार, नई प्रगतिशील सामाजिक और सांस्कृतिक चेतना के प्रचार-प्रसार का है।" (उप., पृ. 97)

परम्परा की एक ही गंगाधारा देखनेवाली द्वन्द्ववादी दृष्टि गुप्तजी के 'सारे' दृष्टिकोण को 'नयी प्रगतिशील चेतना' का वाहक बताने में भला क्यों झिझके? लेकिन क्या सचमुच ऐसा है? गुप्तजी की विरासत न तो उपेक्षणीय है और न ही अप्रासंगिक—बशर्ते प्रासंगिकता को सहमति और स्वीकृति तक सीमित न कर दिया जाये। साहित्यिक संस्कार का निर्माण करनेवाले केवल वे ही तत्त्व प्रासंगिक नहीं होते, जो हमें स्वीकार्य हों। बहसतलब चीजें भी प्रासगिक होती है। गुप्तजी

की राष्ट्रीय चेतना हमारे लिए इसी अर्थ में प्रासंगिक है।

गुप्तजी की काव्य संवेदना और भावबोध का समग्र मूल्यांकन इस आलेख का अभीष्ट नहीं है। कवि की सामाजिक चेतना सिद्धान्त निरूपण मात्र तक सीमित नहीं होती, इसलिए किसी भी सीमिताभिप्राय विश्लेषण को लेकर गलत फहमियों की सम्भावना को नकारा नहीं जा सकता । यह भी सत्य है कि भ्रान्त या प्रतिक्रियावादी विचारधारा के बावजूद कोई श्रेष्ठ कवि हो सकता है, लेकिन यहाँ मेरा इरादा गुप्तजी के काव्यकर्म का मूल्यांकन करना नहीं, बल्कि केवल इतनी पड़ताल करने का है कि उनकी राष्ट्रीय चेतना की विशेषता और उसके संभाव्य विकास की दिशा क्या थी ?

3

मैंने ऊपर राष्ट्रीय आत्मान्वेषण का उल्लेख किया है। यह सवाल आज कई जगह पूछा जा रहा है कि आखिर भारतीय राष्ट्र की हमारी अवधारणा क्या है? क्या एक संगठित धर्म-मत ही राष्ट्रीय आत्मबोध का सांस्कृतिक आधार हो सकता है? इस सन्दर्भ में यह चिन्ताजनक है कि बहुत-से बुद्धिजीवी इन सवालों के उत्तर खोजते-खोजते कट्टरपन्थ और संकीर्ण पुनरुत्थानवाद के सांस्कृतिक व्याख्याकार बनते जा रहे हैं। ऐसी बौद्धिक चेष्टाओं के कुछ तत्त्व सहज ही ध्यान आकृष्ट करते हैं। इनमें धर्म को इतिहास निरपेक्ष, द्वन्द्वहीन सत्ता के रूप में ग्रहण किया जाता है। कुछ बुद्धिजीवी अल्पसंख्यक धार्मिक समुदायों की इहलौकिक समस्याओं के लिए भी उनका धर्माधारित संगठन उचित मानते हैं। दूसरी ओर श्री निर्मल वर्मा जैसे प्रखर विचारक आदिम धार्मिक चेतना, जातीय स्मृति, मिथक आदि मोहक पदों का प्रयोग हिन्दू धर्म की 'स्वयंसिद्ध' उदारता को रेखांकित करते हुए उसकी अन्तर्निहित सर्वोच्चता और सांस्कृतिक अपरिहार्यता सिद्ध करने के लिए करते हैं।

सहज रूप से भारतीय बनने की समस्या वस्तुतः च्युतमूल बौद्धिकों की ही समस्या नहीं है। स्वयं निर्मल वर्मा के प्रसंग में भारतीयता की उत्कण्ठा उस स्थिति से तो बेहतर ही है जब वे यूरोप की केन्द्रीय स्थिति को बीसवीं सदी की अपरिहार्य सांस्कृतिक सचाई मानते थे। श्री निर्मल वर्मा के बीस वर्ष पुराने भारतीयता विषयक चिन्तन में नायपाल और नीरद चौधरी के शब्दों की स्मृतियाँ गूँजती हैं। उस वक्त उन्हें भारतीय लेखकों की आधुनिकता और भारतीयता दोनों ही 'आत्मकेन्द्रित, आत्मतुष्ट, समयहीन, सीमान्तहीन संस्कारों' से उपजी जान पड़ती थीं। उन्हें लगता था, "हम बीसवीं सदी में उसी तरह रहते हैं, जैसे कुछ आधुनिक

शहरों की सीमाओं पर आदिम जातियाँ। एक का समय दूसरे के समय से बिल्कुल अलग है, हालाँकि महज दिन और रात के घेरे में दोनों एक ही समय में जीते हैं।" ('हर बारिश में,' पृ. 34)

इधर निर्मलजी का भारतीयता और हिन्दुत्व के प्रति जो आग्रह व्यक्त हुआ है, उससे लगता है कि प्रायश्चित की मानसिकता एक सीमान्त से अब दूसरे सीमान्त पर जा रही है। भारतीयता के अवधारणात्मक स्पष्टीकरण के लिए अब वे जातीय स्मृति पर ही बल देते हैं, यूरोप के सांस्कृतिक आतंक से मुक्त होने की उत्सुकता इतनी अधिक बढ़ गयी है कि भारतीयता के प्रति साम्राज्यवाद का क्या रुख़ है—इस महत्त्वपूर्ण सवाल पर उन्हें मौन ही श्रेयस्कर लगता है। भारतीय मिथक चेतना का नाभिक उन्हें हिन्दुत्व की अपरीक्षित, स्वयंसिद्ध उदारता में ही दिखायी पड़ता है।

राष्ट्रीय चेतना को इस प्रकार धर्मपरक बनाने के प्रयत्नों पर डॉ. नामवरसिंह ने पिछले दिनों टिप्पणी की है। उनके अनुसार, "स्वाधीन भारत ने जब धर्मनिरपेक्षता को संवैधानिक स्तर पर राष्ट्रीय-लक्ष्य के रूप में स्वीकार किया तो वही चेतन-प्रेरक शक्ति थी जिसकी अभिव्यक्ति हमारे साहित्य में हुई थी। स्वाधीन भारत के साहित्य में धर्मनिरपेक्षता की उस भावना का विकास रुद्ध तो नहीं हुआ किन्तु कुछ आधुनिकतावादी लेखकों के द्वारा अवरोध उपस्थित करने का प्रयास अवश्य हुआ। ... धार्मिक पुररुत्थानवाद एक ओर प्रतिक्रियावादी राजनीतिक संगठनों के रूप में व्यक्त हुआ तो दूसरी ओर साहित्य में इसकी अभिव्यक्ति एक विशेष प्रकार के औपनिवेशिक आधुनिकतावाद में हुई।" (हंस', सितम्बर '86)

इस टिप्पणी से लगता है कि हमारे नवजागरण के दौर में ही सहज और आधुनिक भारतीयता की कोई सर्वसम्मत अवधारणा विकसित हो चली थी। क्या सचमुच ऐसा है? या सचाई यह है कि 'औपनिवेशक आधुनिकतावाद' में अभिव्यक्त 'धार्मिक पुरुत्थानवाद' का एक सूत्र हमारे नवजागरण की ही उस हिन्दुत्व प्रेमी प्रवृत्ति में है, जिसके सर्वाधिक व्यवस्थित प्रवक्ता 'राष्ट्र कवि' मैथिलीशरण गुप्त हैं!

गुप्तजी की राष्ट्रीय चेतना और भावबोध के मूल तत्त्वों का विकास इस शताब्दी के आरम्भिक दशकों में हो चुका था। गुप्तजी की चेतना का कोई भी विश्लेषण राष्ट्रीय जीवन में उथल-पुथल और सांस्कृतिक स्तर पर नयी चुनौतियों व उत्प्रेरणाओं से भरे इस समय की उपेक्षा नहीं कर सकता। निश्चय ही, कविता के अपने क्षेत्र में रीतिवादी रूढ़ियों को तोड़नेवालों में गुप्तजी का नाम अग्रगण्य

है, लेकिन राष्ट्रीय चेतना के आकलन के प्रसंग मे अधिक महत्त्वपूर्ण सवाल यह है कि उनके राष्ट्रीय आत्मबोध की प्रकृति क्या थी? राष्ट्र के अतीत, वर्तमान और भावी पर आप क्या सोचते हैं? यह सोच महत्त्वपूर्ण है, लेकिन इस सोच के निहितार्थ तभी खुलेंगे जबकि यह स्पष्ट हो कि आप स्वयं को किस 'राष्ट्र' में गिनते हैं? बतौर कवि के किस जनसमूह को राष्ट्रीय उद्‌बोधन का लक्ष्य बनाते हैं ?

विगत समय के लेखकों का विश्लेषण करते समय हम उनके स्वघोषित अभिप्रायों और रचनाशीलता के वास्तविक प्रभावों के बीच मौजूद तनाव को अनदेखा नहीं कर सकते। 'प्रगतिशील-जनवादी परम्परा' में गुप्तजी को खींच लेने की हड़बड़ी में जब श्री चन्द्रबलीसिंह कहते हैं कि, "स्वयं 'हिन्दू' में उन्होंने अपनी धार्मिक सद्‌भावना और उदारता का परिचय दिया।" ('उप', पृ. 97) तो मानना पड़ता है कि या तो चन्द्रबलीजी ने उपरोक्त पुस्तक ध्यान से पढ़ी नहीं है, या फिर उनकी आलोचना दृष्टि में अभिप्राय और प्रभाव के द्वन्द्व के लिए कोई गुंजाइश नहीं है। वरना वे जाँचते कि 'सद्‌भावना और उदारता' का परिचय देनेवाले सर्जनात्मक चित्त की बनावट कैसी है? उसके काव्यसंस्कार और भाषिक व्यवहार में अनुस्यूत वैचारिक आग्रह किस कोटि के हैं। बेशक, उस हालत में यह सरलीकरण सम्भव न होता। इस प्रसंग में, एक रोचक उदाहरण पर्याप्त होगाः

हिन्दुत्व के प्रस्थान बिन्दु से आरम्भ करते हुए भी गुप्तजी का घोषित अभिप्राय उदारतापरक ही है। लिखते है :

'हिन्दू मुसलमान क्रिस्तान
परमपिता की सब सन्तान।
सभी बन्धु हैं लघु या ज्येष्ठ
मत से मनुष्यत्व है श्रेष्ठ।
लिखी नहीं माथे पर जाति
गुण - कर्मो से उसकी ज्ञाति।
सब के दो पद हैं दो हस्त
सजातीय हैं मनुष्य समस्त।'

इस उदारता से भला किसे एतराज होगा? दिक्कत यह है कि यह उदारता केवल घोषणा है, कवि का संस्कार नहीं। या यों कहें कि यह राष्ट्रीय चेतना का पारमार्थिक पक्ष है, व्यावहारिक पक्ष कुछ और ही प्रकार का है। क्योंकि इसी प्रसंग के आरम्भ में गुप्तजी अपनी खास शैली में शुद्धि का आन्दोलन जोरदार समर्थन कर आये हैं :

'जगती में जब तक है बुद्धि
नहीं बेतुकी तब तक शुद्धि।
भूले-भटके भाई बन्द
जो आवें, आवें सानन्द।'

स्वभावतः जब चिंता 'हिन्दू' की हो तो धर्मान्तरित लोग भाई-बन्द हैं भी तो भूले-भटके ही! परमार्थिक तल पर सर्वधर्म-समभाव की मानवीय घोषण करनेवाली सद्भावना और उदारता व्यावहारिक तल पर, ठोस सामाजिक परिस्थितियों में हिन्दू राष्ट्र की चिन्ता से व्याकुल होकर शुद्धि को ही बुद्धिमत्ता बताती है। हिन्दी-साहित्य की 'एक ही अविरल अजस्त्र' परम्परा का दम भरनेवाले सुधी आलोचक जरा खोज करें कि शुद्धि व ऐसे ही अन्य ठोस मामलों पर क्या उस समय के सभी लेखकों का रवैया ऐसा ही बुद्धिमत्तापूर्ण था?

संस्कारबद्ध संकीर्णता भाषा में कैसे आती है, और किस प्रकार सद्भावना और उदारता पर भारी पड़ जाती है, इसका बहुत ही शिक्षाप्रद उदाहरण गुप्तजी के हजरत मुहम्मद विषयक उद्गारों में देखा जा सकता है। इस्लाम के उदय की परिस्थितियों पर गुप्तजी की नीचे उद्धृत पंक्तियों की भाषा के तेवर पर ध्यान दें :

'हे रसूल, हे पाक रसूल !
सच था तेरा शंका शूल।
पालें हम सब कुछ आचार
पर हैं आदत के लाचार।
पाकर तो भी तुझ सा छत्र
हुए क्रूर कलही एकत्र !
बाजीगर का है यह काम
उसे रीछ भी करें सलाम।
दिखा गया तू वही जमाल
वहशी बन्दे बने कमाल।
आ, फिर इन्हें दिखा तू राह,
पर तू तो अन्तिम था आह !
तो अब इनके लिए उपाय
बस ईश्वर ही करे 'सहाय !'

ग्यारहवीं पंक्ति से स्पष्ट है कि 'बाजीगर' के जाते ही बन्दे फिर से रीछ और वहशी हो गये हैं, उन्हें राह दिखाने की जरूरत है। अगली पंक्ति में ही हजरत मुहम्मद के अन्तिम पैगम्बर माने जाने की इस्लामी परम्परा पर मार्मिक व्यंग्य है, जिसमें कहीं यह आत्मतुष्टि भी है कि 'हमारे यहाँ' ऐसी मान्यता नही है। यहाँ भगवान बारम्बार अवतार लेते हैं!

'हिन्दू' पुस्तिका 1927-28 में लिखी गयी थी। वातावरण में साम्प्रदायिक उन्माद भरा हुआ था, ऐसे में प्रगतिशील चेतना का प्रचार-प्रसार करनेवाले 'सुधारपरक' दृष्टिकोण से क्या अपेक्षा की जा सकती थी? क्षुब्ध-जनमानस को और भी उत्तेजित करने की या विवेकपरक निदानोपचार की? विडंबना यह है कि अपनी समझ से गुप्तजी हजरत मुहम्मद की ऐतिहासिक भूमिका की प्रशंसा ही कर रहे हैं। बर्बर कबीलों को सामन्ती राजसत्ता में लाना अपने-आप में एक महत् कार्य था। निश्चय ही मैं यह नहीं कहता कि गुप्तजी इस्लाम के उदय की परिस्थितियों को इस शब्दावली में देखें, लेकिन यह सवाल तो उठता ही है कि क्या गुप्तजी किसी हिन्दू 'हीरो' की प्रशंसा के लिए उसे बाजीगर और उसके अनुयायियों को 'रीछ' कह सकते थे? वैसे तो, उनकी चेतना के लिए हिन्दू धर्म का तो चरम-उत्थान से पतन ही हुआ था, ऐतिहासिक प्रगति के नियम तो हिन्दू इतर समाजों पर ही लागू होते थे। लेकिन फिर भी क्या यह उपमा जिस संस्कार से उपजी है, वह अपने वास्तविक निहितार्थ में 'सद्भावना और उदारता' का संस्कार कहा जा सकता है? ऐसी भड़काऊ उपमा के पहले 'पाक रसूल' लिख देने-भर से धार्मिक सद्भावना और उदारता का परिचय कैसे मिल जाता है, यह श्री चन्द्रबलीसिंह ही बेहतर बता सकते हैं!

'हिन्दू' और 'भारत-भारती' उद्बोधनपरक कविताएँ हैं। इनका लक्ष्यीभूत श्रोता हिन्दू समुदाय है, जो गुप्तजी की दृष्टि में केवल समुदाय नहीं, राष्ट्र है, जाति है। उनकी राष्ट्रीय चेतना की यह प्रमुख विशेषता नितान्त अनुपक्षणीय है कि वे स्वयं को धार्गिक ही नही, सामाजिक-राजनीतिक अर्थ में भी हिन्दू (राष्ट्र) का अंग मानते है। धर्म और देश इस चेतना में परस्पर निर्भर है। 'भारत-भारती' में गुप्तजी ने लिखा था—

'हे धर्म और स्वदेश! तुमको बार-बार प्रणाम है!
हा! हम अभागों का हुआ क्या आज यह परिणाम है!
हमको क्षमा करियो, क्षुधा-वश हम तुम्हें हैं खो रहे,
होकर विधर्म्मी हाय! अब हम हैं विदेशी हो रहे।'

इस उद्धरण की अन्तिम पंक्ति से मिलता-जुलता एक नारा फिर से देश में गूँज रहा है—'धर्म परिवर्तन ही राष्ट्र परिवर्तन है !' कहने की आवश्यकता नहीं कि यह नारा कौन लोग लगा रहे हैं!

इन उद्धरणों के आधार पर गुप्तजी को साम्प्रदायिक बताकर भी फुर्सत पायी जा सकती है, लेकिन समस्या इतनी सरल नहीं है। ऊपर मैंने कवि के अभिप्राय और रचना के वास्तविक प्रभाव में विद्यमान द्वन्द्वात्मक तनाव का उल्लेख किया था। इस बात पर जोर देने की जरूरत है कि गुप्तजी का अपना अभिप्राय राष्ट्रीय चेतना को व्यक्त करने का ही है, एकता और सद्भाव की बात वे सच्चे मन से करना चाहते हैं। लेकिन इस मन में बद्धमूल संस्कार—जो भाषा के तेवर में झलकता है—कवि के अभिप्रेत अर्थ को कृति में सहज भाव से नहीं आने देता। अभिप्राय और प्रभाव के बीच यह फाँक स्वभावतः उद्बोधनपरक काव्य में और भी अधिक स्पष्ट हो जाती है।

यह संस्कार हमारी राष्ट्रीय चेतना की बड़ी भारी चुनौती है। आज तक भी हममें से अधिकांश के लिए देश केवल एक राजनीतिक इकाई है, हमारी चेतना में रचा-बसा सांस्कृतिक संस्कार नहीं। हमारा अपना आत्मीय परिवेश जिस भी धर्म के संस्कारों से परिभाषित होता है, उसी धर्म को न केवल सर्वाधिक मानवीय बल्कि समूचे राष्ट्रीय जीवन का मापक मानने की ग्रन्थि हमारे बौद्धिक व्यवहार में इतनी गहरी पैठ गयी है कि हम इसकी मौजूदगी तक से बेखबर रहते हैं। इसी कारण आकाशवाणी के इण्टरव्यू में पारसी समुदाय के संगीकार से बड़े सहज ढंग से पूछा जा सकता है, 'पारसी होकर भी भारतीय शास्त्रीय संगीत में आपकी रुचि कैसे हो गयी' या विश्वविद्यालयों के परीक्षक प्रश्नपत्रों में बेझिझक यह सवाल रख सकते है कि 'उस्मान (या किसी भी मुस्लिम कवि) के काव्य में भारतीयता के तत्त्वों का निरूपण कीजिए!' स्वयं गुप्तजी के प्रसंग में आलोचक-प्रवर डा. नगेन्द्र ने लिखा है, "गुप्तजी का काव्य एक महान् राष्ट्र के इतिहासव्यापी जातीय जीवन का सर्वांगीण चित्रण प्रस्तुत करता है।" (आलोचक की आस्था, दिल्ली 1966, पृ. 91)

उपरोक्त तीनों उदाहरणों में भारतीय राष्ट्रीयता को हिन्दुत्व का पर्याय माननेवाला चिन्ताजनक संस्कार मौजूद है। इस संस्कार में पारसीका शास्त्रीय संगीत में रुचि लेना या मुसलमान का लोकजीवन को काव्य में व्यक्त करना अचरज का विषय है! कुछ लोगों के लिए यह अचरज सुखद होता है, आधुनिक राष्ट्रीय चेतना के दृष्टिकोण से यह सुखदपन ही सर्वाधिक दुःखदायी है। इसमें हमारी राष्ट्रीय चेतना की असहजता कितने विकराल रूप में झाँक रही है।

सीधा-सा समीकरण है—राष्ट्रीय माने हिन्दू ! गुप्तजी के काव्य को 'महान् राष्ट्र के इतिहासव्यापी जातीय जीवन का सर्वांगीण चित्रण' तभी कहा जा सकता है, जबकि यह महान् राष्ट्र 'हिन्दू राष्ट्र' भी हो। सम्भवतः नगेन्द्रजी के लिए ऐसा है भी !

राष्ट्रीयता को धर्मविशेष का वाचक मानने की प्रवृत्ति किसी भी सम्प्रदाय में हो, खतरनाक है। बहुसंख्यक सम्प्रदाय में इसकी व्याप्ति स्पष्टतः और भी अधिक खतरनाक है। हमारे सरीखे वैविध्यपूर्ण समाज में, धर्म से राष्ट्रीयता को परिभाषित करने का यह संस्कार संश्लिष्ट राष्ट्रीय चेतना का आधार बन ही नहीं सकता। इसकी जो परिणति होनी थी, वही हुई है। इसने ऐसी मानसिकता का निर्माण किया है, जिसमें हमारी वास्तविक जीवन दृष्टि धर्मविशेष की स्वयंसिद्ध उच्चता को प्रदत्त मानकर चलती है, अपनी सामाजिक-सांस्कृतिक अस्मिता एवं व्यवहार को वस्तुतः उसी से निर्धारित करती है। स्वभावतः ऐसी जीवनदृष्टि में अन्य धर्मावलम्बी या तो सतत सन्देह या भय के आलम्बन होते हैं या अत्यन्त स्थूल और असहज 'सहिष्णुता' के।

गुप्तजी शब्द के राजनीतिक-व्यावहारिक अर्थ में साम्प्रदायिक नहीं हैं, लेकिन उनकी राष्ट्रीय चेतना का आधार ऐसे ही आत्मतुष्ट व संकीर्ण संस्कार में है। चूँकि यह संस्कार हमारी राष्ट्रीय चेतना की प्रक्रिया का ही एक अंग रहा है, इसलिए बात गुप्तजी को दोषी ठहराने या उन्हें सरलीकृत ढंग से 'राष्ट्रीय धारा के कवि' कहकर निपटा देने तक ही सीमित नहीं हो सकती। अतीत को समझने और वर्तमान को सँवारने की दृष्टि से प्रासंगिक प्रश्न यह है कि इस संस्कार के प्रमुख घटक क्या हैं ?

4

यह निर्विवाद तथ्य है कि उन्नीसवीं सदी के नवजागरण में व्यक्त राष्ट्रीय चेतना की मूल संवेदना धर्मपरक अस्मिता से जुड़ी हुई है। यह अस्वाभाविक नहीं है। औपनिवेशिक समाज के सांस्कृतिक नवजागरण के आधारभूत आत्मबोध का प्रस्थान बिन्दु धर्म ही बनता है। अपनी सांस्कृतिक जड़ों की खोज एवं समस्याओं की पहचान जिस विरासत में से करनी हो, उस पर धार्मिक आत्मचेतना के साथ ही विचार किया जाता है। स्वभावतः हमारे नवजागरण के दौरान भी सांस्कृतिक आत्मबोध की प्रक्रिया में 'हिन्दू और भारतीय का समानार्थीकरण' घटित हुआ। यह समानार्थीकरण एक प्रस्थानबिन्दु के रूप में तो समझने योग्य है, लेकिन क्या राष्ट्रीय चेतना के विकास की प्रक्रिया में धर्म और राष्ट्रीयता के अन्तस्सम्बन्धों

का स्पष्टीकरण चिन्तन और व्यवहार दोनों के धरातल पर नहीं होता?

सांस्कृतिक आत्मबोध की सम्भाव्य दिशा की पड़ताल करने के लिए सबसे महत्त्वपूर्ण सवाल यह है कि परम्परा के प्रति आपका लगाव आलोचनात्मक है या गैर आलोचनात्मक? परम्परा के यथास्थितिवादी-मर्यादावादी तत्त्व आपको अधिक आकृष्ट करते हैं या विद्रोह और प्रतिवाद के संस्कार? परम्परा के प्रति आलोचनात्मक लगाव के सम्भाव्य विकास की दिशा परम्परा के यथावत् स्वीकार से विपरीत होती है।

गुप्तजी का समय उन्नीसवीं सदी के सांस्कृतिक नवजागरण की चिन्ताओं के ऐतिहासिक विकास का समय है। इसीलिए उनकी राष्ट्रीय चेतना के मूल्यांकन का मूलभूत प्रतिमान यही हो सकता है कि उसमें सांस्कृतिक नवजागरण की किन चिन्ताओं का विकास और विस्तार हुआ? 'हिन्दू और भारतीय का समानार्थीकरण' घटा या और ज्यादा बढ़ा?

इस सन्दर्भ में, इतिहासकार डॉ. सुधीरचन्द्र की टिप्पणी ध्यातव्य है। उनके अनुसार, "'भारत-भारती' भारतेन्दु की मात्र एक पंक्ति की पुनरावृत्ति नहीं करती वरन् 19वीं शताब्दी के उत्तरार्द्ध से विरासत में मिली एक मनोवृत्ति को प्रदर्शित करती है।… भारतेन्दु के ही समय में सम्भवतः हिन्दू को भारतीय का पर्याय मानने की प्रवृत्ति उभरकर आयी। भारतवर्ष की उन्नति के उपायों पर दिये गये सम्वत् 1934 के अपने प्रसिद्ध बलिया भाषण में भारतेन्दु ने इस प्रवृत्ति के पक्ष में यह तर्क दिया कि इस सन्दर्भ में हिन्दू का अर्थ होता है हिन्दुस्तान का निवासी न कि किसी धर्मविशेष का अनुयायी। यदि हिन्दू और भारतीय के समानार्थीकरण की समस्या केवल या प्रधानतः व्युत्पति की होती तो इसे भाषाशास्त्रियों के विवादार्थ छोड़ा जा सकता था, चूँकि तब इसका कोई विशेष ऐतिहासिक-सामाजिक महत्त्व न होता। पर समस्या एक शब्द के संगत या असंगत व्यवहार की नहीं बल्कि उस व्यवहार में निहित मानसिकता की है। अतः यह बात ध्यान देने योग्य है कि हिन्दू शब्द के इस अर्थविस्तार की धर्मनिरपेक्ष व्याख्या करके उसका तार्किक औचित्य स्थापित करनेवाले भारतेन्दु स्वयं इस संकुचित जातीय आग्रह से मुक्त न थे जो इस समानार्थीकरण की प्रेरक शक्ति है।" (पूर्वग्रह-73-74, पृ. 18)

निश्चय ही, समस्या केवल भाषाशास्त्रीय व्युत्पत्ति की नहीं है, और ठीक इसी वजह से भारतेन्दु द्वारा हिन्दू शब्द का धर्मनिरपेक्ष अर्थविस्तार ऐतिहासिक-सामाजिक रूप से महत्वपूर्ण है। यह तथ्य भारतेन्दु की मनोवृत्ति की मूल प्रगतिशील दिशा का सूचक है कि अपनी तमाम ऐतिहासिक सीमाओं के साथ वे धर्म और राष्ट्र के समानार्थीकरण की प्रवृत्ति का अतिक्रमण करते हैं। दरअसल डॉ. सुधीरचन्द्र

की दृष्टि इस तथ्य पर नहीं जा रही है कि औपनिवेशिक परिवेश की अपरिहार्य सीमाओं के बावजूद सांस्कृतिक परम्परा के प्रति भारतेन्दु का लगाव आलोचनात्मक विवेक से युक्त था। उनकी मुख्य उत्कण्ठा यही थी कि 'स्वत्व निज भारत गहै।' इस स्वत्व-बोध की सीमाएँ अंग्रेजी राज की सदाशयता के प्रति विश्वास और हिन्दू इतर सम्प्रदायों की ईमानदारी के प्रति अविश्वास में यत्र-तत्र व्यक्त होती हैं, लेकिन यह स्वत्वबोध आधुनिक राष्ट्रीय चेतना की प्रबल सम्भावनाओं से सम्पन्न था।

बलिया भाषण सं. 1934 में दिया गया था, 'हिन्दू' पुस्तिका सं. 1984 में प्रकाशित हुई। बलिया भाषण में हिन्दू शब्द का देशपरक, धर्मनिरपेक्ष अर्थविस्तार करने का प्रयत्न किया गया, और 'हिन्दू' में इसी शब्द को यों परिभाषित किया गया—

'जैन, बौद्ध, सिख, वैष्णव, शैव,
हिन्दू कौन रहा फिर दैव?
न हो न हो हे हिन्दू खिन्न,
सब अभिन्न हैं, मत हों भिन्न।
वैष्णव, शैव, शाक्त, सिख, जैन,
हो कि न हो या कुछ हो ऐन,
पर तुममें है हिन्दू रक्त
हो तुम इस पुण्यभूमि के भक्त।'

भारतेन्दु और गुप्तजी के प्रयत्नों व उनके ऐतिहासिक सन्दर्भो की तुलना से यह बात स्पष्ट हो जायेगी कि गुप्तजी की चेतना भारतेन्दु की मनोवृत्ति के स्वाभाविक विकास की परिणति नहीं है। भारतेन्दु और गुप्तजी के हिन्दूपन में मूलभूत अन्तर है, दोनों की सृजनात्मक संवेदना में भी फर्क है। दोनों ही अपना सांस्कृतिक आत्मबोध हिन्दू परम्परा से ग्रहण करते हैं, लेकिन इस परम्परा के प्रति इन कवियों के लगाव का चरित्र एकदम अलग-अलग है। इसलिए गुप्तजी की चेतना को भारतेन्दु की मनोवृत्ति का स्वााभाविक विकास निरूपित करना पद्धतिगत सरलीकरण को सूचित करता है।

भारतेन्दु की राष्ट्रीय चेतना सहज, अकुण्ठ स्वत्वबोध पर आधारित है। ऐसा स्वत्वबोध जो राष्ट्रीयता के आर्थिक पक्ष की पुष्टि के लिए स्वदेशी का बारम्बार आग्रह करते हुए भी 'हम से बड़ा न कोय' की सांस्कृतिक हीनता-ग्रन्थि से मुक्त होने का अनवरत प्रयत्न करता है। भारतेन्दु जातीय गौरव पर बल देते हैं लेकिन योरोप की उपलब्धियों और विचारों के 'विद्या सूर्य' से आँखें फेरकर अतीत की

गुहाओं में लौट जाने की सिफारिश नहीं करते। वे उत्तरदायी सत्ता और प्रजातन्त्र जैसी पूँजीवादी संस्थाओं के बने बनाये आद्यरूप 'हिन्दू पॉलिटी' में नहीं खोज निकालते। सहज स्वत्वबोध अपनी सामर्थ्य जानता है, इस कारण दूसरों की उपलब्धि को स्वीकारने व उससे सीखने में झिझकता नहीं है। वह अपनी जमीन पर खड़ा रहना चाहता है, लेकिन खिड़कियाँ बन्द करके नहीं!

गुप्तजी की राष्ट्रीय चेतना दूसरी किस्म की है। इसके सांस्कृतिक सूत्र आर्यसमाजी प्रभावों में हैं। आर्यसमाज तात्कालिक अर्थ में उग्र समाज-सुधार का आन्दोलन था, लेकिन इसमें विन्यस्त सांस्कृतिक आत्मबोध गैर आलोचनात्मक परम्परा प्रेम और संकीर्ण आक्रामकता पर आधारित था। वस्तुतः, सांस्कृतिक रूप से आक्रान्त समाज में सच्चा परम्परा विवेक बड़े कष्ट से विकसित होता है। सांस्कृतिक हीनताग्रन्थि प्रभुजाति की सांस्कृतिक श्रेष्ठता की मूढ़ स्वीकृति में ही नहीं, अतीत गौरव की काल्पनिक दम्भोक्तियों में भी व्यक्त होती है। ऐसी दम्भोक्तियों में भी व्यक्ति प्रभुओं की श्रेष्ठता को अवचेतन में पहले ही मान चुका होता है, उसकी उत्कण्ठा इस श्रेष्ठता के प्रमाण अतीत के स्वर्णयुग में भी खोज निकालने की ही रह जाती है। आर्यसमाज सांस्कृतिक हीनताग्रन्थि के ऐसे ही उदात्तीकरण का आन्दोलन था। इसकी तर्क पद्धति कुछ इस प्रकार थी : कौन कहता है, हम किसी भी मायने में अन्य धार्मिक समुदायों से पिछड़े हैं? यदि उनकी खुदाई किताब कुरआन या बाइबिल है तो हमारे वेद अपौरुषेय एवं 'सब सव्यविद्याओं के स्रोत' हैं। अगर उन्होंने आज विमान या रेल या अस्त्र-शस्त्र बनाये हैं तो यह सब हमारे वेदों में पहले से मौजूद है। हम उस समय सभ्यता के चरमशिखर पर थे, आदि आदि। इसके साथ ही, आर्यसमाज संस्कार परम्परा में से प्रतिवाद या उदारता के अधिकांश तत्त्वों का निषेध करता है। यह स्वाभाविक है, क्योंकि हमारे सांस्कृतिक इतिहास की विशेष स्थितियों के कारण प्रतिवाद या विरोध का कोई भी स्वर यदि वेद विरोधी नहीं तो कम-से-कम वैदिक आग्रहों के प्रति उदासीन अवश्य रहा है। यही कारण है कि स्वामी दयानन्द सरस्वती की दृष्टि में कबीर तो 'निरक्षर जुलाहा' था ही, तुलसीदास की 'रामचरितमानस' भी कोई बहुत श्रेष्ठ पुस्तक नहीं है!

यह बहुत ही महत्त्वपूर्ण तथ्य है कि आर्यसमाज के समाज सुधार आन्दोलन का महत्त्व स्वीकारते हुए भी भारतेन्दु ने परम्परा और संस्कृति के प्रति आर्यसमाजी दृष्टि की तीखी आलोचना की। इस आलोचना का प्रस्थानबिन्दु केवल वैष्णव संस्कार न होकर सहजबोध था। भारतेन्दु के वैष्णव संस्कारों में एक ओर परम्परा के प्रति आलोचनात्मक विवेक के तत्त्व थे, दूसरी और संवेदना की

उदारता। अपने सहजबोध से वे भारत की सांस्कृतिक परम्परा में स्प्टतः दो धाराएँ देख सकते थे। 'स्वर्ग में विचार सभा का अधिवेशन' शीर्षक निबन्ध में भारतेन्दु याज्ञवल्क्य, नारायण भट्ट, मण्डन मिश्र आदि को 'कंसरवेटिव पार्टी' कहते हैं, और चैतन्य, दादू, कबीर व नानक को 'लिबरल पार्टी'। भारतीय चिन्तन व हिन्दी साहित्य की 'एक ही अविरल, अजस्र धारा' देखनेवाले मार्क्सवादी आलोचक श्री चन्द्रबलीसिंह को भारतेन्दु की यह पार्टीबन्दी शायद न सुहाए, लेकिन वास्तव में यह पार्टीबन्दी अविरल धारावाद की तुलना में द्वन्द्वात्मक विवेक के अधिक निकट पड़ती है! इसी निबन्ध में भारतेन्दु ने दयानन्द सरस्वती का जो मूल्यांकन किया, वह कितना दूरदर्शितापूर्ण था, इसका अनुमान पिछले एक सौ वर्षों के घटनाक्रम को सामने, रखकर ही किया जा सकता है। भारतेन्दु ने 'सिलेक्ट कमेटी' की रिपोर्ट में कहलाया था, "दयानन्द की दृष्टि हम लोगों की बुद्धि में अपनी प्रसिद्धि पर विशेष रही। रंगरूप भी इन्होंने कई बदले। पहले केवल भागवत का खण्डन किया, फिर सब पुराणों का। फिर कई ग्रन्थ माने, कई छोड़े, अपने काम के प्रकरण माने अपने विरुद्ध को क्षेपक कहा। ⋯ भाष्य में रेल, तार आदि कई अर्थ जबर्दस्ती किये इसी से संस्कृत विद्या को भलीभाँति न जाननेवाले ही प्रायः इनके अनुयायी हुए। जाल को छुरी से न काटकर ⋯ (दूसरे जाल ही से) जिसका काटना चाहा, इसी से दोनों आपस में उलझ गये और ⋯ (उसका) परिणाम गृहविच्छेद उत्पन्न हुआ।" (भारतेन्दु के निबन्ध', बनारस, सं. 2008, पृ. 113)

इस चर्चा का उद्देश्य यह स्पष्ट करना है कि उन्नीसवीं सदी के नवजागरण में हिन्दुत्व के आग्रह के सभी रूपों की अन्तर्वस्तु एक-सी नहीं थी। एक आग्रह परम्परा के प्रति आलोचनात्मक विवेक, आधुनिक चुनौतियों के प्रति सहज उन्मुक्तता और चित्त की उदारता पर आधारित था, तो दूसरा आग्रह वस्तुतः सांस्कृतिक हीनताग्रन्थि के उदात्तीकरण और वैदिक हिन्दुत्व की सर्वोच्चता को पहले मनवाकर फिर 'सहिष्णु' बननेवाली संकीर्णता पर आधाारित था। बीसवीं सदी के सामने समस्या सारतः सांस्कृतिक आत्मबोध के इन आग्रहों में से एक के चुनाव और उसके विकास की थी।

गुप्तजी ने क्या चुनाव किया?

5

मैं नहीं जानता कि गुप्तजी अपनी निजी आस्था के तल पर किस हद तक आर्यसमाज से प्रभावित थे, लेकिन इतना स्पष्ट है कि उनकी राष्ट्रीय चेतना

में विन्यस्त सांस्कृतिक आत्मबोध की प्रक्रिया आर्यसमाजी आग्रह के अधिक निकट पड़ती है। 'भारत-भारती' केवल यह प्रश्न नहीं करती कि 'हम कौन थे ··?' इसका उत्तर भी देती है। यह उत्तर 'अतीत खण्ड' में बिखरा पड़ा है। हम वह सब थे, जो होने की कल्पना मनुष्य सभ्यता के उच्चतम शिखर पर कर सकता है! मुख्य रूप से रमेशचन्द्र दत्त के इतिहास से प्रमाण देते हुए गुप्तजी आधुनिक ज्ञान-विज्ञान की सभी उपलब्धियाँ ही प्राचीन भारत में नहीं खोज निकालते, बल्कि उस समय ही हर सामाजिक-सांस्कृतिक संस्था का भी गौरवगान करते चलते हैं। विडंबना यह है कि इन उपलब्धियों की प्रामाणिकता के लिए निर्णायक हवाला गुप्तजी प्रो. मैक्समूलर का ही देते हैं! असहज आत्मबोध की यह परिणति त्रासद तो है लेकिन स्वाभाविक भी है कि वह अपनी सांस्कृतिक उपलब्धियों का प्रतिमान ही नहीं प्रमाण भी विदेशियों (खासकर यूरोपियनों) को बनाये!

'भारत-भारती' से 'हिन्दू' तक गुप्तजी की चेतना में यह आग्रह और अधिक प्रबल ही हुआ। पारिवारिक पृष्ठभूमि के वैष्णव संस्कारों व गाँधीवादी प्रभावों से मिलकर इसका रूप कुछ ऐसा बना कि गुप्तजी मुहम्मद व ईसा को दयानन्द की तरह सिरे से खारिज तो नहीं करेंगे, लेकिन स्वीकार करेंगे तो यह कहकर की 'ख्रीष्ट हुए भारत में ही उपदिष्ट'! संकीर्णता का यह संस्कार और भी अधिक विकट रूप से गुप्तजी द्वारा अंगीकृत जातीय स्मृति में व्यक्त होता है। 'हिन्दू' में उन्होंने लिखा है—

'कहाँ आज वे शक, वे हूण,
बनते थे जो विजय स्थूण
किन्तु बने हैं अब भी आर्य
और शेष हैं उनके कार्य।

शक और हूण नहीं रहे, लेकिन आर्य जैसे-के-तैसे बने हैं! रक्तशुद्धि का कैसा अदम्य आत्मविश्वास है! ये पंक्तियाँ बर-बस इकबाल के तराना-ए-हिन्दी की याद दिलाती हैं। जातीय स्मृति का एक रूप वहाँ भी है; हस्ती न मिटने पर बहुत गहरा गर्व है। लेकिन सवाल फिर वही है, किसकी हस्ती? इकबाल कहते हैं—'हिन्दी हैं हम वतन है हिन्दोस्ताँ हमारा'। हिन्दी शब्द का जातीयतावाचक प्रयोग करके इक़बाल बड़े नामालूम और सहज ढंग से पाठक की जातीय स्मृति का विस्तार कर देते हैं। यह जातीय स्मृति किसी एक सम्प्रदाय तक सीमित न होकर उन सब मानव समूहों की है, जिनका कारवाँ कभी-न-कभी 'आबे रौदे गंगा' के किनारे

आकर उतरा। गुप्तजी की जातीय स्मृति अतीत में हुए संघर्षों व द्वन्द्वों के दंश को जीवित रखनेवाली है तो इक़बाल की जातीय स्मृति—इस तराने में —इन द्वन्द्वों का समाहार कर भविष्यनिर्माण का आधार बननेवाली। काव्यगत न्यूनताओं के अलावा, बद्धमूल संस्कार की यह संकीर्णता भी इस त्रासद तथ्य का एक कारण है कि 'राष्ट्रकवि' की एक भी कविता ऐसी नहीं है, जिसे कविता और लोकस्वीकृति दोनों ही की दृष्टि से हिन्दी जाति या भारतीय राष्ट्र का राष्ट्रगीत कहा जा सके!

परम्परा के प्रति ऐसा विचित्र पूर्वग्रह गुप्तजी की चेतना में रचा-बसा है कि वे प्रजातन्त्र तक को 'उन्नत दृष्टि' के बावजूद 'कुटिल नीति की जारज सृष्टि' कहने से नहीं चूकते। नहीं, यह पूँजीवादी लोकतन्त्र से क्रांतिकारी मोहभंग की पूर्वावस्था नहीं है, क्योंकि पाश्चात्य प्रजातन्त्र से तुलना अन्ततः 'हमारे यहाँ' के अतीत की ही होती है—

'प्रजातन्त्र औरों के आप
प्रकट राजसत्ता के पाप।
कुटिल नीति की ज़ारज सृष्टि
हैं, यद्यपि हों उन्नत दृष्टि।
यहाँ पूर्व से ही सविवेक
राजा-प्रजा प्रकृति थी एक।'

राजा-प्रजा की प्रकृति एक होने को रेखांकित करने में केवल अतीत का गौरवबोध ही होता तो गनीमत थी, यहाँ तो इसके प्रस्थान से एक संस्था विशेष—प्रजातन्त्र—को ही खारिज किया जा रहा है। गुप्तजी की राष्ट्रीय चेतना के संस्कार को देखते हुए यही स्वाभाविक भी है। वास्तविकता यही है कि गुप्तजी के मर्यादावाद क़ा आधार यथास्थितिवादी संस्कार है। अधिक-से-अधिक हम उन्हें सामाजिक सम्बन्धों, राजनीतिक वास्तविकताओं और मानवीय भावनाओं के यथास्थितिवादी ढाँचे के मर्यादाबद्ध आदर्शीकरण का पक्षधर कह सकते है। इस आदर्शीकरण में अन्तर्निहित सांस्कृतिक दृष्टिकोण भी एक तरह के मोह से ग्रस्त है। राजतन्त्र हो या संयुक्त परिवार, गुप्तजी सामन्ती संस्थाओं व आग्रहों के टूटने व समय से पिछड़ जाने की सचाई को सहज ही स्वीकार नहीं कर पाते। इनके टूटने का त्रास और वैकल्पिक संस्थाओं व मूल्यों का विकास करने की छटपटाहट गुप्तजी की काव्य संवेदना में नही समाती। राष्ट्रीय या सामाजिक सन्दर्भ में उनकी सारी उदार सदाशयता इसलिए निष्प्रभावी हो जाती है कि उनके भावबोध का संस्कार परम्परा के प्रति गैर आलोचनात्मक लगाव और सीमित आत्मबोध से

निर्मित हुआ है। निस्सन्देह मर्यादावाद के चौखटे सदा एक से नहीं, रहते, लेकिन गुप्तजी की राष्ट्रीय व सांस्कृतिक चेतना में इतना 'परिवर्तन और विस्तार' भी नहीं हुआ कि हम उन्हें निस्संकोच 'हमारे साहित्य की प्रगतिशील-जनवादी परम्परा का अंग' कह सकें।

6

अन्त में, इस आलेख की स्वनिर्धारित सीमा का पुनः स्मरण करें। मेरा सरोकार यहाँ गुप्तजी की राष्ट्रीय चेतना का विश्लेषण करना रहा है। उनकी काव्य संवेदना और रचना में बहुत कुछ श्रेष्ठ है, उदात्त है, लेकिन उसका स्वरूप विश्लेषण और मूल्यांकन एक अलग अध्ययन का विषय है, उसकी समस्याएँ भी दूसरी किस्म की हैं। गुप्तजी की व्यक्तिगत सदाशयता पर मुझे कोई सन्देह नहीं है, लेकिन मेरा प्रयत्न हमारी राष्ट्रीय चेतना की विकास प्रक्रिया में ही अन्तर्निहित कुछ संस्कारों व पूर्वग्रहों को मूल्यांकन करने एवं गुप्तजी की काव्य संवेदना में उनकी उपस्थिति से उत्पन्न प्रभावों का रेखांकन करने का रहा है। यह प्रयत्न इसीलिए प्रासंगिक है क्योंकि इस बहाने हम अपने समय की विकट चुनौतियों से जूझने के कुछ आधार पा सकते हैं। आलेख का तेवर कहीं-कहीं अनावश्यक रूप से तीखा हो गया लग सकता है, सो गुप्तजी ही के शब्द दोहराते हुए, "मेरा विश्वास है कि जब तक हमारी बुराइयों की तीव्र आलोचना न होगी तब तक हमारा ध्यान उनको दूर करने की ओर समुचित रीति से आकृष्ट न होगा। फिर भी यदि भूल से, कोई बात अनुचित लिख गयी हो तो उसके लिए मैं नम्रतापूर्वक क्षमा-प्रार्थी हूँ।"

—1986

'किसान चेतना' के काव्य-प्रतिमान

एक लम्बे अरसे बाद मूर्धन्य प्रगतिशील आलोचक डॉ. रामविलास शर्मा ने अपनी साहित्यिक चुप्पी तोड़ी है। 'लोक जागरण और हिन्दी साहित्य' (1985) की भूमिका में आचार्य हजारी प्रसाद द्विवेदी को अपने ढंग से 'ठीक' करने के बाद मुक्तिबोध की ओर उनका ध्यान जाना स्वाभाविक ही था। 'नयी कविता और अस्तित्ववाद' के द्वितीय संस्करण (1887) में एक पूरा अध्याय नया जोड़ा गया था—'कविता में यथार्थवाद और नयी कविता।' कारण यह कि "केदारनाथ अग्रवाल और नागार्जुन को पीछे ठेलकर उनकी जगह मुक्तिबोध को प्रतिष्ठित करने का जो संगठित प्रयास सन् 64 से आरंभ हुआ, उससे हिन्दी कविता की यथार्थवादी धारा को भारी क्षति पहुँची। वह प्रयास अब अशक्त हो चुका है। समकालीन आलोचना में एक बार फिर केदार और नागार्जुन के कृतित्व पर ध्यान केन्द्रित किया जा रहा है। आशा है, इस पुस्तक की पूर्व संकलित सामग्री के साथ 'कविता में यथार्थवाद और नयी कविता' निबंध पढ़ने से आधुनिक कविता की गतिविधि और उसकी सामाजिक पृष्ठभूमि अधिक स्पष्ट होगी।" (नई कविता और अस्तित्ववाद, द्वि. सं. 1987, भूमिका) जैसा कि हम सब जानते हैं, हिन्दी आलोचना में डॉ. शर्मा और उनके भक्तों को छोड़कर किसी भी अन्य मार्क्सवादी आलोचक की गतिविधियाँ षड्यत्रों, दुरभिसंधियों और अवसरवाद से निर्धारित होती है। इस अवसरवाद का पता लगाने का अचूक नुस्खा स्वयं डॉ. शर्मा के शब्दों में पढ़ें, "पिछले पच्चीस-तीस साल की हिन्दी कविता पर विपुल गद्य-साहित्य रचा गया है, पता लगाएँ कि इसमें केदार पर कितने पृष्ठ हैं और उसमें जनवादी क्रांति के प्रति केदार की निष्ठा पर कितने हैं। इससे आप मार्क्सवाद और अवसरवाद का फर्क समझ सकेंगे।" (प्रगतिशील काव्यधारा और केदारनाथ अग्रवाल, 1986, पृ. 40)

जैसा कि हम सब जानते हैं, 'नई कविता और अस्तित्ववाद' का पहला संस्करण 1978 में छपा था, जिसके अधिकांश निबन्ध 1969 में लिखे गये थे,

अन्तिम निबंध 1977 का है। पता लगाने की जरूरत नहीं हम सब जानते हैं कि इस संकलन में केदारनाथ अग्रवाल और जनवादी क्रांति के प्रति उनकी निष्ठा पर एक पूरा पृष्ठ तक नहीं है, निबंध की तो बात ही छोड़ दीजिए। शमशेर विषयक निबंध के एक पैराग्राफ में केदारनाथ अग्रवाल बिना किसी पूर्वापर क्रम के एकाएक उल्लिखित होते हैं, फिर एकाएक ही गायब हो जाते हैं। मानना चाहिए कि पिछले पच्चीस-तीस साल की हिन्दी कविता पर रचे गये विपुल गद्य-साहित्य में से एक अत्यन्त महत्त्वपूर्ण निबंध संकलन में 'क्रांतिकारी यथार्थवादी' कवि केदारनाथ अग्रवाल पर एक पूरा पृष्ठ तक न होना मार्क्सवाद ही है, अवसरवाद नहीं। खासकर तब जबकि ये निबंध केदारनाथ अग्रवाल पर लिखने या न लिखने को मार्क्सवाद या अवसरवाद का निर्णय करने की कसौटी बनाने वाले डॉ. शर्मा ने ही लिखे हों। यह भी निश्चित रूप से मार्क्सवाद ही है, अवसरवाद नहीं कि सन् '69' से '77' के बीच लिखे गये निबंधों में अपने लिए दो पैराग्राफ तक हासिल न कर सकनेवाले केदारनाथ अग्रवाल सन् '87' में निराला के साथ हिंदी में क्रांतिकारी यथार्थवाद के संस्थापक घोषित किये गये है। बहरहाल देर आयद दुरुस्त आयद। दिल्ली के बड़े पूँजीपतियों के तत्त्वावधान में जो मुक्तिबोध अभियान चलाया गया, उसके दुष्प्रभावों को दूर करते हुए केदारनाथ अग्रवाल को पधारने का अवसर आखिर आ ही गया। यह निरा संयोग ही है कि ठीक इसी समय कुछ मूर्धन्य आलोचक मुक्तिबोध को धकिया कर अज्ञेय को पधराने में लगें हैं क्योंकि "मुक्तिबोध उस कक्षा के कवि नहीं हैं, जिसके प्रसाद, निराला औंर अज्ञेय हैं।" (डॉ. देवराज—प्रगतिवादी समीक्षा : कुछ समस्याएँ; 'पूर्वग्रह' 76-77) यह भी निरा संयोग है, अवसरवाद कतई नहीं कि केदारनाथ अग्रवाल और नागार्जुन के साथ प्रगतिशील कवियों की लिस्ट में त्रिलोचन को रखने का अवसर अभी नहीं आया है। आएगा, देर-सबेर आएगा। फिलहाल, जो नहीं हैं, वह बस नहीं है। उसका गम क्या? उसी की चर्चा करे जो है।

रामविलासजी की मुख्य स्थापना कुछ इस प्रकार है : बड़ा कवि या लेखक होने के लिए किसान चेतना आवश्यक है, केदार इसी चेतना के मार्क्सवाद से प्रभावित कवि है। उनकी राजनीति क्रांतिकारी है और कविता यथार्थवादी। दूसरी ओर मुक्तिबोध आत्मग्रस्त हैं, व्यक्तित्व विक्षेप और शिजोफ्रेनिया (मानसिक विकृति) से ग्रस्त हैं। किसान जीवन से तो परिचय का सवाल ही नहीं। मुक्तिबोध की कविता का गुरुतर अपराध यह है कि उसमें पार्टी के रूप में क्रांतिकारियों के संगठन का उल्लेख नहीं है। मुक्तिबोध की कविता ने जनतांत्रिक काव्यचेतना का पथ प्रशस्त नहीं किया। यही नहीं व्यक्तिगत रूप से भी मुक्तिबोध कायर

और कमजोर थे, "कांग्रेसी नेताओं ने जिस समय कम्युनिस्ट विरोधी अभियान चलाया था, उस समय मुक्तिबोध के पाँव उखड़ गए थे, प्रयोगवादियों की ओर वह उसी समय बढ़े थे।" ('प्रगतिशील काव्यधारा और केदारनाथ अग्रवाल', पृ. 85) मुक्तिबोध की लोकप्रियता और स्वीकृति सहज न होकर सेठों द्वारा चलाये गये अभियान की परिणति है, ज़नता के तो सच्चे कवि हैं केदारनाथ अग्रवाल और नागार्जुन। अब चूँकि मुक्तिबोध अभियान अशक्त हो चुका है, इसीलिए केदार-नागार्जुन की सार्थक श्रेष्ठ कविता का समय आ गया है।

डॉ. शर्मा द्वारा बहुत विस्तृत रूप में अभिव्यक्त की गई इस स्थापना तक पहुँचने में जिन आलोचनात्मक उपकरणों का उपयोग हुआ है, उनकी पड़ताल हम अभी करेंगे। यह स्पष्ट कर देना जरूरी है कि फिलहाल मेरा मकसद चर्चित कवियों—मुक्तिबोध, नागार्जुन या केदारनाथ अग्रवाल का मूल्यांकान करना नहीं, बल्कि उनके मूल्यांकन का मूल्यांकन करना है। मेरी मुख्य चिन्ता उस आलोचना दृष्टि की बुनावट का विश्लेषण करने की है, जो डॉ. शर्मा द्वारा किये गये मूल्यांकन में विन्यस्त है। रामविलासजी अत्यन्त सम्मानित और लोकप्रिय आलोचक हैं। बड़े आदमियों की गड़बड़ियाँ भी बड़ी होती है, और इन गड़बड़ियों का असर बड़ी दूर तक मार करता है। इतने बड़े सम्मानित और लोकप्रिय आलोचक का लेखन किस तरह के साहित्य संस्कार और कैसे विश्लेषण को प्रतिष्ठित करता है—मेरी मुख्य चिन्ता यही है। आलोचना में निष्कर्ष तक पहुँचने की पद्धति का महत्त्व निष्कर्ष से कम नहीं होता, शायद कई बार ज्यादा ही होता है, क्योंकि आलोचक के आग्रह, प्रतिमान और उसकी चिन्ताएँ आलोचनात्मक पद्धति में ही विश्वसनीय रूप से अभिव्यक्त होती है। इसीलिए, यह लेख कवियों का नहीं, उनके मूल्यांकन का मूल्यांकन करने का प्रयत्न है। मुक्तिबोध और केदारनाथ अग्रवाल के काव्यकर्म पर जो चर्चा होगी, वह मूल्यांकन के ही प्रसंग में।

2

डॉ. शर्मा की आलोचना पद्धति की मूलभूत विशेषता यह है कि इसमें निष्कर्ष रचना से गुजरते हुए प्राप्त नहीं किये जाते। आखिरकार क्या सिद्ध करना है, यह पहले से तय होता है। निष्कर्ष पहले से ही मौजूद हों तो समस्या 'येन-केन प्रकारेण' उसे प्रतिपादित करने की रह जाती है। इसके लिए डॉ. शर्मा आलोचक-जैसा नहीं, बल्कि वकील-जैसा व्यवहार करते हैं। वकील की नैतिकता का सार अपने मुवक्किल की 'ब्रीफ' को न्यायसंगत सिद्ध करना होता है। इसी तरह डॉ. शर्मा आलोचना कर्म को नियोजित करते हैं। उनके लिए प्रगतिशील

कविता एक खास तरह से ढाँचे में ही संभव है, उस ढाँचे में वे जब जिसे चाहे 'फिट' कर सकते हैं। जो इस ढाँचे में आ गया वह अपना मुवक्किल, जो नहीं आया वह प्रतिपक्ष। उसके बाद वकालतधर्मी आलोचना के जौहर देखिए। अपने फ़रीक को सही और दूसरे को गलत ठहराने के लिए वकील बहस में कैसी भी उखाड़-पछाड़ से परहेज नहीं करता, कई बार तो वकील को प्रतिपक्ष की कमजोरियों का पता लगाने के लिए जासूसी भी करनी पड़ती है। मुकदमा हार कर भी वकील अपनी वकालत में कमी नहीं मानना चाहता। उसके अस्तित्व का तर्क ही कुछ ऐसा है। इसीलिए वकालत की धंधई नैतिकता में यह सब उचित भी माना जाता है। लेकिन क्या आलोचना की नैतिकता भी ऐसी ही होनी चाहिए ?

डॉ. शर्मा की मान्यता है कि मुक्तिबोध की कविता विभाजित और असुरक्षित मन से उपजी रहस्यवादी, अस्तित्ववादी भटकावों से पगी हुई कविता है। यह तो खैर पुरानी बात हुई, इधर उन्होंने मुक्तिबोध के चर्चित हो उठने के कारण खोजे हैं। लिखते हैं— "सन्' 64 में कम्युनिस्ट पाटी विभाजित हुई। संयोग की बात उसी साल एकाएक मुक्तिबोध विशेष रूप से महत्त्वपूर्ण हो उठे। दिल्ली की साहित्यिक दुनिया के मालिक भारत के बड़े पूँजीपति दिल्ली ही नहीं, बम्बई तक के साप्ताहिकों, दैनिकों पर अपना नियन्त्रण कायम किये थे। इन पत्रों की नीति वे ही निर्धारित करते थे। इस समय उनके काव्यप्रेम में बाढ़ आ गयी। ... भारत के पूँजीपतियों को, विशेष रूप से बड़े पूँजीपतियों को, इस समय ऐसे साहित्य की सख्त जरूरत थी, जो सब वादों और पार्टियों से ऊपर हो, वह भले ही प्रगतिवाद से मार्क्सी दर्शन ले, पर इसके साथ यह जरूरी था कि वह प्रयोगवाद के अधिकांश हथियार सँभाले और उसकी स्वतंत्रता महसूस करे। ऐसे साहित्य की जरूरत उन्हें मुक्तिबोध से पूरी होती दिखाई दी। इस समय अन्तर्राष्ट्रीय मंच से ख्रुश्चेव विदा हो रहे थे, ब्रेझनेव युग आरंभ हो रहा था। अमेरिकी पूँजीवाद केवल भारत में ही नहीं, समाजवादी देशों में घुसपैठ के लिए भारी प्रयत्न कर रहा था।" ('नयी कविता और अस्तित्ववाद', 1987, पृ. 294)

तो यह था सन् -'1964 में दिल्ली के बड़े पूँजीपतियों के तत्त्वावधान में चलाये गये मुक्तिबोध अभियान' (वही पृ. 297) का राष्ट्रीय अन्तराष्ट्रीय संदर्भ ! ब्रेझनेव तक नहीं बख्शे गए। उनके आते ही अमेरिकी पूँजीवादी भारत में ही नहीं, समाजवादी देशों तक में घुसपैठ करने लगा। सम्भवतः डॉ. शर्मा का संकेत 'देताँ' की नीति की ओर है, तब तो मानना पड़ेगा कि 'ग्लासनोस्त' और 'पेरेस्त्रोइका' के गोर्बाचोव युग में अमेरिकी पूँजीवाद समाजवादी देशों में पसरकर ही बैठ

जाएगा। मुक्तिबोध सन् '64 के बाद एकाएक विशेष रूप से महत्वपूर्ण इसीलिए हो उठे कि उनका साहित्य बड़े पूँजीपतियों की जरूरत पूरी करता था, उन्हें प्रतिष्ठित करने का अभियान जिन पत्रों द्वारा चलाया गया, उनकी नीतियाँ ये सेठ लोग ही निर्धारित करते हैं। चलिए यह भी कोई कम बात नहीं कि साहूओं, बिड़लाओं को यह प्रमाणपत्र हासिल हुआ कि वे मुक्तिबोध की कविता पढ़-समझकर उसे अपने काम की पाकर सम्पादकों को निर्देश देते हैं कि चलो भई मुक्तिबोध को प्रतिष्ठित करने का अभियान शुरू करो, लेकिन जो इस अभियान में शमिल नहीं हुए, वे कहाँ लिख रहे थे?

आत्मग्रस्त नैतिकता की खूबी यही तो है कि दूसरे के द्वारा किया जाकर, जो काम संदिग्ध बल्कि गर्हित है, वही काम स्वयं महामहिम नैतिकतावादी करें तो सर्वथा उचित। जब खुद केदारनाथ अग्रवाल की उपेक्षा करें तो मार्क्सवाद, दूसरे न लिखें तो अवसरवाद। जब 'धर्मयुग' पाठकों को मुक्तिबोध का परिचय देने लगे तो यह सेठों के अभियान का प्रमाण है, लेकिन जब इसी पत्रिका में डॉ. शर्मा अत्यन्त दुराग्रही ढंग से मुक्तिबोध को ध्वस्त करते हैं तो इसका वर्ग चरित्र झटपट परिवर्तित हो जाता है। या शायद यह सेठाश्रयी पत्रिका डॉ. शर्मा की क़लम का स्पर्श पाकर ही हिन्दी-जाति के जातीय स्वाभिमान की पत्रिका बन जाती है। ऐसा न होता तो भला डॉ. शर्मा 'धर्मयुग' को यह प्रमाण-पत्र क्यों देते, "मेरे अनेक भाषा सम्बन्धी लेख 'धर्मयुग' में प्रकाशित हुए हैं, जिससे मेरी बात हजारों ऐसे पाठकों तक पहुँची है, जो मेरी पुस्तकों और लेखों से एकदम अपरिचित थे। इसके लिए मैं 'धर्मयुग' के सम्पादक का कृतज्ञ हूँ। 'धर्मयुग' ने अंग्रेजी-विरोधी आन्दोलन में सक्रिय भाग लेकर सराहनीय कार्य किया है। उसका बीटनिक प्रेम थोड़ा कम हो जाये तो वह हिन्दी भाषा और साहित्य की और भी सेवा करे।" ('भारत की भाषा समस्या', प्रथम संस्करण 1965, भूमिका)

'धर्मयुग' का बीटनिक प्रेम तो खैर क्या कम होता लेकिन यह प्रमाण-पत्र मिलने के बाद 'धर्मयुग' ने अंग्रेजी-विरोधी के अलावा, मुक्तिबोध विरोधी और बहुत बाद में 'पहल' विरोधी आन्दोलन में भाग लेने का कार्य अवश्य किया। डॉ. शर्मा मुक्तिबोध अभियान में अवश्य सम्मिलित न हुए, लेकिन बम्बई तक के साप्ताहिकों-दैनिकों पर नियंत्रण रखने वाले दिल्ली की साहित्यिक दुनिया के मालिक बड़े पूँजीपतियों में से एक की पत्रिका 'धर्मयुग' के लोहियावादी सम्पादक द्वारा चलाये गये मुक्तिबोध विरोधी अभियान में शामिल होने में उन्हें कोई संकोच न हुआ। क्यों हो? वे 'धर्मयुग' के माध्यम से हजारों पाठकों तक पहुँचने

की रणनैतिक जरूरत भर पूरी कर रहे थे। हाँ कोई और ऐसा करे तो फिर देखें डॉ. शर्मा की मार्क्सवादी प्रहार पद्धति के जलवे। मुक्तिबोध का अपराध यह था कि उनकी कविता सेठों की जरूरत पूरी कर रही थी। इधर डॉ. शर्मा की इतिहास सम्बन्धी मान्यताएँ जनसंधियों-लोहियावादियों को बहुत रास आ रही है—न, न वे मान्यताएँ किसी की जरूरत पूरी नहीं कर रहीं, यह तो सत्य का प्रताप-भर है कि आणंद में मार्क्सवादी जब डॉ. शर्मा की मान्यताओं पर प्रश्न-चिह्न लगाते हैं तो उनकी वकालत करने खड़े होते हैं, भा. ज. पा. के प्रो. विष्णुकांत शास्त्री।

यहाँ स्पष्ट कर दूँ कि मेरा आशय यह नहीं हैं कि कोई भी मान्यता सिर्फ इतने से खारिज की जाये की उसका समर्थन कौन कर रहा है। किसी भी मान्यता की स्वीकृति-अस्वीकृति तो उसके अपने ही गुण-दोष पर आधारित होनी चाहिए। ठीक इसी प्रकार किसी भी कवि की स्वीकृति-अस्वीकृति इस बुनियाद पर नहीं हो सकती कि उसकी कविता के अर्थ या उपयोग को लेकर कैसे-कैसे लोग छीना-झपटी कर रहे हैं। उपयोग करने वालों की राजनीति के हिसाब से किसी कवि या लेखक की चिंतक के अवदान पर फैसला देने का सरलीकरण यदि मुक्तिबोध को सेठों के काम का कवि सिद्ध कर सकता है तो यही सरलीकरण स्वयं डॉ. शर्मा को प्रतिक्रियावादियों के काम का आलोचक भी सिद्ध कर सकता है। चूँकि सेठाश्रयी पत्रिकाएँ मुक्तिबोध को छापने लगीं, इसलिए उनकी कविता कम्युनिस्ट पार्टी के विभाजित होने, ब्रेझनेव के राजनीतिक रंगमंचन पर आने तथा समाजवादी देशों में पूँजीवादी घुसपैठ के परिवेश में पूँजीपतियों की जरूरत पूरी करने वाली कविता है—इस तर्क पद्धति की असंवेदनशीलता किसी टिप्पणी की अपेक्षा नहीं रखती। इस तरह का सरलीकरण प्रभावपरक हेत्वाभास का प्रमाण है। लेकिन डॉ. शर्मा की आलोचना में यह हेत्वाभास भी वकील धर्म से अनुशासित होता है। मुक्तिबोध की कविता का उपयोग संदिग्ध किस्म के लोग करें, तो यह निश्चय ही कविता, बल्कि कवि का जुर्म है। दूसरी ओर तुलसीदास की कविता का उपयोग सदियों से सामंती सांस्कृतिक सत्ता के पक्ष में होता आया है, तो यह प्रगतिशील आलोचना का दोष है कि उसने तुलसीदास की कविता की ठीक-ठीक व्याख्या नहीं की। तुलसीदास अपने फ़रीक़ हैं, मुक्तिबोध प्रतिपक्ष। प्रतिपक्ष को ध्वस्त करने के लिए सब जायज है।

इस तरह के असंवेदनशील दोहरेपन से डॉ. शर्मा का बौद्धिक व्यवहार लगातार ग्रस्त रहा है। मुक्तिबोध का पुनर्मूल्यांकन करने बैठे तो आधारभूत सामग्री के रूप में एक पुस्तक मिली, 'एबनार्मल सॉयकालाजी एण्ड मार्डन

लाइफ़'। डॉ. शर्मा कोष्ठक में सूचित करते हैं 'बम्बई 1969'। लेकिन यह पुस्तक वस्तुतः अमरीकी विश्वविद्यालयों के लिए तैयार की गई 'टेक्स्ट् बुक' है। बम्बई से प्रकाशित इसका संस्करण भारतीय-अमरीकी पाठ्य पुस्तक विनिमय कार्यक्रम के तहत ही छपा है। डॉ. शर्मा को अमेरिकी 'टेक्स्ट् बुक' से वहाँ तक कोई एतराज नहीं है, जहाँ तक उनका काम सधे। 1969 में अमेरिकी 'टेकस्ट् बुक' में लम्बे-लम्बे उद्धरण स्वीकृति सहित देना उचित है, फिर 12 जून, 1982 के दिन जे.एन.यू. के प्रोफेसरों का खिंचाई इस वजह से करना भी उचित है कि वे लड़कों को पढ़ने के लिए 'अमेरिकी किताबें बताते हैं'। (डॉ. कर्ण सिंह चौहान 'राम विलास शर्मा से साक्षात्कार', पृ. 49) मतलब यह कि अमेरिकी विश्वविद्यालयों से अर्जित किया गया ज्ञान मुक्तिबोध को शिजोफ्रेनिया का मरीज साबित करने के काम आये तो बढ़िया वरना अमेरिका से छपी किताबों की अन्तर्वस्तु, विचार पद्धति आदि का गुण-दोष निरूपण करके मूल्य निर्णय करने की बजाय उन्हें एक ही झटके में तिरस्कृत कर देना चाहिए। इसी को कहते हैं—औरों को नसीहत ...।

कविता की अस्मिता और उसके सामाजिक सम्बन्धों की समग्रता की उपेक्षा करते हुए जब केवल कुछ लोगों पर पड़ने-वाले प्रभाव के आधार पर कविता के बारे में निर्णय दिया जाए तो 'प्रभावपरक हेत्वाभास' होता हैं। इसी तरह जब कवि के इरादे को ही जाँच का पैमाना बना लिया जाए तो 'अभिप्रायपरक हेत्वाभास' होता है। ऐसी हेत्वाभासग्रस्त आलोचना स्वभावतः खण्डित दृष्टि से उत्पन्न होती है।

कविता केवल आत्मगत व्यापार नहीं, एक सांस्कृतिक प्रक्रिया है। उसकी रचना में कवि के सचेत अभिप्राय एक सीमा तक ही महत्त्वपूर्ण हो पाते हैं, इसी तरह कविता का प्रभाव स्वयं भावक के संस्कारों से लेकर ऐतिहासिक परिदृश्य तक पर निर्भर होता है। दूसरे शब्दों में, न तो केवल कवि का अभिप्राय और न ही कविता का कोई प्रभावविशेष आलोचना का विश्वसनीय प्रतिमान हो सकता है—इस सीधी सी बात से हेत्वाभासग्रस्त आलोचना को कोई मतलब नहीं। कोई ताज्जुब नहीं कि ऐसी आलोचना के निहितार्थ निन्दित व प्रशंसित दोनों प्रकार की कविताओं के लिए घातक होते हैं। और उनके आधार पर आलोचना के निकषों का सामान्यीकरण तो और भी विकराल समस्याएँ उत्पन्न करता है।

डॉ. शर्मा की आलोचना में दोनों हेत्वाभास मौजूद हैं, 'प्रभावपरक हेत्वाभास' का नमूना हमने अभी देखा। 'अभिप्रायपरक हेत्वाभास' का सबसे मनोरंजक रूप प्रेम काव्य विषयक उनकी धारणाओं में व्यक्त हुआ है। ये उद्धरण देखें—

(1) “केदार की प्रेम सम्बन्धी कविता उनकी राजनीतिक कविता से कहीं, बहुत गहरे जुड़ी हुई है। जैसी निष्ठा देश की जनता के प्रति है, वैसी ही अपने जनपद के प्रति है, वैसी ही अपनी जीवन संगिनी के प्रति।” (‘प्रगतिशील काव्यधारा और केदारनाथ अग्रवाल’, पृ. 74-75)

(2) “देश के प्रति, प्रकृति के प्रति, पत्नी के प्रति एक साथ ऐसी प्रगाढ़ निष्ठा मुझे किसी दूसरे देशी-विदेशी कवि में देखने को नहीं मिलती।” (वही, पृ. 79)

(3) “हिन्दी प्रवेश के बाहर राधा परकीया हैं, सूरदास ने कृष्ण से ब्याह कराके उन्हें स्वकीया बनाया था। शुक्लजी ने हिन्दी साहित्य के इतिहास में बताया था कि स्वकीया प्रेम के गीत हमारे यहाँ गाँवों में प्रचलित हैं। केदार की प्रेम सम्बन्धी कविताएँ इस स्वकीय गीत परम्परा के अनुरूप हैं।” (वही, पृ. 95- 96)

(4) “अस्थायी सम्बन्ध अथवा नित नए सम्बन्ध कायम करने वाले प्रगतिशीलों से स्वयं को अलग रखते हुए केदार ने ‘जमुन-जल तुम’ की भूमिका में लिखा है कि ‘मैंने सहज, सरल और खुले रूप में स्वकीया प्रेम को मानवीय प्रेम के रूप में प्रस्तुत किया है।’ उनकी यह गर्वोहित सही है कि ‘आज मेरे ऐसे प्रेम की कविताएँ हिन्दी में मिलना दुश्वार हैं।’ चारों ओर के परिदृश्य पर निगाह दौड़ाते हुए उन्होंने अस्थायी भाव वाले प्रेमियों की उचित भर्त्सना की है। ‘अब तो नए-नए उभरते स्वर वाले कविगण भी परकीया आकर्षण से ही अभिभूत होते हैं और क्षणिक आवेश की रचनाएँ देकर पारस्परिक चुहलबाज़ी कर लेते हैं। ऐसी कविताएँ सामाजिक दायित्व से हीन कविताएँ होती हैं, और ऐसे कवि न घर में प्रेम को प्रतिष्ठित कर पाते हैं, न समाज में।’ समस्या केवल कवियों की ही नहीं है, उनके साथ कथाकारों, आलोचकों, प्राध्यापकों, राजनीतिक कार्यकर्त्ताओं आदि की भी है। यह तथ्य किसी से छिपा नहीं है कि ऐसे लोग अपने पदों से लाभ उठाकर व्यभिचार को प्रश्रय देते हैं।

“केदार ने स्वकीय प्रेम पर कविताएँ लिखीं, यह उक्त व्यभिचार प्रक्रिया के विरुद्ध उनका विद्रोह है।” (वही, पृ. 96-97)

स्त्री-पुरुष का पारस्परिक आकर्षण मनुष्य का मूलभूत और जटिल संवेग है। वैयक्तिक चेतना से लेकर सामाजिक परिवेश तक इसके सम्बन्ध सूत्र व्याप्त हैं। इस आकर्षण का समाज द्वारा स्वीकृत रूप सदा एक-सा नहीं रहा, और इसकी सम्भावनाएँ भी बहुत विकट हैं। प्रखर ऊर्जायुक्त सक्रियता से लेकर नितांत गुहावास तक प्रेम के सम्भावना-फलक पर अंकित हैं। विलक्षण भावदशाओं को उद्‌बुद्ध करने के साथ प्रेम विकट नैतिक सवाल भी उत्पन्न करता है। कभी यह एक नयी नैतिकता का प्रतीक बन जाता है तो कभी भयानक त्रासदी का कारण।

इसका 'मोटिव' आमतौर से सौन्दर्य पिपासा को माना जाता है, लेकिन लैला-मजनूँ के किस्से की बदौलत हम जानते हैं कि कभी-कभी प्रेम स्वयं 'सौन्दर्य' के आशय को रूपांतरित कर डालता है। नैतिक समस्याओं को भावजगत् का अभिन्न अंग बना देने वाला प्रेम, सम्बन्धों की जड़ीभूत व्यवस्था के सन्दर्भ में, कई बार क्रांतिकारी सक्रियता का प्रस्थान बिन्दु बन जाता है। दूसरी ओर कई बार प्रेम का आवेश भयावह आत्मपीड़ा, भावुक वेदना और आपराधिक मंशाओं—बल्कि व्यक्तित्व के विघटन तक मनुष्य को पहुँचा सकता है। प्रेम में पागलपन भी संभव है और ऊँचे दर्जे का नैतिक विवेक भी। यों तो यह कामभावना का प्रसार ही है, लेकिन प्रेम की महिमा-नकारात्मक और सकारात्मक दोनों ही संभावनाओं में शब्दशः अनंत है।

ऐसे विकट संवेग की बदौलत, मनुष्य की श्रेष्ठतम कला सम्भव हुई है। कहीं प्रेम गहरी सामाजिक चिन्ता व नैतिक खोज के साथ विन्यस्त है (जैसे टालस्टाय के उपन्यास 'अन्ना करेनिना' में) तो कही यह सिर्फ आहों-कराहों का सिलसिला-भर है। फलक की इस व्यापकता के कारण आलोचना से यह अपेक्षा की जाती है कि वह प्रेम विषयक रचना का मूल्यांकन गहरे सरोकार तथा संवेदनशीलता के साथ करे। जाहिर है कि यह काम प्रेम की अभिव्यक्त अनुभूति के विश्लेषण, रचनाकार के भावबोध की व्याख्या और इनके परस्पर सम्बन्धों के विविध आयामों की धीरजयुक्त पड़ताल की माँग करता है। यह पड़ताल होती है, रचना के साक्ष्य से।

सो, इस झंझट में कौन पड़े? सीधा-सा फार्मूला है—पहले प्रेम के विस्मयकारी विशद संवेदन को दो सुविधाजनक भागों में बाँट दें—स्वकीया प्रेम और परकीया प्रेम। फिर यह बताएँ कि जो घोषित रूप से स्वकीया प्रेम की कविता नहीं लिखते, वे अपरिहार्यतः उत्तरदायित्वहीन क्षणिक आवेश की कविता लिखते हैं, यही नहीं वे व्यक्तिगत जीवन में व्यभिचार भी करते हैं। कवि की नैतिकता गोया अनन्त में बढ़ती जा रही सरल रेखा हो गयी।

फिर, केदारनाथ अग्रवाल की प्रेमकविता श्रेष्ठ क्यों? सर्वोपरि, स्वकीया के प्रति एकांतनिष्ठा की कविता होने के कारण, 'व्यभिचार-प्रक्रिया' के विरुद्ध विद्रोह होने के कारण। इस मूल्याँकन में कविता में व्यंजित भावबोध और व्यंजना की काव्य विधि पर चर्चा की ज़रूरत ही नहीं।

सवाल यह है कि मार्क्सवादी रूप में अवतरित इस ठेठ नायिका-भेदी प्रतिमान से कविता की ऊर्जा, उसके भावबोध और काव्य-प्रभाव की व्याख्या करने में क्या मदद मिलती है ? दो उदाहरणों के सन्दर्भ में बात करें। एक कविता देखें—

'जाओ
लेकिन आत्मगंध दे जाओ
जाते-जाते फिर मुस्कराओ
कुंद हास का सुख दे जाओ
जाओ
लेकिन दृष्टि दीप्ति दे जाओ
जाते-जाते द्वैत मिटाओ
जाओ
लेकिन व्याप्तिबोध दे जाओ
जाते-जाते मृत्यु विजेता
चुम्बन देकर, लेकर जाओ।

एक मिनट के लिए मान लीजिए कि यह कविता किसने लिखी, किसके प्रति लिखी, हम नहीं जानते। अब इस कविता को कैसी कविता कहें ? मेरी समझ से यह बहुत बढ़िया कविता है। क्यों ? प्रेम के व्यक्तिगत और बहुत से प्रेमियों के लिए आत्मसीमित ही रह जानेवाले अनुभव का उदात्त विस्तार करने के कारण, मृत्यु की विकट अपरिहार्यता से सदा ही टकरानेवाले अदम्य मानवीय जिजीविषा को बेहद अंतरंग अनुभव में निहायत सहज ढंग से समोये हुए होने के कारण, 'जाने' की सच्चाई के सामने भावान्ध होने वाली आत्मक़रुणा के स्थान पर जाते-जाते मुस्काने का आह्वान करने वाले साहस के कारण, ऐसे दीप्त भावबोध की निश्छल अभिव्यक्ति होने के कारण यह श्रेष्ठ कविता है।

अब एक मिनट के लिए मान लें कि यह कविता चिर-जीवन संगिनी के प्रति नहीं, किसी और के प्रति लिखी गयी हैं ? तो ? बिला जाएँगे इस क़विता के सारे काव्य गुण ?

एक और कविता लें—

'तुम एक
सदेह सौन्दर्य का समारोह हो
मेरे मंच पर बज रहे हैं अब
तुम्हारे अंग-प्रत्यंग
जैसे वाद्य यंत्र'

यह कैसी कविता है? किसी क्षण यकायक मन में कौंधे अटपटे से बिम्ब को झटपट शब्दों में बाँध लेने की अधीरता की सूचना देती कविता। न भावबोध की

क़िसी गहराई की व्यंजना है, और न प्रेम की अनुभूति का कोई विस्तार। यदि यह कविता स्वकीया के प्रति हो तो क्या इसकी काव्यगत न्यूनता ढक सकती है? सीधी-सी बात है, स्वकीया-परकीया का भेद प्रेमी कवि के लिए महत्त्वपूर्ण हो सकता है। इस मायने में कि वह किसको विषय या संबोध्य बनाकर कविता लिखता है। आलोचना का सही सवाल तो यही हो सकता है कि कविता कैसी है ? सर्जनात्मक भाषा में व्यक्त भावबोध जीवन दृष्टि और इन्द्रिय बोध के जटिल गुंफन के रूप में कविता कैसी है? प्रदत्त सामाजिक संबंधों की नैतिकतां के फरसे से काव्य संवेदना का गला काटना अभिप्रायपरक हेत्वाभास का ही नहीं, व्यक्तिगत कुत्सा में रस लेनेवाली संवेदनहीनता का भी सूचक है।

स्त्री-पुरुष सम्बन्धों के बहुरंगी वर्णपट पर स्वकीया-परकीया का स्याह सफेद लीपने का नतीजा क्या होगा ? पहले आलोचक कवि के व्यक्तिगत जीवन की ऐयारी कर उसके बारे में नैतिक फ़तवा दे। इसके बाद ही कविता का मूल्यांकन करे। ऐसे मूल्यांकन में, नेरुदा-जैसे कवि की प्रेम कविता का क्या हश्र होगा ? उनकी तो आत्मकथा का साक्ष्य ही उन्हें डॉ. शर्मा के प्रेम प्रतिमान पर व्यभिचारी सिद्ध करने के लिए काफी है। विजयदान देथा की कहानी 'दोहरी जिन्दगी' का क्या होगा, जो दो स्त्रियों के समलैंगिक प्रेम की उदात्तता को अत्यन्त संवेदनशील व अकुंठ ढंग से चित्रित करती है। स्वयं सूरदास का क्या होगा, जिन्होंने राधा को तो स्वकीया बनाकर हिंदी जाति के गौरव में वृद्धि की, लेकिन अन्य सखियों को परकीया ही छोड़ दिया। तो ? ऐसा मानें कि जहाँ सूरदास राधा और कृष्ण के प्रेम की कविता गाएँ, वहाँ के हिन्दी जाति के गौरव के कवि है। और जहाँ कृष्ण के साथ अन्य गोपियों के प्रेम को कविता का विषय बनाएँ, वहाँ रौरव के कवि।

सचाई यही है कि प्रेम कविता जाँची जाएगी तो भावबोध के विश्लेषण के जरिए ही। इस संदर्भ के नैतिक सवाल प्रदत्त संस्थाओं के मोहान्ध महिगामण्डन से नहीं बल्कि स्त्री-पुरुष सम्बन्ध की गहरी समस्याओं से टकराने की क्रांतिकारी उमंग से ही उत्पन्न होंगे। कविता का भावबोध यदि ऐसी नैतिकता की संभावना को काव्यानुशासन की अपनी शर्तों पर व्यक्त करे तो वह श्रेष्ठ प्रेम कविता है, उसमें संबोध्य स्त्री चाहे तथाकथित स्वकीया हो या परकीया।

ऊपर जिन कविताओं का विश्लेषण किया गया है, वे दोनों ही केदारनाथ अग्रवाल की कविताएँ हैं। उनकी श्रेष्ठता/निकृष्टता के कारणों का स्वकीया/परकीया की ऐयारी से कोई वास्ता नहीं। सच तो यह है कि कुछ लोगों की प्रगतिशीलता स्त्री-पुरुष सम्बन्ध के संदर्भ में, ठेठ सामंती संस्कारों में पगे नैतिकतावाद में व्यक्त

होती है। अप्रासंगिक सवालों को काव्य प्रतिमानों का दर्जा देने वाले इस कुत्सित नैतिकतावाद के संकट भी उतने ही अनंत हैं, जितनी कि मनुष्य को बेहतर मनुष्य बनाने वाले प्रेम की महिमा।

3

केदारनाथ अग्रवाल मानते हैं, " 'निराला' ने कविता को जहाँ तक पहुँचाया था, वहाँ से कविता को आगे बढ़ाने का काम मुक्तिबोध ने किया जरूर पर निश्चय ही उनकी चेतना ने जनतांत्रिक काव्यचेतना का पथ प्रशस्त नहीं किया।" इस कथन पर डॉ. शर्मा की टिप्पणी देखें, "यदि मुक्तिबोध ने जनतांत्रिक काव्यचेतना का पथ प्रशस्त नहीं किया तो वह हिन्दी कविता को भी निराला से आगे नहीं बढ़ा पाये। यहाँ प्रश्न हर तरह की हिन्दी कविता का नहीं है, प्रगतिशील कविता का है। प्रगतिशील कविता के लिए मुक्तिबोध की चेतना ने जनतांत्रिक काव्यचेतना का पथ प्रशस्त नहीं किया।" ('प्रगतिशील काव्यधारा और केदारनाथ अग्रवाल', पृ. 84)

प्रगतिशील कविता के संदर्भ में जनतांत्रिक काव्यचेतना केवल राजनीतिक परिवेश तक सीमित नहीं मानी जा सकती। इसका सम्बन्ध समूचे भाव जगत और मूल्यबोध से है। ठीक इसी वजह से, राजनीतिक कविता का उपयुक्त मूल्यांकन प्रगतिशील आलोचना की जटिलतर समस्याओं में से एक है। यह और बात है कि कुछ लोगों को हर मामले में सरलीकरण ही रास आते हैं। नतीजा यह है कि कविता को कोरे राजनीतिक संदेश में निचोड़ कर इस संदेश की प्रगतिशीलता, गैर प्रगतिशीलता मात्र के आधार पर कविता के मूल्यांकन का वहम पाल लिया जाता है। राजनीतिक कविता महत्त्वपूर्ण है, वांछनीय है, लेकिन मुख्य सवाल यह है कि वह श्रेष्ठ कविता है या नहीं ? राजनीतिक टिप्पणी या संपादकीय और कविता में भाषा उभयनिष्ठ है—लेकिन टिप्पणी और कविता की भाषा के मिजाज में कोई फर्क होता है या नहीं ? किसी राजनीतिक घटना या परिस्थिति पर की गयी राजनीतिक टिप्पणियाँ उनके साथ ही व्यतीत हो जाती हैं, जबकि राजनीतिक कविता, यदि वह कविता है, तो घटना विशेष से उत्प्रेरित होने के बावजूद अपनी एक शख्सियत हासिल कर लेती है, घटना के बहुत बाद तक सांस्कृतिक विरासत के रूप में जीवंत रहती है। ऐसा क्यों ? क्योंकि कविता अपना प्रकृत काव्य मूल्य खोकर राजनीतिक कविता का रूप नहीं धरती, बल्कि मूलतः कविता रहते हुए ही राजनीति करती है।

यदि हर वक्तव्य या तुकबंदी कविता हो तो फिर कैदी कविराय की कुंडलियाँ

भी कविता है—'भाव शून्य' (प्रेमचंद का शब्द) 'विजयी विश्व तिरंगा प्यारा' भी श्रेष्ठ कविता है। श्लोक में रचे गये आयुर्वेद और ज्योतिष के ग्रंथ भी कविता हैं। भ्रांत राजनीति की कविता भी कविता है, भले ही उसकी राजनीति को आप गलत मानें। दूसरे शब्दों में हर सही कविता सार्थक वक्तव्य अवश्य होती है, लेकिन हर सार्थक वक्तव्य भी सही कविता हो, यह कतई जरूरी नहीं। हम कविता की राजनीति जरूर जाँचें-परखें लेकिन इस परख को स्वयं कविता की परख का विकल्प न बना दें। कविता भाषा के माध्यम से अनुभूत और अभिव्यक्त रचना है, जिसमें भाव, विचार और इन्द्रियबोध की सक्रिय और जटिल समग्रता अन्तर्निहित होती है। इस रचना में कवि की जीवन दृष्टि की विशेषताएँ तथा चुनौतियाँ विचार और सृजन के ताने-बाने में व्यक्त होती है। इस ताने-बाने में पूरेपन की उपेक्षा कर कविता का वास्तविक मूल्यांकन असंभव है। राजनीतिक कविता जटिल भी हो सकती है और सपाट भी। दोनों किस्म की कविता महत्त्वपूर्ण है। विशिष्ट व्यावहारिक मूल्यांकन के धरातल पर, भाषा के सर्जनात्मक प्रयोग और कविता की संशिलष्टता के आधार पर ही मूल्यांकान होगा। इस मूल्यांकन में एक बहुत ही महत्त्वपूर्ण सवाल यह है कि कवि ने किसी राजनीतिक विचारधारा को मात्र अपना-भर लिया है या वह उस विचारधारा की आंतरिक समस्याओं से खुद अपनी जमीन पर जूझता है। वह विचार का काव्यानुवाद भर करता है या प्रखर ऊर्जा तथा आवेग के साथ विचारधारा के समस्याफलक को गहन तथा विस्तीर्ण बनाता है इस प्रश्न पर विचार स्वभावतः इक्की-दुक्की कविताओं के संदर्भ तक सीमित न होकर कवि के समूचे रचना कर्म और उसके आत्मसंघर्ष के संदर्भ में होना चाहिए। असली सवाल इस संघर्ष की प्रक्रिया और दिशा को जाँचने का ही है।

वस्तुओं के क्या, क्यों और कैसे को समझने के लिए विश्वदृष्टि आवश्यक है। सृजनात्मक प्रतिभा की विश्वदृष्टि दार्शनिक अमूर्त्तन तक सीमित नहीं रहती। रचनाकार विशिष्ट घटनाओं के मूर्त्त संदर्भ में मानव मन के अछूते पहलुओं और वहाँ पनप रही भावनाओं के अंदरूनी-बाहरी सूत्रों को अधिकतम विश्वसनीयता और सार्थकता के साथ परखने की महत्त्वाकांक्षा रखता है। यह महत्त्वाकांक्षा उसकी कला विधि को अनुप्राणित करती है। सतह पर दूर-दूर या अलग-थलग दिखने वाली चीजों को प्रतीक बनाकर या कई बार सीधे उनके अपने रूप में ही, रचनाकार उनके आंतरिक अर्थ को व्यक्त करने के लिए उनका एक 'पैटर्न' सा रच देता है। इस काम के लिए खास नजरिए का होना जरूरी है। बेशक, नजरिया दक्षता का विकल्प नहीं है। दोनों जरूरी हैं। लेकिन रचनाकार का वास्ता

केवल सामान्य, अपेक्षित या पूर्वानुमेय से नहीं पड़ता। अनुभूतियों के संदर्भ उनके स्वरूप को प्रभावित करते हैं। सृजनात्मक मानस में अनुभूति एक बेचैन दर्द के रूप में घुमड़ती है, जब तक कि उसे ठीक शब्द (यानी अमूर्त्त को मूर्त्त करने का एक ढाँचा) न मिल जाए। चाहे मूर्त्त विधान से, चाहे विभावन व्यापार के जरिए, चाहे अब तक अदेखे किसी पहलू को उद्भासित करके, चाहे साधारण-सी शब्द चेष्टा में दूरगामी संकेत व्यंजित करके। गरज यह कि किसी-न-किसी काव्य प्रविधि के जरिए कवि भाषा का असाधारण प्रयोग करता है—यही उसका अपना मोर्चा है और कवित्व की परख की सबसे प्रामाणिक कसौटी भी।

जब विचारधारा के प्रदत्त ढाँचे को रचनात्मक नजरिए का विकल्प मान लिया जाए तो अनुभूति को प्रदत्त व्याख्या के ढाँचे में घटा देने की हड़बड़ी पड़ती है। कवि की अनुसंधित्सा अवरुद्ध होती है उसका जगत सिमटने लगता है और संवेदन पूर्वानुमानित रूप लेने लगता है। अपने 'सेंस ऑफ एडवेंचर' को खो देने वाला ऐसा कवि 'द्रष्टा' के अर्थ को भी खोकर कोरा कथा गायक बन जाता है। विचारधारा से स्वयं कविता के धरातल से जूझने में असमर्थ कवि की नियति उन भक्तों जैसी हो जाती है, जिसके लिए दार्शनिक सत्य का स्वरूप निरूपण सांप्रदायिक आचार्य कर चुके हैं, अब केवल मंजीरा बजाना ही बाकी बचा है।

कवि के मन में जो वैचारिक मंथन होता है, वह उसके भावबोध तथा इन्द्रिय चेतन से निरंतर संलग्न रहता है। इसी कारण कविता को सीधे वैचारिक संदेश में निचोड़ कर उस पर ठप्पा लगाने की आलोचना पद्धति अत्यंत खतरनाक है। सही सवाल यह है कि विचार के साथ कवि का रिश्ता कितना सर्जनात्मक है? इस रिश्ते की कशमकश उसके भाषिक व्यवहार में किस हद तक झलकती है? स्वयं विचार की दशा क्या है—प्रगतिशील या पतनशील यह वाजिब सवाल है, लेकिन कविता के संदर्भ में इकलौता सवाल नहीं। कविता के रचे जाने और पढ़े जाने की क्रिया ही कुछ ऐसी है कि उसमें शब्द का नया संस्कार होता है—शब्द विन्यास में व्यंजित अर्थ भी स्थिर नहीं रह पाता। इस कारण यह सवाल कविता की व्याख्या के लिए सबसे जरूरी है कि विचार और कविता के रिश्ते की कशमकश को कवि का सर्जनात्मक व्यवहार क्रिस तरह व्यक्त कर रहा है। सर्जनात्मक प्रक्रिया के कारण ही यह घटना होती है कि कृति कृतिकार के वैचारिक आशय से स्वायत्त हो जाए, उसके सीमित अभिप्राय से आगे—बल्कि कई बार उसके घोषित वैचारिक आग्रह के विपरीत बोध की वाहिका बन जाए। इतना की नहीं, यह भी संभव है कि विचारधारा कवि के आत्मसंघर्ष और मनोमंथन के कारण स्वयं अपने आग्रहों की बार-बार पड़ताल का अवसर पाए।

ये सारी बातें राजनीतिक कविता के संदर्भ में प्रासंगिक हैं। प्रगतिशील जीवन दृष्टि से लिखी गई राजनीतिक कविता के संदर्भ में ये सारी बातें और भी ज्यादा प्रासंगिक हैं। सरल संवेदनों को उद्‌बुद्ध करने वाले प्रगतिशील कविता भी श्रेष्ठ होती है—लेकिन वह श्रेष्ठ होती है सर्जनात्मकता और शब्द को अर्थ विस्तार देने के कारण ही। दूसरी ओर विचारधारा को स्वानुभूत जीवनदृष्टि बनाने के आत्मसंघर्ष से उपजी कविता सामान्यतया जटिल होगी-लेकिन इस जटिलता को उसकी निकृष्टता का प्रमाण बता देना हद दर्जे का सरलीकरण है। ऐसी कविता के संदर्भ में आलोचना का प्रासंगिक सवाल यही होगा कि इस आत्मसंघर्ष की दिशा क्या है, तथा इस आत्मसंघर्ष का कवि के भाषिक व्यवहार में विन्यस्त संवेदना का क्या असर पड़ा है? प्रभाव की दृष्टि से महत्त्वपूर्ण सवाल यह नहीं है कि कविता का उपयोग कौन कैसे कर रहा है, बल्कि यह कि कविता विवेचनात्मक चेतना को बढ़ाने में साधक है या बाधक।

राजनीतिक कविता के संदर्भ में, इतनी लंबी बात करने की जरूरत इसलिए पड़ी कि मुक्तिबोध और केदारनाथ अग्रवाल की तुलना करते हुए डॉ. शर्मा जिस तरह के अप्रासंगिक प्रश्नों में उलझते हैं और जैसे सरलीकरण बरतते हैं, उनसे कविता की सही आलोचना का क्या नुकसान होता है—यह स्पष्ट हो सके। उपरोक्त चर्चा को ध्यान में रखकर देखें तो यह समझ में आ जाता है कि केदारनाथ अग्रवाल सरल संवेदनों को सहज रूप से उद्‌बृद्ध करने वाले कवि हैं, जबकि मुक्तिबोध विचार, संवदेना और भाषा की अत्यंत बीहड़ चुनौतियों से जूझने वाले कवि हैं। केदार की कविता सरल संवेदनों, सुस्पष्ट राजनीतिक आग्रहों, सहज स्वीकृत मूल्यों आदि को सहज बोधगम्य तथा रमणीय रूप में व्यक्त करती है। जबकि मुक्तिबोध की कविता में हम आस्था और व्यथा का विस्फोटक अंतस्संघर्ष पाते हैं—इस विस्फोट को अत्यंत उद्‌बोधक बिंबों तथा सर्जनात्मक शब्दार्थों में व्यक्त करती हुई यह कविता हमें बहुत गहरे में विचलित कर जाती है। प्रगतिशील काव्यास्वाद में सहजबोधगम्य, रमणीय तथा विस्फोटक, विचलनकारी दोनों ही किस्म की काव्यसंवेदना की गुंजाइश होनी चाहिए। जिन आस्वादकों के यहाँ यह नहीं है, उन्हें अपने काव्यबोध के संकीर्ण होने या मुक्तिबोध को सराह सकने में असफलता के अरोपों से तिलमिलाना नहीं चाहिए।

डॉ. शर्मा का आरोप है कि मुक्तिबोध के पास आस्था के निगूढ़ स्रोत नहीं हैं। लिखते हैं, "भारत की बहुसंख्यक जनता किसान है। किसान जनता से अपरिचित रहकर कोई भारत से परिचित होने का दावा नहीं कर सकता। मुक्ति

बोध की यह बहुत बड़ी कमजोरी है कि वह इस किसान जनता से अपरिचित हैं। उनके पास आस्था के निगूढ़ स्रोत नहीं हैं, जो केदार के पास हैं, जिनसे आत्मसंघर्ष के समय कवि नयी शक्ति संचित कर सकता है।" (वही, पृ. 85) 'आस्था के निगूढ़ स्रोत' सिर्फ किसान जनता में ही नहीं होते, वे सर्वहारा के आन्दोलन में भी होते हैं—इस बात को किसान प्रेमी डॉ. शर्मा भी संभवतः अस्वीकार न करेंगे। मुक्तिबोध की एक कविता याद आती है, जो सितम्बर, 1968 के 'ज्ञानोदय' में 'रंगों में सुलगी हुई सुनहली शिनाख्त' शीर्षक से छपी थी, और रचनावली में 'हर चीज जब अपनी' शीर्षक से संकलित है। विस्तार के बावजूद, इसके कुछ अंश उद्धृत करता हूँ :

चारों तरफ फैली हुई शानदार मुगलिया सल्तनत में
काली शेरवानी की मखमली खोल
जो पहने हुए हैं
खूबसूरती से,
(अपने आप में जो चमकदार गहने हुए हैं)
उनके भीतर
हाँ, भीतर
एक मुस्तैद/दीवार खड़ी हुई है
(छोटी से बड़ी हुई है)
नंगी सील खायी और खुरदरी
उस पर अजीब कारीगरी
नक्शी, मीनाकारी और तस्वीरें,
और न जाने क्या-क्या
वाह-वा
लेकिन पलस्तर उखड गये हैं
गड्ढे पड़ गए हैं
x x x
हर एक अपना-अपना स्वर्ग-सेतु
बुलडोजर क्रेन उठाए चल रहा है
और, वही, हर एक—
लाल-लाल आँखों से घूरते हुए
दूसरे बुलडोजर और लोहे के जीने वाले को
मन ही मन कहता है—

मारो स्साले को
लिहाज़ा यह सूरत पैदा हुई
कि फूट-फूट, दुई-दुई
बाहर भी
दिल के भीतर भी।
x x x
आदम कद तस्वीरें
देखते खड़े रहो
सूनापन चीखते और चुपचाप
चीखते खड़े रहो
अपनी फ़ज़ूल-सी हस्ती को
चाटते खड़े रहो
मनहूसी बाँटते खड़े रहो
शायर बन जाओ
दुनिया से तन जाओ।
जी हाँ, इसीलिए,
न मेरी उससे बनती है
जो काली शेरवानी की खोल में
सिर्फ़ दीवाल हैं
न उनसे जो जबड़े की पोल में लार टपकाती हुई खाल हैं
सिर्फ़ एक मनहूस, बदमिजाज सवाल हैं
चूंकि मेरी उन सबसे ठनती है
इसीलिए कभी-कभी मेरी
मुझसे ही नहीं बनती है।

वर्ग विभक्त समाज की लिप्सा, विकृत प्रतियोगिता और मानव द्रोह का ऐसा तीखा धिक्कार कम कवियों में मिलता है। और यह ईमानदार आत्मसाक्षात्कार भी अन्यत्र दुर्लभ ही है कि 'कभी-कभी मेरी मुझसे ही नहीं बनती है।' खुद से न बनने का कारण किसी प्रकार का रहस्यवाद नहीं है, बल्कि कवि की अपनी वर्गस्थिति का बोध है। कवि का आपा जहाँ तक उस वर्गीय विकृति का प्रतिनिधि हैं, वहाँ तक उसकी खुद से नहीं बनती। सामाजिक वास्तविकता, उसकी मानसिक परिणति और स्वयं उसका शिकार होने का यह गहरा, संकुल बोध कोई अपने आप में संपूर्ण, नकारात्मक बोध नहीं है। यथार्थ ऐसा है, लेकिन यह अपरिहार्य

नहीं है। इसका रूपान्तर संभव है यह संभावना भी इसी व्यवस्था में मौजूद लोगों में हैं। वे लोग कौन हैं ? इस विषय में मुक्तिबोध को कोई भ्रांति नहीं है। वे लोग ही मुक्तिबोध के अपने हैं, उनकी आस्था के निगूढ़ स्रोत हैं। (भले ही कुछ लोगों को नजर न आएँ।)

जो बहुत गुरूर से
सिर्फ़ इंसान होने की हैसियत रखते हैं
जैसे आसमान, या पेड़ या मैदान
अपनी-अपनी
एक खास शान और शख्सियत रखते हैं
वैसे ही और ठीक उसी ठोस
और पक्की बुनियादी पर
जो अपने लिए इज्जत तलब करते हैं
बराबरी का हक़, बराबरी का दावा
नहीं तो मुठभेड़ और धावा
अब आप चाहे सरकार हों/या साहूकार हों
उनके साथ मेरी पटरी बैठती है
उनके साथ
हाँ उन्हीं के साथ
मेरी यह बिजली भरी ठठरी लेटती है
और रात कटती है
शायद यह मेरी बहुत बड़ी भूल है
लेकिन मेरी यह गरीब दुनिया
उन्हीं के बदनसीब हाथों से चलती है।

सामाजिक व्यवस्था कुछ ऐसी है कि मनुष्य अपनी शख्सियत खोकर एक खास काम को अंजाम देने वाला पुर्जा बन जाता है। ऐसे मनुष्याभासों के विपरीत उनका 'गुरूर' देखें जो सिर्फ इंसान होने की हैसियत रखते हैं। यह हैसियत उतनी ही पुख़्ता बुनियाद है, जितनी पुख़्ता बुनियाद प्रकृति आसमान, पेड़ या मैदान होने की है। प्रकृति और मनुष्य का यह गहरा सम्बन्ध इस कवितांश में अनिवार्यतः निहित है—कवि के बोध की सहज परिपक्वता का प्रमाण। फिर 'उनके साथ, उनके साथ, हाँ उन्हीं के साथ' में निहित बलाघात देखिए। बराबरी के लिए सरकार, साहूकार से मुठभेड़ को तत्पर ये लोग हैं, जिनके बदनसीब हाथों से कवि की गरीब दुनिया चलती है। मुक्तिबोध स्वयं को श्रमिक घोषित करने का पाखण्ड

नहीं करते, लेकिन इस मूलभूत सचाई को उनका कवित्व संवेदना के धरातल पर आत्मघात कर चुका है कि दुनिया मेहनतकशों के ही चलाये चलती है। इस बोध का आत्मसातीकरण उनकी संवेदना का आंगिक घटक है—और इस बोध को 'मेरी बहुत बड़ी भूल' कहने में मारक व्यंग्य है, जिसके लक्ष्य वे 'समझदार' हैं, जो इस 'भूल' में नहीं फँसते। मुक्तिबोध क्रांतिकारी विचारधारा और संवेदना की गहरी और जरूरी समस्याओं से अदम्य ऊर्जा के साथ जूझते हैं। उनकी आस्था के निगूढ़ स्रोत श्रमजीवी जन की ऐतिहासिक भूमिका के ऐसे निर्भ्रान्त आत्मसातीकरण से ही फूटते हैं।

दरअसल मुक्तिबोध के मूल्यांकन के प्रसंग से डॉ. शर्मा का 'जो मैंने कही सो सदा सही' वाला 'आब्सेशन' उनकी वकील सुलभ जिद के साथ मिलकर सबसे मनोरंजक स्थितियाँ उत्पन्न करता है। 'प्रगतिशील काव्यधारा' में लिखा है—"मुक्तिबोध का मनमंथन उनकी वैयक्तिकता से बाहर नहीं निकल पाता, अवश्य ही प्रगतिशील कविता के विकास की यह दिशा नहीं हो सकती।" (पृ. 83) उपरोक्त पुस्तक में ही 'मुक्तिबोध के पास आस्था के निगूढ़ स्रोत नहीं हैं,' उधर 'नयी कविता और अस्तित्ववाद' में लिखा है—"मुक्तिबोध निम्न मध्यवर्ग को भले न छोड़ पायें, पर बहुत अच्छी तरह जानते हैं कि समाज का प्रमुख क्रांतिकारी वर्ग सर्वहारा है। इसीलिए 'अँधेरे में' कविता में बुद्धिजीवी युवक अपने आप व्यक्तित्व परिवर्तन नहीं करते। यह काम करते हैं मजदूर।" और भी "आत्मसंघर्ष इसलिए होता है कि मध्यवर्ग की भूमि छोड़ना कठिन है। इसका अर्थ यह नहीं है कि मुक्तिबोध के अनुसार क्रांति का नेत्तृत्व मध्यवर्ग के बुद्धिजीवी ही कर सकते हैं। ... मुक्तिबोध की कविताओं में बुद्धिजीवी को क्रांति का पाठ पढाने वाले दूसरी तरह के लोग विद्यमान हैं।" (पृ. 245) और सबसे बड़ी बात तो यह है की "भारी उलझनों के बीच मुक्तिबोध हथियार डालकर नहीं बैठ जाते। विभिन्न स्तरों पर वह निरन्तर संघर्ष करते हैं और आत्मकेन्द्रित होते हुए भी समाज को आँखों से ओझल नहीं होने देते।" (वही, पृ. 254)

यहाँ फ़र्क बलाघात का नहीं जमीन-आसमान का है। एक जगह मुक्तिबोध आत्मकेन्द्रित होते हुए भी समाज को आँखों से ओझल नहीं होने देते, दूसरी जगह उन्हीं मुक्तिबोध का मनमंथन उनकी वैयक्तिकता से बाहर नहीं निकल पाता। वैयक्तिकता जरूर ही वर्ग, समाज आदि से निरपेक्ष होती होगी कि समाज को आँखों से ओझल न होने देने पर भी, दूसरी तरह के लोगों के विद्यमान रहते हुए भी किसी का मनमंथन वैयक्तिकता से बाहर न निकल पाये। इस मूल्यांकन को 'उलटबाँसी' कहना तो रहस्यवादी होने का अपराध करना होगा, यह संभवतः

"साहित्यिक अनेकान्तवाद" है, जिसके आगे द्वन्द्ववाद अपर्याप्त लगता है !

वास्तविकता यह है कि मुक्तिबोध की कविता ऐसे व्यक्ति के खरे आत्मसंघर्ष का सच्चा साक्ष्य है, जिसकी चेतना में अंतस् और बाह्य की अन्तःक्रिया निरन्तर जारी है। यह कविता उपलब्ध विचारधारा को स्वार्जित जीवन-दृष्टि बनाने तथा प्रगतिशील वर्ग की चेतना को काव्यविवेक के धरातल पर आत्मसात करने की जद्दोजहद की कविता है। स्वभावतः इस जद्दोजहद में वैचारिक साँचे की एक-एक रेखा और उसकी पार्टीबन्द, धड़ेबन्द व्याख्याओं के प्रति भोला समर्पण संभव ही नहीं है। चूँकि मुक्तिबोध को मानवात्मा की पूर्णता की तलाश थी; इसीलिए वे विभिन्न दृष्टियों और विचारों से टकराते हैं, उन्हें सपाट ढंग से रद्द करने की बजाय उनसे वैचारिक सर्जनात्मक चुनौतियां प्राप्त करते हैं। लेकिन उनके साहित्य का कोई भी संवेदनशील अध्येता स्पष्ट देख सकता है कि उनकी आस्था के स्रोत श्रमिक जनता में हैं और इस आस्था को परिभाषित करने वाली विचारधारा मार्क्सवाद है। विचारधारा 'छदम्चेतना' के अर्थ में नहीं बल्कि विवेचनात्मक चेतना को संभव करने वाली पद्धति के अर्थ में। दूसरी ओर, केदारनाथ अग्रवाल ने मार्क्सवादी विचार कों गहरे आत्मसंघर्ष के बिना अपनाया है। संभवतः सहज रूप से ही। वे कविता में विचार और संवेदंना की गुत्थियों से नहीं टकराते। इसीलिए वे सरल संवेदनों को सृजनात्मक ढंग से उद्बुद्ध करनेवाले कवि हैं। प्रगतिशील विचारधारा के कारण उनकी कविता सामान्य रूप से विवेचनात्मक चेतना का विकास करती है, लेकिन इस चेतना की अपनी गहरी समस्याओं से टकराने का साक्ष्य नहीं देती। ऐसी कविता पढ़ते हुए यह सवाल जरूर परेशान करता है कि क्या कविता का अपना कोई देश नहीं हो सकता ? क्या वह विचारधारा का उपनिवेश भर है ? क्या कविता और राजनीति के बीच कोई संवेदनशील रिश्ता संभव नहीं ?

केदार की कविता राजनीतिक स्थितियों, उन्हें नाम देने की विविध चेष्टाओं, मानवीय कार्यव्यापारों के अन्य पहलुओं से उनके रिश्तों की जटिलता से साक्षात्कार करनेवाली कविता नहीं है। ऐसी जटिलताओं की पहचान में असमर्थता का कारण यह है कि वे संभाव्यबोध की समग्रता से कतराते हैं। स्थितियों पर खुद सोचने/'रिऐक्ट' करने का जोखिम लेने की बजाय राजनीति में कहे गये को कविता में दोहराने का लोकप्रिय 'सम्मानजनक' रास्ता अपनाते हैं। यह स्थिति चिन्ताजनक है। इससे भी ज्यादा चिन्ताजनक है, वह आलोचना पद्धति जो इस सृजनात्मकता-विरोधी कतराहट को अनुकरणीय काव्यमूल्य मनवाना चाहती है। यह कोई संयोग नहीं, बल्कि रामविलास जी के काव्य-निकष

की फलश्रुति ही है कि वे पार्टीलाइन का काव्यानुवाद करनेवाली पंक्तियो को ही केदार की श्रेष्ठ राजनीतिक कविता के उदाहरण के रूप में ज्यादातर स्थलों पर उद्धृत करते हैं। केदारनाथ अग्रवाल की कविता मूलतः सरल संवेदनों को उद्बुद्ध करनेवाली कविता है—विषय चाहे प्रेम हो या प्रकृति अथवा राजनीति। इसका यह मतलब कतई नहीं कि वह महत्वहीन या उपेक्षणीय भी है। सवाल ऐसी कविता के महत्व के स्वरूप और आधार को स्पष्ट करने का है। सरल संवदेनों को उदात्त ढग से शब्दार्थ का विस्तार करते हुए उद्बुद्ध करनेवाली कविता की सर्जनात्मकता का साक्ष्य भी अन्ततः कविता की संरचना से ही मिलता है, कविता के विचार को निचोड़कर, अलग कर लेने में नहीं। उदाहरण के लिए केदार की यह प्रसिद्ध कविता लें—

घन गरजे जन गरजे
बन्दी सागर को लख कातर
एक रोष से
घन गरजे जन गरजे
क्षत-विक्षत लख हिमगिरि अन्तर
एक रोष से
घन गरजे जन गरजे
क्षिति की छाती को लख जर्जर
एक शोध से
घन गरजे जन गरजे
देख नाश का ताण्डव बर्बर
एक बोध से
घन गरजे जन गरजे

यहाँ जब केदार 'सागर' के पहले 'बन्दी' विशेषण लगा देते हैं तो लगभग अनायास ही 'सागर' अपने अर्थ से विस्तृत होकर जनसमूह का भी वाचक हो उठता है। 'रोष', 'शोध', 'बोध' से पहले एक की आवृत्ति घन और गर्जना को मूर्त्तरूप से एकतान कर देती है। समग्र प्रभावान्विति में, जन का सामूहिक, प्रचण्ड आवेश घनघोर बादल घिर आने के सुलभ पूर्वानुभूत बिम्ब के माध्यम से भावक के लिए बोध-गम्य हो जाता है। इस कविता में अनुस्यूत विचार और भावबोध प्रगतिशील है, इसलिए ये पंक्तियाँ प्रगतिशील काव्य है। इस भावबोध का उत्स मनुष्य के मूलभूत नैतिक विवेक में है। भाषा के सर्जनात्मक प्रयोग से एक तरह की समग्र प्रभावान्विति सिद्ध की गयी है—इसलिए ये पंक्तियाँ श्रेष्ठ काव्य हैं। श्रेष्ठ

राजनीतिक कविता के रूप में, ऐसी सर्जनात्मक काव्य-चेष्टाएँ ही उल्लेखनीय हो सकती हैं। उनका घटना सन्दर्भ चाहे तात्कालिक हो या दूरगामी, सामान्य हो या विशिष्ट—असली सवाल कविता की शर्तों पर कविता होने का है। डॉ. मैनेजर पाण्डेय ने त्रिलोचन पर लिखते हुए एक रोचक प्रसंग उद्धृत किया है। "1848 की क्रांति के बाद किसी ने एंगेल्स से पूछा, '1848 की क्रांति की कविताएँ कहाँ गयीं ?' एंगेल्स ने कहा, 'वे सब अपने समय के राजनीतिक पूर्वग्रहों के साथ मर गयीं। राजनीति के तात्कालिक आग्रहों और कार्यनीतियों का अनुगमन करनेवाली कविताओं का प्रायः यही हाल होता है।"

दुर्भाग्य की बात है कि डॉ. शर्मा श्रेष्ठ राजनीतिक कविता के नमूनों के तौर पर अमूमन ऐसी ही पंक्तियाँ उद्धृत करते हैं, जो राजनीति के तात्कालिक आग्रहों और कार्यनीतियों का अनुगमन करते हुए लिखी गयी थीं। ऐसी पंक्तियाँ राजनीतिक वक्तव्य जरूर हैं, लेकिन आवश्यक नहीं कि वे श्रेष्ठ कविताएँ भी हों।

4

यह 'किसान चेतना' क्या है ? इसके होने के कारण केदारनाथ अग्रवाल श्रेष्ठ कवि हैं, और इससे वंचित होने के कारण मुक्तिबोध और बहुत कुछ होने के साथ आत्मग्रस्त एवं मानसिक विक्षेप के भी शिकार हैं ? कैसी होती है यह किसान चेतना ?

राजीव सक्सेना ने 'हिन्दी की प्रगतिशील कविताएँ' की भूमिका में केदारनाथ अग्रवाल और नागार्जुन को 'हमारी कविता में किसान चेतना के प्रतिनिधि' कवि बताया, तो रामविलास जी पलट कर प्रश्न करते हैं, "केवल किसान चेतना के ? मजदूर वर्ग की चेतना और मार्क्सवाद से उनका कोई संबंध नहीं है ?" (वही, पृ. 297) तो क्या संबंध है, किसान चेतना का मार्क्सवाद और मजदूर चेतना से ? स्वयं रामविलास जी के शब्द बाँचें, "केदार की चेतना मूलतः किसान की चेतना है। ... केदार की कविता, कथाकार प्रेमचन्द की विरासत का, अन्य विधा में, क्रांतिकारी विकास है, प्रेमचन्द, निराला, केदार और नागार्जुन इन्हें बेज़मीन किसानों और खेत मजदूरों से गहरी सहनुभूति है, केन्द्र में है छोटा मालिक किसान जो सन् '47 के पहले और बाद को अपने परिवार को जीवित रखने के लिए परिश्रम करता रहा है। सिद्धान्त चर्चा में इस किसान की क्रांतिकारी क्षमता को कम करके आँका गया है। ... केदार की कवि-चेतना ऐसे ही मर्द की चेतना है, जो मार्क्सवाद के ज्ञान से पुष्ट हुई है। केदार के मजदूर संघबद्ध मजदूर नहीं

हैं, उनका प्रतिनिधि है गाँव का लुहार। ... लोहे को जैसा चाहे मोड़ने की सुविधा गाँव के स्वाधीन कारीगर को ही है। ... केदार की कविता में यह किसान अपने समूचे परिवेश के साथ विद्यमान है।" ('प्रगतिशील काव्यधारा और केदारनाथ अग्रवाल', पृ. 47-48)

केदार का मजदूर संघबद्ध मजदूर न हो तब भी चलेगा, लेकिन मुक्तिबोध का गुरुतर अपराध यही है कि उनकी, "अनेक कविताओं में जनक्रांति का उल्लेख है, कहीं भी पार्टी के रूप में क्रांतिकारियों के संगठन का उल्लेख नहीं है।" ('नयी कविता और अस्तित्ववाद', पृ. 233)।

"मार्क्सवादी धारणा के अनुसार 'क्रांति' एक क्रांतिकारी पार्टी संगठित किये बिना सम्पन्न नहीं हो सकती।" यह बात स्वयं डॉ. शर्मा कहते हैं। अवश्य ही वह क्रांतिकारी पार्टी संघबद्ध मजदूर के बिना 'मार्क्सवाद के ज्ञान से पुष्ट हुई किसान चेतना' के जरिये ही क्रांति कर डालेगी !

काव्य प्रतिमान के रूप में डॉ. शर्मा ने किसान चेतना पर इतनी बार बल दिया है कि वह संघबद्ध मजदूर की सामान्य चेतना तो क्या, मार्क्सवादी विचारधारा तक का विकल्प-सी लगने लगती है। उनके अनुसार, "केदार भारत की अपराजेय किसान चेतना के कवि हैं। वह किसान के जीवन्त प्राकृतिक परिवेश के कवि भी हैं।" ('प्रगतिशील काव्यधारा और केदारनाथ अग्रवाल', पृ. 57) और भी, "आज का किसान गण समाजों का साम्यवादी संस्कार अपने उपचेतन में कहीं गहरे सँजोये है, ठीक वैसे ही प्रकृति से उसका वह हर्ष-उल्लास वाला संबंध अब भी कहीं अटूट बना हुआ है। केदार इस अटूट संबंध के कवि हैं," ... (वही, पृ. 61) तात्पर्य यह है कि किसान चेतना में आदिम साम्यवादी संस्कार हैं, प्राकृतिक परिवेश के साथ जीवन्त, उल्लसित संबंध है, अब तक कम आँकी गयी क्रांतिकारी क्षमता है। इस क्षमता को पुष्ट करना है, मार्क्सवाद के ज्ञान से, फिर संघबद्ध मजदूर हो या न हो, कोई खास फर्क नहीं पड़ता। गोया, मार्क्सवाद सिर्फ अकादमिक ज्ञान है, ऐसी क्रांति-पद्धति नहीं जो सामाजिक विकास की अवस्था विशेष में, मजदूर वर्ग के नेतृत्व में क्रांति की परिकल्पना करती है, और ठीक इसी कारण संघबद्ध मजदूर के अस्तित्व को क्रांति की पूर्वशर्त मानती है।

कठिनाइयाँ और भी हैं। मजदूर तो उत्पादन के साधनों से उत्पादक शक्तियों के विलगाव के कारण बने सर्वहारा है, इसीलिए उनमें तीक्ष्ण वर्ग चेतना की सम्भावना सबसे ज्यादा है—कम-से-कम मार्क्स के अनुसार। क्या किसान भी ऐसा सुपरिभाषित वर्ग है ? फिर, किसान की वर्तमान चेतना में क्या सबकुछ प्रगतिशील है ? स्वभावतः नहीं है। तो, किसान चेतना में सामंती संस्कार क्या

हैं, तथा उदात्त मानवीय मूल्य क्या हैं ? ज्यादा गौरतलब यह है कि प्रगतिशील-प्रतिक्रियावादी के निर्धारण का मूल मानदण्ड क्या है ? दूसरे शब्दों में, हम किस चेतना के बिन्दु से किसान चेतना के इस पहलू को प्रगतिशील और उस पहलू को प्रतिक्रियावादी मानते हैं ? या कि किसान चेतना अपने समूचेपन में स्वाभाविक रूप से ही प्रगतिशील मान ली जाये ? किसान चेतना की क्रांतिकारी क्षमता को ठीक-ठीक आँकने की चिंता एकदम सही है, लेकिन क्या यह आँकना स्वयं किसान चेतना को प्रखर विश्लेषण के बिना संभव है?

किसान जीवन से परिचित होना या उसके परिवेश का सहानुभूतिपूर्वक चित्रण करना और बात है, स्वयं किसान चेतना से परिचालित होना और बात। दुर्भाग्य से, डॉ. शर्मा इस अन्तर को आग्रहपूर्वक मिटा देना चाहते हैं, इसीलिए किसान चेतना में अंगीकृत सामंती संस्कारों और विचारधारात्मक रूपों की वे कहीं चर्चा तक नहीं करते। यह मार्क्सवाद नहीं, अंधलोकवाद का साहित्यिक अवतार है। मार्क्सवादी चिन्तन में मजदूर वर्ग और किसान जनता के आपसी संबंधों के अनेक पहलुओं पर विचार हुआ है, वह हमारे लिए फिलहाल अवान्तर प्रसंग होगा। लेकिन इतना स्पष्ट है कि 'किसान चेतना' को नितांत अपरिभाषित छोड़ते हुए अपराजेय, आदिम सरीखे मनमोहक विशेषणों के साथ सजाकर पेश करने से कोई बात नहीं बनती। फिलहाल तो, इस किसान चेतना के जो काव्य प्रतिमान तथा आलोचनात्मक आग्रह उभरकर सामने आते हैं, उनका स्वरूप ही साक्ष्य है, और यह साक्ष्य चिन्ताजनक है। इस आलोचना पद्धति में जो कविता बेचैन करे वह तिरस्कृत है, जो झंझटों से बचाकर सरल संवेदन जगाए वह श्रेष्ठ है। डॉ. शर्मा दावा करते हैं, "आत्मसंघर्ष केदार के यहाँ भी कम नहीं।" (वही, पृ. 85) यानी आत्मसंघर्ष गोया एक स्पृहणीय प्रतिमान तो माना गया, जादू वह जो सर चढ़कर बोले। यह और बात है कि वे इस आत्मसंघर्ष के उदाहरण कहीं नहीं देते। खैर !

इस किसान चेतना के आलोचकीय व्यवहार में जो अपना प्रिय हो, उसका रहस्यवाद भी 'प्रकृति अद्वैत' ही नहीं, बल्कि बाकायदा 'वैज्ञानिक' है। वहाँ "कौन तम के पार, रे कह" में 'तम' तत्काल आधुनिक विज्ञान के 'फील्ड' का वाचक बन जात्ता है, और मुक्तिबोध की कविता में 'मानवता की पूर्ण सत्ता' जैसी अभिव्यक्ति भी रहस्यवाद-अस्तित्ववाद का प्रमाण देने लगती है। केदारनाथ अग्रवाल की सूर्यपरक कविताओं को जो रहस्यवाद से जोड़े, वह स्वयं प्रतिक्रियावादी है, मुक्तिबोध की कविता में सूर्य अपरिहार्यतः अनायास उद्भासित रहस्यवादी भावबोध का ही सूचक है। मुक्तिबोध लगातार अपने

आपसे सवाल करें, तो शिजोफ्रेनिक हैं, आत्मग्रस्त हैं, बाकायदा मानसिक विक्षेप के शिकार हैं। वस्तुनिष्ठ, संतुलित वे हैं जो ऐसे सुन्दर वाक्य लिखते हैं, "अब इसे हिन्दी का दुर्भाग्य ही समझना चाहिए कि जहाँ भी कोई प्रगतिशील आलोचक समझदारी की बातें करता है, वहाँ मेरी स्थापनाएँ बोलने लगती हैं।" ('नयी कविता और अस्तित्ववाद' पृ. 289) मुक्तिबोध की कविता में सूर्यकन्या पोलिश महिला अग्नेश्का हैं, इस विस्मयकारी, अद्भुत खोज के आधार पर पूरी कविता की व्याख्या कर दी जाती है, प्रभाकर माचवे के वक्तव्य को अत्यन्त उत्सुकतापूर्वक अपना लिया जाता है। जब इस 'ऐयारी' की आलोचना होती है तो कहते हैं कि खोज प्रभाकर माचवे की है, इसलिए इस बारे में सवाल भी उन्हीं से करें! यानी अग्नेश्का ही सूर्यकन्या है, इस उपपत्ति के आधार पर कविता का विश्लेषण मूल्यांकन आप करें, और सवाल प्रभाकर माचवे से किया जाये।

आत्ममुग्ध नैतिक दंभ, असंवेदनशील सरलीकरणों और दुराग्रहों से भरी इस आलोचना पद्धति के काव्य प्रतिमान किसान चेतना, जनवादी क्रांति, साम्राज्यवाद विरोध के सारे धूम-धड़ाके के बावजूद स्वयं कविता की जमीन पर अप्रामाणिक ही ठहरते हैं—और इसीलिए अप्रासंगिक भी।

—1988

अनुक्रमणिका

●●●

आसमाँ बस आसमाँ का देश है

महेन्द्र भल्ला

वाणी प्रकाशन

वाणी प्रकाशन

4695, 21-ए, दरियागंज, नयी दिल्ली 110 002

शाखा

अशोक राजपथ, पटना 800 204

फ़ोन: +91 11 23273167 फ़ैक्स: +91 11 23275710

www.vaniprakashan.in
vaniprakashan@gmail.com

AASMAN BAS AASMAN KA DESH HAI
by Mahendra Bhalla

ISBN : 978-93-5000-759-4

Poetry

प्रथम संस्करण 2011

मूल्य : ₹ 200

आर. टेक ऑफ़सेट, दिल्ली-110095 में मुद्रित

वाणी प्रकाशन का लोगो मक़बूल फ़िदा हुसेन की कूची से

आभार और धन्यवाद
ओम थानवी

प्रयाग शुक्ल
राजेन्द्र उपाध्याय

अनुक्रम

(क) पिछले कुछ वर्षों की कविताएँ (सन् 2000 तक की)

(ख) 1958 से 1968 की कुछ कविताएँ

(क) पिछले कुछ वर्षों की कविताएँ

(सन् 2000 तक की)

एक अजीब दोस्त

वह इतना आदर्शवादी था
कि अपने को हिन्दुस्तान ही समझता था
ऐसा दोस्त था
कि चैन से
न ज़िन्दा रहता था
न रहने देता था
हर वक्त तड़पता था
आदर्श की हर चूक पर बेबाक
झपटता था
न किसी पार्टी में था
न राजनीति में
एकाध कहानी कभी लिखी थी
और बावजूद हमारे लिखने का (अब लगता है
कि ख़ामख़्वाह) दम भरने के
हमें कहीं ज़रूरी तौर पर
अपने से नीचे समझता था

यों किताबों से रहता था
कहने को यह भी कह सकते हैं
कि लेखकों या तथा-कथित लेखकों
या अपने जैसे कभी-रहे लेखकों
के साथ भी रहता था

मगर बहस बहुत करता था
खूब-खूब बहस करता था
खास तरह की झपटती तीखी बहस
मानो हर बात पर हिन्दुस्तान का होना
न होना मुनहस्सर था

अक्सर उसे लगता था कि वह अकेला है
मगर वह घबराता नहीं था
यों अकड़ता भी नहीं था यों अपने
तरीके से सन्तुष्ट था
और समझता था कि समझेंगे बाकी लोग एक
दिन
अभी पिछले शनिवार मिला
तो पूरी तरह से ध्वस्त था
न वह हिन्दुस्तान था न कहीं
बहस का मैदान था
यों पिछली कुछ मुलाकातों से
कुछ आभास मुझे हुआ था
मगर दिल की हालत अब उजागर हुई
फटी—

बोला :
मैं बेवकूफ़ रहा
        तमाम उम्र बेवकूफ़ रहा
न ढंग की नौकरी की
        न चापलूसी न ख़ास आकांक्षा
        न तिकड़म शिकड़म किया
मेरे नीचे वाले

मेरे ऊपर हो गये
न बीवी-बच्चों का ख़्याल किया ज़्यादा
वे भी भेड़ों में भेड़ होना चाहते थे

हर वक़्त बहस के मैदान में डटा रहा
ग़लती निकालने और आदर्श बाँधने पर मरा
रहा।

और ऐसे ही जिया
न ही हिन्दुस्तान का कुछ कर पाया
न अपना
तिनका न तोड़ पाया किसी साली चीज़ का
अब मुझे लग रहा है
कि हिन्दुस्तान हिन्दुस्तान नहीं है
मारुति और मकान बनवाने और चीज़ें हथियाने की जगह है
मात्र एक जगह मिट्टी का एक धूसर टुकड़ा

कि गाँधी बेवकूफ़ था
कि मैं बेवक़ूफ निकला
कि किताबें बेवक़ूफ थीं

दफ्तर में तकलीफ होती है
जब अपने से नीचे वाला बॉस बना
आदमी उचित हमदर्दी से पेश आता है
घर पर बीवी पूरी तरह से मुँह-फट हो गयी है
बच्चों और पड़ोसियों के सामने
ख़ब्ती और न जाने क्या क्या कहती है
तस्करों और गुंडों और धर्मान्धों के कन्धों पर
नेता उभरते हैं

या सीधे सीधे मूर्ख हैं

और बहस का अब कोई मतलब नहीं रहा
कि उस तरह की बहस का अब कोई
मतलब नहीं दीखता
कि हिन्दुस्तान अब हिन्दुस्तान नहीं रहा
मारुति और मकान बनवाने और चीज़ें दर चीज़ें
हर वक़्त चीज़ें हथियाने की
एक जगह है ज़मीन का एक धूसर टुकड़ा

कि जिगर का नहीं
न मुहब्बत का वास्ता है
न सपना है न सपने की आँख है।
और वह रोने लगा–
प्यार और ज़िन्दगी दोनों में हारने वाले से
बहुत बड़ा था उसका रोना

मैं चुपचाप उसे देखता रहा
यह नहीं कहूँगा कि
मुझे मालूम था कि ऐसा ही होना था एक दिन
मगर यह साफ़ था
उसका अति आदर्शवाद ग़लत था
उसका ग़लत था अपने को इस तरह से
हिन्दुस्तान मानना
नहीं ग़लत नहीं–यह सख़्त बे-मुरव्वत शब्द है
और वह मेरा दोस्त था–
बहुत ठीक नहीं था उसका ऐसा करना

मगर ऐसे प्यारे और अब, हाँ अब बहुत

अव्यावहारिक लगते लोग जो आज़ादी
की लड़ाई की रीढ़ थे
जो नेताओं से बड़े थे
क्योंकि नेता गुंडों पर नहीं, उन पर खड़े थे–
कि ऐसे प्यारे अव्यावहारिक लोगों का होना
–यह जानते हुए भी कि वे शायद भोले हैं
असंगत हैं असमर्थ हैं
बरबस अभिभूत हैं–
कि इनका हमारे बीच
हमेशा हमेशा होना
कितना ज़रूरी है

क्योंकि जहाँ मेरे रोज़मर्रा के व्यावहारिक
मन ने कहा
कि इसे देर से, इसलिए दुःख से अकल आयी है
वहाँ मेरे मन के मन ने, जो
हिन्दुस्तान से बुरी तरह से जुड़ा था
यह भी कहा
बड़ी डबडबाई उदासी से कहा
कि कोई तारा डूबा है
कि कोई तारा डूबा है
जिसे
डूबना नहीं चाहिए था।

हमारे बौद्धिक

हमारे बौद्धिक
मार्क्स भी भेड़ें हैं
या हिन्दुओं की गायें
मन की हरियाली जो चरें आँय-बाँय

ज़रा रुक जाओ
इधर उधर देखो
पल भर सोचो
खड़े हो जाओ
अपने दो पाँओं

और फिर गाओ
सब कुछ देख कर
बार-बार देख कर
बार-बार देख कर

अपनी अकल
अपनी आग
अपनी जान गाओ
अपनी अकल अपनी आग अपनी जान

मेरा यह वायदा रहा

हरियाली का नज़्ज़ारा फिर
ऐसा हरियाला होगा
कि देखने को दौड़ेंगे
नये नये फाह्यान्
नये नये फाह्यान्

अचानकपने

रोज़वाले पार्क के
रोज़वाले बेंच के पिछवाड़े
हरी लपटों के बीच
जब, पता नहीं कहाँ से आ गये
सफ़ेद फूलों को हवा से मख़ौल
करते देखा, अचानक
तो बैठना भूल गया

अभी यह सोच ही रहा था
कि सुख से हमेशा एक करोड़ मील
दूर चलती इस दुनिया में
ऐसे अचानकपनों का मैं शब्दों से
बहुत बहुत परे तक शुक्रगुज़ार रहा हूँ

कि इन्हीं, पता नहीं कहाँ से आ गये,
फूलों के पास
आयी एक काली चिड़िया
इतनी नपी-तुली
इतनी सुन्दर, इतनी चमकीली इतनी ज़िन्दा
इतनी अद्‌भुत
इतनी अचानक!

दिल्ली–अप्रैल 1991

दुनिया में आने का
और दिल्ली में रहने का
मेरा कोई मतलब नहीं होगा
अगर मैं कनॉट प्लेस की और दूसरी
सड़कों पर
लाखों लाखों नये नये हमदर्द विचारों
जैसे हरे कोमल उत्सुक और मस्त और
हँस-मुख पत्तों वाले जामुन के पेड़ों की
पाँतों की पाँतों की पाँतों की बात न करूँ

और
हमारी संस्कृति के बचे हुए अच्छे वाले
हाथियों का एहसास कराते सुख शान्ति की
वास्तव में वर्षा करते नीम के पेड़ों
के नीचे से गुज़रने का आँखें खोलते और
मन में सब के लिए प्रेम करते चले जाने
वाले अनुभव की
और इस बात की
कि इन दिनों सिर्फ़ मैं ही
इन पेड़ों से नहीं हूँ
दिल्ली के सारे के सारे लोग भी
इनके पत्तों से निकलती धूप

और चमाचम हवा में
इन्हीं के बीच इन्हीं के बीच
एकदम एकदम
लयबद्ध हैं

और इस बात की
कि गाँधी जी ने 'भारत छोड़ो!'
का नारा भले ही अगस्त में
दिया था
मगर उनके मन में
जामुन और नीम के इन पेड़ों का
ख़्याल भी ज़रूर रहा होगा
ज़रूर ज़रूर
रहा होगा।

समोसा और एक बहुत बुरी शाम

गर्म ख़स्ता भूरा समोसा
अपनी ज़िन्दगी से बहुत बेहतर
हरी चटनी से खा रहा था
इन्तज़ार करता उन आदर्श लोगों का
जिनका इन्तज़ार करना मेरी सख़्त बीमारी है
यह 'जानते' हुए भी कि वे न आये हैं
न आयेंगे।

बाद में
जब वे ग़ैर-आदर्श लोग भी न आये
जिनके साथ जीता या मरता हूँ
या परस्पर अटपटाता हूँ
(अन्दर से उन आदर्श लोगों का
इन्तज़ार करते हुए)
तो समोसा और मँगाया

और पता नहीं क्यों
वह दिन याद हो आया
बरसों पहले जब इस बेदर्द
दिल्ली में आया था
और किसी भी रेस्तराँ में बैठ कर
समोसा नहीं खा पाया था

ओ ज़िन्दगी! ओ इसी शाम की
तरह ना-समझती ज़िन्दगी
क्या तू वास्तव में कुछ भी नहीं है?

एक बूढ़े की कहानी

दोस्ती की जगह सैर करता हूँ
सुन्दरता की जगह कल्पना
नैतिकता को 'समझदारी' से मारता हूँ
दिल के सुनसान ढोल को
बातचीतों के शोर से बजाता हूँ
मैं क्यों जीता हूँ?

कमाल का दिन

यह वो कमाल का दिन था
जब भोलेपन की बहुतायत से
या अकल की नयी झोंक से
या किसी के जादू-टोने से
सब कुछ ठीक लग रहा था
हवा हवा लग रही थी
कौआ कौआ
मज़दूर मज़दूर
मारुति मारुति
सरकार सरकार, बॉस बॉस, औरत औरत
कहीं कोई टूटा तार या रिश्ते की फाँक
या ज़ुल्म की भनक नहीं आ रही थी
यह वो कमाल का दिन था!
वो जो पागल टिक टिक की तरह
लगभग हर चीज़
बजा करती थी : ग़लत ग़लत
ग़लत ग़लत
वो कहीं नहीं थी
न आस पास न दूर दराज़
लग रहा था कि दुनिया ऐसी ही होती थी
ऐसी ही हो सकती थी
हर चीज़ का जैसे हिसाब समझ आ रहा था

यहाँ तक कि ज़िन्दगी और दिल और रस को
सदा रोकती नोचती मरोड़ती आ रही
हिन्दुस्तान की हालत
भी ठीक लग रही थी
हमारी अपनी खास लियाकत के अनुसार ही :
ठीक है करेंगे इसे पार
धीरे-धीरे
जल्दी क्या है? हमें कहाँ जाना है?
अगर हम रस से परे हैं तो मरने से भी परे हैं!
यह वो कमाल का दिन था!

यह वो कमाल का दिन था
जब नुक्स निकालने में उस्ताद मैं
हमेशा की तरह तड़प नहीं रहा था
यह वो कमाल का दिन था
जो वास्तव में
मेरी समझ में नहीं आ रहा था।
हाय!
क्या मैं हिन्दुस्तान से और ज़िंदगी से परे जा रहा था?

ज़िन्दगी

ज़िन्दगी
जैसे चाही और चाहने वाली औरत का
सूरज को मात करता स्पर्श

या एकदम नया और दंग करने वाला
यहीं पर स्वर्ग का विचार

या मित्रों से कभी कभी होती
खनखनाती खनखनाती बात
या किशोरी अमोनकर की आदिकाल के पीछे से आगे तक
झनझनाती और जोड़ती आवाज़

या सिर पर खड़ा बयान से परे बसन्त का
चमकीला दिन और अद्भुत रात

या कभी कभी महज साँस लेते रह पा सकने का
नशों में नशा, एहसास!

या ज़िन्दगी
हर जगह हर तरफ़
हवा में आकाश में घर में सड़क पर
पेड़ों और पहाड़ों पर

लोगों के चेहरों पर
दिलों के बोझों पर
अकेलेपन की
लाइलाज लाइलाज अकेलेपन की
न मिटने वाली न हटने वाली
लगातार लगातार
बहुत हल्की बहुत हल्की
बहुत मारक बहुत मारक
साँय-साँय साँय-साँय

या ज़िन्दगी
मर जाने का
मर खप जाने का
मिट जाने का
अकेले ही
बिना किसी के जाने ही मिट जाने का
या बिना वह किए जो करने आये थे
—क्या करने आये थे?—
का बहुत बहुत
बहुत तीखा डर
और डर और डर
ज़िन्दगी!

संस्कृति-द्रोही

वे अंग्रेज़ी में लिखते हैं
और मुझसे भिड़ते हैं
आप क्या कहते हैं!
हिन्दी वाले तो बस रोते ही रहते हैं
अंग्रेज़ी इस देश की अब एक भाषा है।
रोना बन्द करो
हिन्दी से जागो
अंग्रेज़ी में आओ
सारी दुनिया में तुरन्त पहुँच जाओ!

मैं तो आप पर रोता हूँ
आपकी ज़ात पर रोता हूँ
जो आज़ादी के बाद भी
हम पर बकाया है
सूद से सवाया है
अकल का ख़राबा है
स्वाभिमान का तमाशा है
मैं अंग्रेज़ी पर नहीं
अंग्रेज़ी के वर्चस्व पर रोता हूँ
और इस वर्चस्व में,
लिखने पढ़ने वाले लोग आप
क्यों नहीं समझते आप,

कि इस वर्चस्व में
अपनी भाषाओं की—दिल की दिमाग की
मानस की—बनती कब्रगाह है
भयंकर कब्रगाह है
कि ऐसी तबाही में
आपकी हामी है, हाथ है, साथ है
कि आप गुनहगार हैं
कि सख्त सख्त गुनहगार हैं
कि संस्कृति-द्रोही हैं!

मेरे इस 'रोने' पर
व्यंग्य की तराश से
मंद-सा मुस्काते हुए
आप चले जाते हैं अंग्रेज़ी में लिखने
वाह रे मेरे देश!
वाह रे मेरे देश!

नेता और कविता

जिस तरह से देश चल रहा है
और जिस तरह से हिन्दी में
लिखा जा रहा है
ख़राब से ख़राबतर
उससे तो साफ है कि गाँधी अजूबा थे
और हमारे ऊपर और गले में
अंग्रेज़ी का डंडा और गुल्ली ही ठीक हैं!
मुद्दत से हमने
न अच्छी कविता पैदा की
न अच्छा नेता
दोनों का सम्बन्ध ज़रूरी नहीं—
रूस में बुरे नेताओं की बदौलत
या उनके बावजूद
अच्छे कवि होते रहे आज तक
हमारे यहाँ नहले पर दहले का हिसाब है
न बड़ी कविता है
न बड़ा नेता है
दुख तो यह है कि
कोशिश भी नहीं है इस तरफ़
और कमाल?
वह तो तब होगा जब होगा
अगर होगा
तब तक बहुत बुरा हाल है
बहुत बुरा हाल है!

कविता का सुख

कविता के सुख का अन्त नहीं
तुम कहते कविता नहीं नहीं

कविता की आँखें नरम नरम
ज्यों इकले मन में प्यार प्यार
कविता तो ऐसी ख़ास बात
जो सुनने आएँ दोस्त चार
कविता तो ऐसी साँस साँस
जो चले धरम के साथ-साथ
कविता की पत्ती हरी हरी
जो पत्थर के संग खड़ी खड़ी
कविता की बातें खरी खरी
जो आएँ मन में घड़ी घड़ी
कविता ही कविता साथ रहे
जो 'ग़ालिब' के घर आग लगे

कविता के सुख का अन्त नहीं
तुम कहते कविता नहीं नहीं।

उस स्त्री की हिन्दी

कभी-कभी रात को एक बजे
या दो बजे
उस बदबख़्त अँधेरे से बचकर
जहाँ वह सोयी होती है
मैं बाहर आ जाता हूँ

और बाहर
तारों को या कभी हुआ तो चाँद को देखता हूँ
और उनके बीच ज़माने के पहले के मन जैसे
आकाश को
और उनको सुनता हूँ और देखता हूँ
और सुनता हूँ और हैरान होता हूँ
और हैरान होता हूँ और साँस लेता हूँ

ज़ाहिर है मित्रो
इनकी भाषा हिन्दी नहीं होती
उस स्त्री की बोलती हिन्दी
न उस स्त्री की सोयी हिन्दी
वरना मैं कहाँ जाता!

वह नुक़्ता

मेरे माँ-बाप के अलावा
और भी कई लोग थे
जिन्होंने बचपन के अकेलेपन से
और बाद में आत्मनिर्भरता से मुझे
काफ़ी देर तक बचाया या दूर रखा

और जो बाद में जब मैं बड़ा हुआ
माँ-बाप की तरह और
कई तो उनसे भी पहले
बड़े या छोटे झटके के साथ
साधारण या
साधारण से भी कम लगे।

जब मैं तुमसे मिला तो उन्हें भूला नहीं
प्रेम के साथ-साथ तुम में
उन्हें भी ढूँढ़ता रहा
इसीलिए तुम्हारी उँगली पर
ख़ुशी-ख़ुशी नाचता रहा
यों इस बात का पता भी
तुम्हारे हाथों ज़िबह होने के
काफ़ी देर बाद चला

जब मैं गाँधी और नेहरू और मार्क्स की
        ओर ज़्यादा बढ़ा
तो वतन को
और इन तीनों को
और उनके साथ जो और भी थे
माँ-बाप की और माँ-बाप के साथ जो
कई थे
उनकी जगह, समझा
इसका पता भी बाद में चला

यह सब इतनी तरतीब से नहीं हुआ
एक दूसरे के ऊपर-नीचे
घुलता-मिलता
दबता-दबाता
ख़त्म होते हुए भी ख़त्म न होता हुआ

अब होते होते
मैं इनसे बिलकुल बरी हूँ
और समझता हूँ
—हो सकता है यह भी ग़लत साबित हो बाद में—
मगर अभी तो यही समझता हूँ
कि अपनी आँख है
आत्मनिर्भर हूँ
यों अकेला हूँ
पर सारे के सारे अकेलेपन वाला अकेला नहीं
इस जगह पर पहुँचने का
सुन्दर ध्वंस और उससे भी सुन्दर नशा
और डर मेरे साथ है
मगर मित्रो। बहुत उम्र लग गयी इसमें
क्या यह हिन्दुस्तानी ख़सलत है?

या ऐसा सारी दुनिया में होता है?
या मैं ही बदकिस्मत था?

जो भी हो मित्रो
इस नुक़्ते पर जल्दी
या मेरी तरह देर से पहुँचने वाले मित्रो
अभी तो यही—एकदम सही है

इसलिए बताओ
कि ऐसा क्या और कैसे किया जाए

कि वो सब
कि वो सब जो अभी तक दबे पड़े हैं
महानताओं के नीचे
जल्दी ही
इस डरावने और अद्भुत और मार्मिक और दुर्लभ
और बहुत ही ज़रूरी नुक़्ते पर पहुँच जाएँ
ताकि
कोई अनुयायी न हो
ताकि
कोई अनुयायी न हो
जल्दी करो मित्रो,
बोली, बताओ
कहीं ऐसा न हो कि कबीले के
किसी और चक्कर में
मुझे फिर लगने लगे
कि मैं ग़लत था
जल्दी करो मित्रो,
किसी तरह इस चीज़ को स्थायी बनाओ।

धर्म

बावजूद कबीर के और गाँधी के
और इक़बाल के बुरी तरह से
पीटे गये मज़हब वाले फ़िकरे के
न हिन्दुओं ने हिन्दुआई छोड़ी
न मुसलमानों ने तुर्काई
सिक्खों ने सिक्खवाई पकड़ी!

धर्म और लोकतन्त्र के इस खुले बाज़ार में
तमाम धर्म तमाम तथाकथित सुसंस्कृत आदमियों की तरह
दूसरों को बराबर कहते हुए भी
अपने को ही वास्तव में बेहतर
और भीतर से
छुरी के तीखेपन से एकमात्र सही मानते हैं
—एकमात्र!
एकमात्र!

यही जड़ है
हिन्दुआई की
तुर्काई की
सिक्खवाई की
ईसाई की
और आदमी की—

मतलब कि जिस कमीने और खुरदरे और
भयंकर और खूँख़्वार पटे पर उसकी ज़िन्दगी
पटकनी खाती चलती है,
उसकी!
और उसके बावजूद!

और मेरी आँखन-देखी
मेरी दशकों की आँखन देखी यही है
कि हे ईश्वर तुझे पूजते हुए भी–
शायद वास्तव में पूजते हुए भी–
यह जड़
यह बात यह खुराफ़ात
यह झट से वारदात में लपकती धधकती
बेदिमाग़
बेदिमाग़ बात
नहीं जाएगी
नहीं जाएगी
नहीं जाएगी

हाय! नहीं जाएगी!

वह स्त्री

औरतों को बेहद चाहने से
या उन्हें जानने की ज़बर्दस्त इच्छा के कारण
—ये दोनों बातें कहीं एक हो जाती हैं—
या किसी तीसरी वजह से जिसका
मुझे पता नहीं था
उस स्त्री को देख कर
मैं एकाएक उस जैसा होना चाहता था
मानो स्त्री होना चाहता था
महसूस करना चाहता था कि
स्त्री दुनिया को कैसे देखती है
कैसे उसके दिल और दिमाग़
और शरीर की मशीनरी वास्तव में काम करती है

वह सुन्दर नहीं थी
यों असुन्दर भी नहीं थी
आम कामकाजी क़िस्म की थी
यों कुछ ज़्यादा भरी हुई थी
मगर मज़बूत और नर्म भी
थोड़ी पिटी हुई भी लगी मगर
बहुत हिम्मती भी
और मैं पार्क के पास उसके पीछे पीछे चल रहा था

पहले मैंने उसके कन्धों और गर्दन
और पीठ और नितम्बों को और टाँगों को
और चेहरे के उस हिस्से को जो पीछे से
दिखता था, उसे ख़ास तर जागे अन्दाज़ से देखा
और महसूस किया
और फिर एकाएक उसके
सारे के सारे अस्तित्व को देखा और महसूस किया
मानो जज़्ब किया अपने अन्दर
उसी ख़ास तर तरीक़े से
जैसे इसके पहले मैंने कभी किसी स्त्री को न देखा था
न महसूस किया था—शायद कभी भी किसी भी
चीज़ को नहीं
और इस चीज़ को समझ नहीं पाया

मेरी नज़र को उसने जाना
बिना मुड़े
वह सतर्क हुई—शायद उसकी चाल तेज़ हुई
मगर मैं
न अचानक छिटका
न धीरे-धीरे पीछे हुआ
उसे हर पल उसी तरह से देखता और और ज़्यादा
महसूस करता
बुरी तरह से बँधा-बँधाया उसके पीछे चलता गया
जब उसके बराबर आया
तो मुझे लगा मेरे नितम्ब
उसके नितम्बों की तरह हिले
मेरी टाँगें उसकी टाँगों जैसे चलीं
उन पर सरसराहट हुई नर्म कपड़े की
मैंने मुँह मोड़ कर देखा उस नज़र को

जो दुनिया को मुझसे अलग तरह से देखती थी
आँखों में विस्मय था या शायद घबराहट थी
या कुछ बोध हुआ या उसको भी मेरे जैसा?

एक अजीब लय में हम दोनों
संग-संग चलते गये कुछ देर
अजीब सम्बन्ध बना हमारे बीच
और अगरचे मैं मैंने यह बिल्कुल नहीं जाना
कि दुनिया में स्त्री होना क्या होता है
—शायद अगली बार सफलता मिले—
मैंने ज़रा-सा कुछ अतिरिक्त जरूर जाना और महसूस किया
जिसे मैं न पहले जानता था
न पहले महसूस करता था
और जिसे
मैं अभी बयान नहीं कर सकता

कवि

मैं जो
महज़ एक आदमी से या
महज़ एक औरत से
सम्बन्ध रखना
या निबटना
मुश्किल पाता हूँ

मुझमें, हे ईश्वर
यह पागल इच्छा क्यों
कि मैं दुनिया के हर आदमी को और हर औरत को
और हर बच्चे को
हर जीव जन्तु को हर पत्ते पक्षी और तिनके को
धूल के हर कण को, हर हर कण को
समझूँ और जानूँ
हरदम समझूँ और हरदम हरदम जानूँ
और जब-तब ज़रूरत हो उन्हें
उनकी तरफ़ लपकूँ और लपकूँ
भले ही कुछ न कर पाऊँ
        पर लपकूँ
        मन में लपकूँ
हे ईश्वर क्यों? क्यों?

सेक्स की सुन्दरता और इन्तज़ार

अपने इस गन्दे-मन्दे ग़रीब
और मेरे लिए बहुत मुश्किल
बहुत मुश्किल देश के
एक कमरे में
तब्दीली और प्रेम का स्थायी इन्तज़ार करते हुए
मैं उस स्त्री की चाक़ू की नोक की तरह
नंगी और उससे भी ज़्यादा बर्दाश्त से बाहर
सुन्दरता वाली पीठ
और लबालब चमकते
जागरूक
लहलहाने को तैयार नितम्ब
देख रहा हूँ।
अपनी उँगली की
हवा की हवा से
अपनी उँगली की हवा की हवा से
उन्हें छूता हूँ
छूता हूँ
छूता हूँ
उँगली से, हथेली से, हाथ से
आँख से, तन से, तन के मन से
उसके हर कोने से, कन्दरा से, पोर से
कण से

जो झनझनाहट
उठती है
पहुँचती है
आने वाली सारी मेरी पीढ़ियों तक
ऐसा मुझे लगता है।

तब्दीली और प्रेम का स्थायी इन्तज़ार करते हुए
मैं सोचता हूँ कि
मेरी आने वाली पाँचवीं या
सातवीं पीढ़ी में जो
कवि पैदा होगा (या कोई भी जन)
क्या वह भी
मेरी तरह
हिन्दुस्तान में तब्दीली
और प्रेम का स्थायी इन्तज़ार करते हुए

मेरी तरह उस कमरे
की खिड़की में खड़ा हो कर बाहर
देखते हुए सोचा करेगा
कि ये दोनों बातें एक हैं
या अपनी
अलग-अलग असमर्थताएँ?

चरखी चिड़ियों की करामात

इसमें कोई शक नहीं
कि आज इस वक्त/पार्क का दिल/
उन गोल-मटोल स्वस्थ भूरी चिड़ियों में है

ऐसे ग़ज़ब के इत्मीनान से
उड़ती हैं बोलती हैं फुदकती हैं
एक पेड़ से दूसरे पेड़ तक
एक झाड़ी के फ़र्श से दूसरी झाड़ी की
        जड़ों के पास
भूरे पंखों का आँख-मस्त नमूना और
बच्चों के दिलों की पोटलियों-से शरीर लिए
जाती हैं—कभी उड़ती कभी फुदकती—
कि न वे नर्म महीन रोएँदार पोटलियाँ भूलती हैं
और न ही दोनों ओर फैले पंखों का
        भूरा चमत्कार
और न ही उनकी बोली की लगाता बौछार
जिस पेड़ पर जाती हैं
पेड़ होने का उसे मर्म बताती हैं
जिस झाड़ी को लपकती हैं
नयी बातों से उसे
तर-बतर करती हैं
इसमें कोई शक नहीं

कि पार्क की हवा और पार्क का सीना
कि उस छोटे पार्क की सारी की सारी दुनिया
अब इस वक्त
उनकी फुदकनों और बोलों और बोलियों से
हरी और जगी और भरी और अटी
और गूँजी हुई है

मैं एक मनुष्य जो
दुनिया को बदलने के लिए या प्रेम करने के लिए
या उस 'एक' को जानने के लिए
या महज़ अपना घर भरने के लिए
छटपटाता हूँ
मैं पार्क में आता हूँ
और उन गोल-मटोल रसी-बसी स्वस्थ
भूरी चिड़ियों को देखकर
अपनी हर बात की बेचैनी पर पछताता हूँ।

मुझे भूलना नहीं चाहिए

छोटी लड़कियों के स्कूल की बहुत लम्बी
और बहुत पीली—और काले जंगले वाली,
—कुछ आगे और कुछ पीछे
कुछ शहतूत के और कुछ दूसरे—
पेड़ों के बीच 'पार्टीशन' के तुरन्त बाद से
बसी हुई बाहरी दीवार पर
और पीछे पीले स्कूल पर
निकलते ही
चिपकी और चमकी और छलकी
छलकी
और छलकती रही धीरे-धीरे
        सुबह की पीली और फूली और बहुत ज़हीन धूप
आँखों और दिल को और मन को
        तबाह करती
हल्की ठंड भी थी
और सींचने और भरमाने और भीतर से जगाने वाला
खुलापन भी सड़क या पगडंडी पर
और इर्द-गिर्द हवा में
पेड़ों में परिन्दों में
था, और था
जैसा भरता है मन में कभी कभी लबालब
जब परेशानियाँ हट जाती हैं

बिला वजह
या कभी बस एक ही बात से—
एक अकेली बुलबुल उड़ी दीवार के इधर से
उधर तक
क्या सफ़र था!— अरे क्या सफ़र था!
काला सर और लाल पूँ और चुटकी-सा शरीर
ऐसे चमके और चमकते गये दीवार के आगे
जैसे कभी न चमके थे पहले मेरे सामने
धूप की पीली छलक में
और उसी छलक में साफ़
साफ़ सड़क पर अचानक
आकर बैठ गया कौआ एक
और बहुत सुन्दर हो गया

उस धूप में
दो बच्चियाँ चलीं दीवार के
साथ-साथ
भई देखो! जल्दी देखो! उस धूप में दो बच्चियाँ
चली दीवार के साथ-साथ
धूप की छलक को गालों पर और बालों पर
और घर के बने स्वेटरों पर लिए
और लिए
और लिए रहीं जब तक चलीं
बातों की लगातार सम्पदा के साथ-साथ
दीवार के आख़ीर तक

मुझे लगा
तब मुझे लगा और लगता चला गया
कि मैं

हज़ारों लाखों साल पहले वाला वही
आदमी हूँ जिसने पहली बार
इस छलकती धूप को और ठंडक को और खुलेपन को
और सफाई को और चुप्पी को देखा और महसूस किया था
मैं भीतर से वही हूँ—बिल्कुल वही
बिलकुल वही

और बावजूद घर की और दफ्तर की और दुनिया की
परेशानियों के जो मुझे कुतरने लगी थीं तब तक
कि चल, जल्दी कर, खड़ा क्यों है, घर चल, इसे छोड़
सैर ख़तम कर और हममें डूब कि हममें डूब!
मैं भीतर से—मन के, आँखों के, तन के
सब के भीतर से
भीतर के भी भीतर से
एक विचित्र और विचित्र और विचित्र
और हज़ारों लाखों सालों की
अपनी
बिल्कुल अपनी खुशी में पागल था

और मुझे लगा
और मुझे लगा और लगता गया
कि उस पीली लम्बी दीवार से और उसके पीछे
स्कूल से चिपकी
और चमकती और छलकती
और एक आदिम और सहज प्यार
की संयत और स्थायी समझ से भरी
और बच्चियों की बातों की तरह रुचिकर
और अन्तहीन
धूप की तरह से ही

न मैं कभी मरा था
न अभी मरा हूँ
न कभी मरूँगा
मेरी सारी अतिरिक्त और अतिरंजित परेशानियाँ
घर की और दफ्तर की और दुनिया की
मेरी मानसिक दरिद्रता और
लापरवाही की निशानियाँ हैं

जो इस पीली छलकती धूप में
और उसके साथ मेरे सम्बन्ध में
न तब थीं
न अब हैं
न कभी रहेंगी
सिर्फ मुझे भूलना नहीं चाहिए
सिर्फ मुझे भूलना नहीं चाहिए
जैसा कि
इस संसार की बनावट में
फँसे हुए और धँसे हुए
मुझ बेवकूफ़ से
अक्सर हो जाता है।

मेरा विषय

उन्हीं का है, उन्हीं का है
देश की ख़राब हालत का ज़िम्मा
उन्हीं का है

जब तक वे नकलची
और निकम्मे रहेंगे
मेरा विषय
अपने बौद्धिक और
नेता ही रहेंगे

मुझे तो हर हालत में
जवाब देना है
इसी ज़िन्दगी में
कि मैंने क्या किया
इसी ज़िन्दगी में!

कविता की ख़ुशी

कविता का ज़माना है
इस दिल का ख़ज़ाना है
तू आयी है सावन में
मत जाना इस सावन में

तेरा ही ज़माना है
तेरा ही ज़माना है

वो चिड़िया भी आयी है
जिस चिड़िया को आना था
वो वायु भी बहती है
जिस पर कवि मरता है
वो बात भी आयी है
जिस बात को आना था

अब और क्या चाहिए फिर
इस दुनिया की सीमा में
मरना नहीं होना है
मरना नहीं होना है

कविता का ज़माना है
इस दिल का ख़जाना है

ख़ुशी

दिन में आओ
या रात को आओ
ज़रूर आओ
पर आँखें खोल के आओ

इस दुनिया में
इस अजीब अजीब दुनिया में
न देखने लायक कुछ भी नहीं है
कुछ भी नहीं
कुछ भी नहीं।

वो करारी शाम

पार्क के उस छिपे कोने में
और पक्षियों की बोलियों के बीच
फूलों की झाड़ी जैसी
वह स्त्री
जब संसार से भरपूर
अपने वक्ष से छूती है उस आदमी को
तो हर वक्त ज़िन्दगी का अर्थ ढूँढ़ता फिरता
पास से गुज़रता मैं
अचानक विस्मय और दूसरी अनेक मच गयी
चीज़ों के करारे झटके से गिरता पड़ता
सोचता हूँ
कि क्या कोई प्रखर से प्रखर कवि भी
पूरी तरह से
या आधी ही तरह से
इसके हर मतलब को, हर रुख़ को, हर असर को
इसकी छवि की हर मार को
धार को, धार की धार को
बोली में उतार सकता है?

और साथ यह भी
कि इधर इन ज़रूरी बातों की
अपनी मरियल हिन्दी में
यों भी बड़ी मनाही है।

चम्पा के लिए

बोली जो बुलबुल बोल रही
मेरे ही दिल में डोल रही
यह मार्च महीना दिल्ली का!
हाय! मार्च महीना दिल्ली का!

क्या पवन हमारी बाँहों पे
क्या चमक हमारी आँखों में!

ये फूल हमारे टेसू के!
ये फूल हमारे टेसू के!!
हाय! मार्च महीना दिल्ली का!

ओ चम्पा रानी बात सुनो
ओ सुन्दर नारी ध्यान धरो।
बोली जो बुलबुल बोल रही
तेरे भी दिल में डोल रही!
तेरे भी दिल में डोल रही!!

उफ! मार्च महीना दिल्ली का!

अब और न सोचो इधर-उधर
अब और न टालो यहाँ-वहाँ

अब दिल को खोलो आज यहाँ
अब दिल को खोलो आज यहाँ
इस बुलबुल की आवाज़ सुनो।
इस मार्च महीने को देखो!
इस मार्च महीने को देखो!!

आधा दिल

आधे दिल से ही आओ
पर आओ
मेरी ज़िन्दगी अब
न बम्बइया फ़िल्म है
न बुरा साहित्य
कि आदर्शों से लदी पड़ी हो

आधे दिल से हो आओ
पर आओ
और बैठो मेरे पास
और बैठो मेरे पास
और पूछो
और बताओ
कि क्या हाल है?

ख़ालीपन

बहुत कुछ था ख़राब
और चलते चलते/बहुत कुछ और ख़राब जुड़ता गया
मगर यह तो तय था
आगे जा कर
हो जाएगा सब कुछ ठीक
आगे को सरकता
आगे
अब आ गया है
हुआ
कुछ नहीं ठीक
सब परे
हो गया है
परे लगता है आकाश
और धरती के लोग
और सारी चीज़ें जो ठीक होनी थीं

ख़ालीपन भरता जा रहा है
मेरी जड़ों में भी
जो ख़राब था
वही था
वही था
जो कुछ भी था
और अब
वह भी नहीं है।

बाहर-भीतर

मेरा हिसाब उलटा है
बाहर दुश्मन
घर भी दुश्मन

जी रहा हूँ
लड़ते-लड़ते लड़ते-लड़ते
लड़ते-लड़ते।

'दो देश और तीसरी उदासी' (उपन्यास) की दो कविताएँ और दो शेर

1. 'मैं और हिन्दुस्तान'

'अपने और हिन्दुस्तान के ठीक होने तक
जो एक तरह से एक ही बात है
और जिसको हज़ारों साल लग सकते हैं
मैं प्रेम करता हूँ
मैं प्रेम करता हूँ
हर तरह से सैक्स करता हूँ

बात करता हूँ
खाता हूँ, पीता हूँ, सोता हूँ, रोता हूँ
फिर बात करता हूँ
फिर बात करता हूँ कवि जो हूँ

मैं दवा देता हूँ
मैं दवा देता हूँ
मरीज़ों को
और कभी ग़ैर-मरीज़ों को
तसल्ली की
मैं दुःख सुनता हूँ
देखता हूँ
ढूँढ़ता हूँ सूँघता हूँ

मैं क्या नहीं करता दोस्तो!
मैं क्या नहीं करता!
मैं सब करता हूँ।
सब कुछ करता हूँ
सब कुछ करता हूँ

मगर ऊपरी मन से
मगर ऊपरी मन से
शायद कृष्ण के उस बे-लगाव-पन से
जो मुझे पसन्द नहीं है
मैं तो लगाव रखना चाहता हूँ
हर चीज़ से हर बात से हर साँस से
हर हाल से

शायद मैं, शायद क्यों
निश्चित रूप से मैं कृष्ण से छोटा कवि हूँ
बे-इंतहा छोटा
शायद कवि ही नहीं हूँ
शायद क्यों
कवि ही नहीं हूँ उस विराट के सामने
मगर मैं लगाव रखना चाहता हूँ
हर आदमी और औरत से
हवा के और मन के और सुख के और दुःख के
हर कण के हर कण से हर छन के
हर छन से
ऐसा लगाव रखना चाहता हूँ
कि कुछ भी
कि कुछ भी

न गुज़रे
कि कुछ भी न गुज़रे
मेरे दिल की
मोहर के बग़ैर
अपने और हिन्दुस्तान के ठीक होने तक
भी मैं यही करना चाहता हूँ

मगर दोस्तो! नहीं कर पाता
नहीं कर पाता दोस्तो!
वही ऊपरी-पन मुझे घेरे रहता है
वही सनातन ऊपरी-पन
वही बे-लगाव, ऊपरी-पन
जो कृष्ण का मतलब नहीं था
मगर जो व्यवहार में
सैकड़ों हज़ारों सालों के
व्यवहार में
        यही निकला!
        यही निकला!
कृष्ण की मंशा के ठीक उलटा!

सभी के वस्त्र गन्दे हैं, घटिया हैं
मैले हैं, कामचलाऊ हैं
बस यों ही हैं
क्योंकि
कुछ ही देर में
महज़ एक ही छोटे घटिया 'क्षण-भंगुर'
जीवन के या योनि के, बाद बदले तो
जाने हैं

गीता सब पढ़ते हैं
साहस कब करते हैं!
लोगों और कवियों और मित्रो
मुझे बताओ
कि ऐसा क्या करूँ कि अपने और
हिन्दुस्तान के ठीक होने तक भी
लगाव से जी सकूँ
लगाव से प्रेम कर सकूँ
लगाव से अन्ततः मर सकूँ

लोगों और कवियों और मित्रो
मेरा सहज प्रभु यही है
खोजो और सोचो
और बताओ
कि मैं क्या करूँ
तब तक?

2. रोग का निदान : बौद्धिकों के लिए

गाँधी से गाँधीवाद मत सीखो।
गाँधी से अपने बूते पर
सोचना सीखो!
गाँधी से मत सीखो अगर न सीखना चाहो
उससे कुछ भी
सामान्य ज्ञान से सीखो
कि अपने बल पर खड़े न होगे
तो मर जाओगे
मर जाओगे हरामख़ोरी हराम-सोचको
मर जाओगे, मर रहे हो

देश को तबाह कर रहे हो
नक़ल कर करके कचूमर निकाल दोगे
साले की रही सही संस्कृति का भी, सालो
कुछ अक़्ल से काम लो
हलाल का सोचो
अपना ख़ुद का कमाया सोचो

न मार्क्सवाद सोचो
न अस्तित्ववाद सोचो
न बाज़ारवाद सोचो
न पुरातन पंथ सोचो
या सब सोचो मगर भेजे के साथ सोचो
ख़ुद सोचो।
ख़ुद सोचो।
ख़ुद सोचो।

मेरे भाई
मेरी बहन
मेरे सगे भाई
मेरी सगी बहन।

दो शेर

'सब से पहले सोच में आती है दलदल की ज़मीं
मौत के लश्कर तो उठते बाद में हैं।

मरते दम तक हर लम्हा तू जगमगा के जी
लुत्फ़ की रूह है सवालों में, जवाबों में।'

(ख) 1958 से 1968 की कुछ कविताएँ

तीन-चार लोगों के नाम

मेरी एक दुनिया है अपनी
अनेक गलियों में फैली पड़ी है
मेरी एक प्रेमिका है अपनी
अनेक औरतों में बिखरी पड़ी है :

बाँह किसी की है
दिल किसी का है।

कैसे बटोरूँ इस फैली फैली दुनिया को?
कैसे बनाऊँ सारी-औरतों को ढालकर
मात्र एक प्रेमिका?

'मात्र एक' मन का खिलौना है क्या!
या कवि का लुभाना झूठ?

फिर भी एक दुनिया है
और एक प्रेमिका है
जो कि सिर्फ़ मेरी है।

पहाड़ों में बचपन की एक याद

मैं औ' ममेरी बहन
उनींदे से
पड़े कहते रज़ाई में
गुदगुदाते, खिलखिलाते।
या निकलकर
खिड़कियों में बैठ जाते
(मेरी अलग खिड़की
उसकी अलग खिड़की)
देखते रहते,
अजब पक्षी
कुछ निजी उसके
कुछ निजी मेरे
वह मुँह चिढ़ाती देख
मेरे पक्षियों को
मैं पीटता उसको
खिड़की छीन लेता।
फिर वर्षा चहकती।

बाहर निकाले हाथ
बूँदों को गिराते
और गिनते
(गुनगुनाती

पुलक उनकी
आज तक भी)
वर्षा बहुत पड़ती।
घर के चले आते
घने बादल, ठुमकते
बादलों से ही घिरा रहता
हमारा घर
हम कहते :
हम बादलों में रहते।

मार्ग

छोटा सा गाँव
पहाड़ों से उतरती प्रकृति का
अचानक फूल

पूर्व-प्रेयसी के प्रति

नहीं कोई और आया
इस तरह चुपचाप भीतर
जिस तरह वो शाम
औ' शाम में
          वर्षा सरीखा प्यार तेरा!
प्यार तेरा
शाम को
हर शाम को
वर्षा सरीखा।

मैं जागता हूँ

मैं जागता हूँ
और गलियों और सड़कों को नहीं समझता

मैं चलता हूँ
और चलना अक्सर भूल जाता हूँ
मैं नहीं जानता वे कहाँ जाती हैं
मैं नहीं जानता रास्तों में कौन मिलता है

इस भयंकर वातावरण से परे
जो भी है मुझसे परे है
मैं अपनी बाँहों का फैलाव जानता हूँ

मैं
घिसे पत्थरों वाली गली के कोने में
अनायास पौधे का फूल हूँ
मगर नहीं जानता कि अपने को
समस्त पथरीलेपन में
तराशी हुई मूर्ति न समझ कर
फूल क्यों समझता हूँ।

और जब असमंजस भरी हवा पागल हो उठती है
मैं दीवार का सहारा लेने लगता हूँ

(यह दीवार किसी की नहीं है)
मैं जानता हूँ मैं अकेला नहीं हूँ।

मैं आता हूँ इस दुनिया में
और दर्पण देखता हूँ :
इच्छा का तीखा चेहरा
और जिज्ञासा की पलक-रहित आँखें
जो दिनों और शामों की मैली धूल में मजबूर हैं।

तुम उठती हो
और कहती हो तुम मुझे प्यार करती हो
मैं अपना चेहरा और मैली धूल
तुम्हारे कन्धे पर पोंछ लेना चाहता हूँ
तुम उठती हो
मगर अभी नंगी हो।

मैं जागता हूँ
और जानता हूँ मैं अकेला नहीं हूँ
मैं जागता हूँ
और गलियों और सड़कों को नहीं समझता।

प्लेटफार्म की विदा

(1)

इन सबके पीछे धूप का एक टुकड़ा है
जो मेरा घर है
वहाँ आँखों के घरौंदों में दिल
जुगनू की तरह अक्सर चमकते हैं,
वहाँ दर्द और मौत के वृक्ष
बहुत देर से खड़े हैं
आँगन में,
उनकी डालियों में और
उनकी छाया में
मेरे भाई-बहन पालते हैं
करुणा के निरीह पक्षियों को।

आज मैं उन्हें छोड़ रहा हूँ,
आज मैं उन्हें छोड़ रहा हूँ,
जैसे छोड़ती है नदी
हिमवादियों को—
और नहीं भी छोड़ती।

और दिल्ली के प्लेटफार्म के
नासमझ ठंडे पत्थरों पर

सूर्य की काँपती हुइं पहली किरण-सा
मेरा दिल
चल रहा है
धीरे धीरे
और सर्द नफरत-सी हवा
प्लेटफार्म की मैली निरपेक्षता पर
नंगी होकर डरा रही है
उन सबको
जो अज्ञात पत्तों पर ओस-बूँद
की तरह चुपचाप चमकते हैं
लेकिन आज मैं जेबों में
आशा भर के जा रहा हूँ।

(2)

सामने टीन के मूर्खाकार के नीचे
अधेड़ वेश्या-सी खड़ी गाड़ी
मुझे ले जाएगी
विदेश के उन किनारों पर
जहाँ समुद्र भूमि की कलाइयाँ
बार-बार पकड़ कर छोड़ देता है,
जहाँ काला दुःख जमीन का
हर सुबह को ओस बनकर
सूख जाता है,
और मुझ प्रेमी के लिए खुल जाएगी जहाँ
नदी की चमकती देह सी
जिन्दगी की वह फिसलती अजनबी औरत।
आके बताऊँगा मैं उनको
जो मेरी प्रतीक्षा करेंगे।

प्लेटफार्म पर फिर नाची हवा
हिलने लगे रूमाल
जैसे खेत रूई का।

फिर वहाँ कोई हँसा
और हँसी वह
लिपट कर पटरियों से
चलने लगी साथ मेरे।

लेकिन इन सबके पीछे
धूप का एक टुकड़ा है जो मेरा घर है
आज मैं उसे छोड़ रहा हूँ।

कवि

कि लिख दूँ
हिम-किरीटों पर
धूप-किरणों से
अपना और अपना और दुनिया का
कठिन अपनाव।

याद

दुनिया के एक कोने में बैठ कर
मैं तुम्हें याद करता हूँ;
मेरे पास दो लाल फूल हैं
तुम्हारी आँखों की तरह
जब वे रोयी थीं

शाम का सूरज

मुँडेर पर लाल सूरज यों रुका था
जैसे कोई फूल धर के जा चुका था।

जून

धूल मेरे देश की!
सन्ताप
मेरे देश का।
समर्पित हैं
सभी लहजे
ज़िन्दगी के
धूल को
सन्ताप को।

मेरा प्यार

मेरा प्यार
नगर के बाहर
चाँदनी में चमकते पत्थरों को
पसन्द करती हवा है।

मेरा प्यार
वर्षा के बाद
रोशनी में चिलकती
काली सड़कों को देखती
भीगी खिड़कियाँ हैं।

मेरा प्यार
ओस-भरी सुबह में
अकेले में सैर है।

मनाली से चिट्ठी

हो रही वर्षा
जैसे कुल्लू युवतियाँ
बातें करतीं धीरे-धीरे
उतरतीं पहाड़ों से।

बैठा बरामदे में
चिट्ठी लिख रहा तुम्हें।

हो रही वर्षा
जैसे प्रेमी फुसफुसाते
प्यार कर रहे हों
सेब के बगीचे में।

खुली है कुल्लू वादी
निरी कमनीयता
पर्वतों के घेरे में।
देवदार! देवदार!
हर बार देवदार

शान्ति के घरौंदे हैं वन देवदार के।
व्यास नदी बीच में है
एक लम्बी मुस्कुराहट

उछलती, भागती।

अभी-अभी आया हूँ
जंगलों से घूम कर
अभी-अभी आया हूँ
पर्वतों से दौड़ कर
अभी-अभी आया हूँ
बचपन से गुज़र कर।

दूर है दिल्ली देश
जहाँ तुम बैठी हो
पहाड़ों के देश से
और कुल्लू वादी से
भेजता हूँ प्यार तुम्हें
यहाँ की हवा और पानी-सा पवित्र!

प्यार है अकेला मेरे जीवन का
जब तक न लौटूँ
आँखों में सँजोना
सारी दुनिया को छोड़ कर।

हो रही वर्षा
जैसे आँखें बन्द, धीरे-धीरे
याद कर रहा तुम्हें।

पूर्व-प्रेयसी से भेंट

बादबानी कश्तियाँ आती हैं तुम्हें प्यार करने
और तुम नारियल-झुण्डों के नीचे
खिलौने बनाकर हँसती हो :
जिस चीज़ को छूती हो
रुचियों में बदल देती हो।
हवा छूती है तुम्हें औ' पुलकती
दूर देशों को चली जाती है।
तुम हँसती हो आज भी लहरों की तरह।

तुम्हारी आवाज़ की हल्की थपथपाहटों से
मेरा दिल
सुबह के पहले आकाश की तरह
रंगों में जाग उठा था,
तुम्हारी आँखों में, तुम्हारी उन पुर-मस्त आँखों में
वसन्त के पहले पत्ते की खुशबू थी।
और सौन्दर्य के उस बेपनाह क्षण में
मुझे लगा था :
मैं दुनिया के नाम प्रेम-पत्र हूँ
जो तुम लिखती हो।

तुम मेरे हाथों में थमा कर
(तब सोचता था क्यों)

बादलों के कुछ पिघलते पुतले
तुम चली गयीं
भीतर के ख़ुदा के पास।

और मैं—
मैंने शाम से भी भारी अपने दिल को
हवाओं में छोड़ दिया
ताकि लोग देखें और
अपने जीवन्त दिनों को कस के थाम ले।

आज मेरी नज़रों में एक शौक है
एक रचा हुआ पागलपन
जो दूसरे झुरमुटों में
आँखें बदलता है।

लेकिन तुम
मेरे बचपन की तरह थीं
—एक चमकता हुआ सरोवर—
जिस मैं बहुत एहतियात से
याद करता हूँ।

और बादबानी कश्तियाँ आती हैं
तुम्हें प्यार करने
और तुम हँसती हो
तुम हँसती हो आज भी लहरों की तरह।
तुम में क्या है जो हमेशा मेरा है?

दो भूतपूर्व कवियों में वार्तालाप

पहला : मौत के उच्चारणों में कौन सा तुमने चुना है?

दूसरा : एक थिगली रात की बरामदे में गिर पड़ी थी;
मैं किसी फैलाव को
भीतर नहीं था ला सका।

दहलीज़ पर
अर्द्ध-आलिंगन खड़ा मैं
झेंपतें गमलों, असम्भव आँगनों में
एक व्यापक गन्ध के विश्वास में
खोया रहा था।

सूर्य, प्रेमी की तरह
हर शाम के नीचे गली के मोड़ पर
मेरी प्रतीक्षा
रात तक करता रहा था,
मूर्ख प्रेयसि-सा सदा मैं
कम्पनों की
एक हल्की आह से सन्तुष्ट था;

या
बहुत पहुँचा

तो झाँका झुटपुटे के बीच।
ओ मित्र! मेरे पास था साहस नहीं
अभिभूत होने का।
और फिर वह एक थिगली रात की
बरामदे में गिर पड़ी थी।

पहला: और मैं था घूमता,
मैं—हवा का एक टुकड़ा—
बादलों के आगमन तक—
किन्तु मेरे
यत्न बादल बन नहीं पाये,

देखता सब कुछ रहा मैं!
प्रतिबिम्ब सारे पास मेरे ही रहे
मैं मगर वह चयन कर पाया नहीं
जो विसर्जन के लिए अनिवार्य है

क्योंकि
सूरज की प्रखर प्रतिभा तले मैं
हाथ अपने खो चुका था।
मैं उठा होता अगर दो
हाथ वाले बाज़ुओं के साथ
तो विलक्षण रास्तों पर
एक दो बिरवे उगाकर
बाध्य करता बादलों के नाच;
तब न
रहते नयन मेरे मात्र दर्पण।
किन्तु मेरे

यत्न बादल बन नहीं पाये।

दूसरा : एक थिगली रात की आइ!
एक थिंगली रात की
बरामदे में गिर पड़ी थी।

नगर-नाच

(1)

चाकू की तरह
हर चीज़ से गुज़र जाता हूँ

आँखों पर लगी हैं छुरियां
हर छाती को कतर
खून का रंग पी-पी कर
जानता हूँ
जानता हूँ यह भी
कि नशा करता हूँ

और हर बार लहू से सनी एक छुरी
दस्ते समेत
आँखों से उखाड़
भीड़ में फेंक देता हूँ

मैं चैन कहाँ करता हूँ!

पेड़ के खड़े रहने के
सलीके को अगरचे
हर बार ग़ौर से देखता हूँ
मगर चैन नहीं करता :

कहीं यह चीरना हर चीज़ का
हर समय
मौत से पहले खत्म न हो जाए
और मैं कवि न रहूँ!

(2)

मुझे यह गवारा नहीं
कि हवा के परे बैठा पुराना चाँद
मुझ पर हँसे
और कहे—तुम्हें नहीं आता
कुछ भी
यह नहीं है ढंग
कि बुद्धि को हथेली पर धरे
बैठे रहो देखते हर रुख़
नहीं!

मेरी तरह हर चीज़ पर पर्त-सा जम जाओ
गाड़ दो छुरियाँ वहाँ उस सड़क के तट पर
धुँधलके में बैठकर
ऊँघा करो।

अभिमान से लथपथ
मैं ही हँसता हूँ
खूब हँसता हूँ...खूनी की तरह
और भूरे पेड़ के नीचे
बैठता हूँ रात-भर
देखता हूँ :
चाँदनी को सड़क पर

हर रूप में मरते
मकानों के बहुत पीछे
चाँद को भी
एक बस्ती में!

क्या करेगा कब कोई

अपने ही पैनेपन में
खुद ही तड़पता हूँ।

(3)

बे-स्वाद औरतों का
बकबकापन
थूकने से पहले
झूठ की डली बन
ज़बान पर फिर पिघलने लगता है

छेद वाली गेहूँ की बोरी
दीदे फाड़े
कण चमकाये
मेरी हिम्मत का इम्तहाँ लेती है

छुरियाँ आँखों से हट
मेरे दिल पर चलती हैं।

(4)

दिल्ली की सब सड़कों पर
पड़ी मेरी आँखें
सब कुछ को उल्टा देखने के साथ-साथ

बचने की कोशिश करती हैं
गाड़ियों के पहियों से!

(5)

मकानों के मुँडेरों पर पड़ी है ओस

जो उठेगा प्रात
खुदकुशी करने
वह ओस रोएगा
बहुत पहले।

(6)

फ़िज़ूलियत के दौरे में नाचता हूँ
नाचने के बाद
कुत्ते की तरह ज़बान से
उसके चेहरे को चाटता हूँ

फिर नाचता हूँ
कोई आएगा मेरे पास
कोई नहीं पाएगा भेद
मेरे ठहाकों से भाग जाएगा।

(7)

वह बे-रौनक लड़की
हर बार
मुझसे पूछती है—प्यार?

अरी पगली!
कब करेगी पचपन पार?

(8)

तेरे ओठों पर
हल्के
बहुत हल्के
रोमों वाली मुस्कराहट याद कर

नगर को मसलता
आता हूँ
कई बार
तेरे पास।

(9)

हर उम्र के फूल और
औरतें और शराब
और छत तक बहस–

मैंने लताड़ा है कई बार
इस कमरे को
इसी कमरे में
और फिर इसी को लेकर आँखों में
सोया हूँ

और हर बार
आकाश
धूप के बहुत पहले
मेरे कानों में घुस गया है
मेरी पलकों पर बैठकर
उसने भीतर यही खबर भेजी है
मौत छोटी चीज़ है

मुझे सोचो

जो इस कमरे में नहीं है
इस नगर में नहीं है
सारा नगर
इस कमरे में बजा करता है
ओ व्यास!
तुम्हें भ्रम था
तुम सब कुछ को, सब कोई को
ले आये हो, सब कुछ को, सब कोई को
नचाए हो
महाभारत में!

मैं तो यह जानता हूँ
मैं नाचता हूँ
इस कमरे में
इसी कमरे में
शायद उतना ही अकारण
जितना अकारण
तुम्हारा वह दम्भ था!

(10)

इस भयानक आसमाँ का कुछ करो
आज का दिन भी वही दिन है

मत उड़ाना स्वप्न लेकिन
स्वप्न-फोड़क आँख गोली मार देगी
करो कुछ और—

आसमाँ बस आसमाँ का देश है।

शाम की बातें

यह आसान है
और हम यही करते हैं :

हफ़्ते में या कम-से-कम महीने में एक बार
थोड़ी पी कर या कभी बिना पिए ही
यह बात आत्मस्वीकृति की गेंद पर चिपका कर
एक दूसरे की ओर चालाकी से
लुढ़का देते हैं
यह बात कि
यह इसलिए नहीं कि हमने कोशिश नहीं की
इसलिए भी नहीं कि हमें पता नहीं था कि
क्या करना है और क्या नहीं
या इसलिए भी नहीं कि हमारे भीतर ताकत नहीं थी
या अब भी नहीं है

यह तो सिर्फ इसलिए कि–
एकाएक वह इस मूड से
तंग आ गया
उस लड़की को देखो
चहकते नितम्ब
और काइयाँ गर्दन
देश की दुर्गति और अपने सिफ़रपन की
ज़मीन पर रख कर देखो

मरी हवा में अटकी उस पौधी को
और याद करो
तुमने
कब छोड़ दिया था
हमेशापन और आशा की ख़ुशबू से
बात करना!

कहीं ऐसा तो नहीं
कि अभी तक
खोंसे हुए हो
बचपन की आँख का हीरा
टाँगों के बीच
या पुराने दिल के खीसों में!

मैं कहता हूँ :
आज चोदना
(कमीनेपन से या शराफत से)
और देश प्रेम की बात करना
(किताबी कुत्ते की तरह या
जंगजू तलवार की तरह)
उतना ही वाहियात है
जितना कि ऐसा न कर पाना
यह देखो
और समझने की कोशिश करो

समझने की कोशिश करो
कि जब जीना
महज साँस लेते रहने तक
उतर आया हो

तब कवि की हालत
के क्या मानी?

यों अभी-अभी इच्छा जगी है
कि प्रेम करने लगूँ
मिआ फैरो से
या अपनी मधुर जाफ़री से!
फिर घिन-खाए तेवर ने
यह बात भी छील दी
असल में
नये सिरे से शुरू करना चाहता हूँ
नहीं, नहीं, इतना मूर्ख नहीं हूँ
जानता हूँ आगे और पीछे को
सूत करना पड़ेगा
एक न एक दिन
नहीं तो
नहीं तो

मारो गोली!

आज
कमज़ोर सुबह से ही
सता रहा है
अपना नाकाफ़ी होना
दाढ़ीदार औरत की ठुड्डी
दिलचस्पी के नुस्खे
इन्दिरा गाँधी का निकम्मापन
कवियों का कल्पनाशील
रोना
और चूतियों का बहुत

बहुत होना

अब
छोटी-सी समस्या है
शाम कैसे बिताऊँ
औरत को
या दोस्तों को (बोरों को)
दुहराऊँ?

प्रेम की खुदग़र्ज़ खटास
यौवन की भीनी बौर
दो लड़कों का एक दूसरे के कन्धे पर
हाथ रखे मग्न
चले जाना
भीड़ का एहसासहीन स्नेह
छिपी नफ़रत की खास नफ़ासत
मिट्टी के पुर्ज़े
घास की याद
हवा के सीने पर फूलों का हँसना
किस शाम ज़रूरी होगा
        मेरा आना?
किस शाम जरूरी होगा
        सब कुछ।

अपनी बातूनी लंगूरी में
कारों और कौओं की दौड़ में
कॉफी हाउस के बेकारों की
पान खाती आँखों में
बोरियत और उदासी की
        कुर्सियों में

और बातों में
घनघोर बातों के ऐन बीच
किसी दूसरी अड़ी बात
के खुलने के रस में
मैं जानता हूँ
एक है लय, एक है
पुरानी लय
लेकिन
लेकिन
वह मुस्कराया
यह अभी हुआ है
हो गया है
बस अभी अभी
तुमसे बात करते-करते
बताते समझाते
या अपनी बात को शकल देते
या इसी कोशिश में
मैंने उसे पकड़ लिया है
उस स्वर को या लहजे को या दृष्टिकोण को
उस एकमात्र दृष्टिकोण को
जो इतना साफ़ हो गया है
इतना साफ़, बिखरा और पूरा
कि सारा संसार उसी में पिरोया हुआ
दिख रहा है
हर चीज़ अपनी जगह
हर चीज़ मतलब से भरी
जैसे सब कुछ खुद मैंने ही बनाया है।
और इसलिए पहले कि यह दृष्टिकोण
मर जाए

मैं तुम्हें बताना चाहता हूँ
तुम्हारे सामने ऐसा मन्त्र खड़ा
कर देना चाहता हूँ कि तुम्हें
फिर कभी दिक्कत न हो

सुनो, यह है

तुम जानते हो, यह है, यह है...
वह मुस्कराया और
फिर भीतर मुस्कराया
और मैं जान गया
कि यह बता नहीं पाएगा
क्योंकि जो शब्द उसकी ज़बान
की नोक पर चिलचिला रहा है
वह है 'उत्साह'
और इस शब्द को
वह बहुत छोटा पा रहा है!
    यों ऐसा मेरे साथ कई बार
    हुआ है
    बात करते करते
    कहते
    बताते
    अक्सर अर्थ की कमी को समझाते
    ऐसा क्षण कई बार
    आया है
    लेकिन
    नहीं, नहीं ग़लत मत समझो
    यह मौत का नहीं है लेकिन!